CB080994

EDUCAR HOJE

ALDO NAOURI

EDUCAR HOJE

Uma urgência

Tradução
Lara Christina de Malimpensa

wmf martinsfontes

SÃO PAULO 2013

Esta obra foi publicada originalmente em francês com o título
ÉDUQUER SES ENFANTS. L'URGENCE AUJOURD'HUI.
por Éditions Odile Jacob, Paris.
Copyright © Odile Jacob, março 2008.
Copyright © 2013, Editora WMF Martins Fontes Ltda.,
São Paulo, para a presente edição.

1ª edição *2013*

Tradução
Lara Christina de Malimpensa
Acompanhamento editorial
Luzia Aparecida dos Santos
Preparação do original
Maria Fernanda Alvares
Revisões gráficas
Sandra Garcia Cortes
Maria Luiza Favret
Edição de arte
Katia Harumi Terasaka
Produção gráfica
Geraldo Alves
Paginação
Moacir Katsumi Matsusaki

Dados Internacionais de Catalogação na Publicação (CIP)
(Câmara Brasileira do Livro, SP, Brasil)

Naouri, Aldo
Educar hoje : uma urgência / Aldo Naouri ; tradução Lara Christina de Malimpensa. – São Paulo : Editora WMF Martins Fontes, 2013.

Título original: Éduquer ses enfants : l'urgence aujourd'hui
ISBN 978-85-7827-672-0

1. Educação – Finalidades e objetivos 2. Educação de crianças 3. Família 4. Pais e filhos 5. Psicologia educacional I. Título.

13.03100 CDD-370.151

Índices para catálogo sistemático:
1. Educação de filhos : Psicologia educacional 370.151

Todos os direitos desta edição reservados à
Editora WMF Martins Fontes Ltda.
Rua Prof. Laerte Ramos de Carvalho, 133 01325-030 São Paulo SP Brasil
Tel. (11) 3293-8150 Fax (11) 3101-1042
e-mail: info@wmfmartinsfontes.com.br http://www.wmfmartinsfontes.com.br

A todos os pais e mães que confiaram em mim
e a seus filhos, que tanto me ensinaram.

Sumário

Prefácio

A necessidade desta obra me veio numa noite de junho de 2007: no fim de um jantar no qual, em razão das perspectivas abertas pela recente eleição presidencial, a conversa dos convivas se focara no atraso preocupante – vinte anos em comparação com os líderes mundiais! – acumulado pela pesquisa francesa. Para algumas personalidades, que eu considerava muito competentes, e as principais envolvidas, era praticamente impossível, mesmo por meio das medidas preconizadas por elas, recuperá-lo em menos de... vinte anos!

Embora estivesse muito atento aos diálogos, não entendi por que me sentia tão pouco mobilizado pela gravidade do assunto, tão pouco sensível à análise que dele se fazia ou às medidas capazes de proporcionar as soluções. Na realidade, estava impaciente por ouvir a discussão daquilo que eu imaginava ser o problema de fundo, ou o fundo do problema: a queda sensível do nível dos universitários, que me era relatada por inúmeros amigos, assim como, a montante, o nível quase tão pouco tranquilizador dos alunos de ensino fundamental e médio. Este último ponto – ocultado durante anos, se não totalmente negado – já não é mistério para ninguém depois que, com base no relatório alarmante do Haut Conseil de l'Éducation, serviu de chamada para as coberturas de todos os noticiários do início do ano letivo de 2007.

Como o assunto não vinha à tona, achei que precisava intervir. Devo ter sido inábil ao declarar de saída que o problema em discussão exigia que se considerasse o que acontecia nas etapas anteriores. Sem outras preliminares, continuei assinalando meu temor de que, se não tomássemos desde já, na reforma do ensino fundamental e médio, medidas tão radicais como as que eu acabara de ouvir preconizadas em relação à pesquisa, certamente não encontraríamos, em vinte anos, um único candidato disposto a abraçar a carreira de pesquisador.

Estava pronto, é claro, para fundamentar minha opinião; para falar sobre o que eu havia constatado no exercício de minha profissão e aprendido nos diálogos travados, nos últimos vinte anos, com profissionais de todas as áreas; para mostrar, enfim, que as sucessivas medidas de correção aplicadas nos últimos anos não haviam tido, por falta de uma análise adequada, nenhum resultado tangível.

No lugar da atenção que esperava suscitar, obtive apenas um silêncio profundo e quase reprovador. Tanto que me calei. E assim a conversa foi pouco a pouco retomada e a noite continuou no mesmo tom.

Tudo indicava que eu havia cometido uma gafe imperdoável. Levei algum tempo para compreender o fato.

Na verdade, eu havia feito um amálgama inaceitável, sobretudo para os tecnocratas, entre registros que não têm estritamente nada a ver uns com outros, tanto no plano de seu status quanto no de seu alcance.

Se temos razão em nos preocupar com o nível da pesquisa, é porque ele se revelou o indicador mais confiável do potencial de um país e, em particular, de seu potencial de crescimento. Concluímos daí que, para retomar esse crescimento, nada é mais útil para uma nação do que fomentar a pesquisa.

Mais do que um deslize, minha tentativa de intervenção a respeito do ensino fundamental e médio se revelara, portanto, algo sem relação com o assunto. Não consegui, porém, detectar sua falha lógica.

De fato, no que diz respeito à organização concreta do ensino fundamental e médio, é notório que cada país faz o que bem entende, sem que isso tenha a mínima incidência ou seja levado em consideração, pelos estatísticos e atuários, como indicador do lugar ocupado por esse país no conjunto das nações.

As crianças alemãs entram na escola aos seis anos, sem nunca terem frequentado uma instituição de educação infantil, enquanto entre os franceses esta última dá ensejo a uma série de avaliações da criança, que aí deve adquirir, conforme se espera, as bases perfeitamente repertoriadas e tidas como indispensáveis. Os alunos das escolas inglesas dividem seus dias entre instrução e esporte; os das escolas americanas realizam um programa "à la carte": podem se especializar o quanto antes em determinada matéria, de acordo com suas preferências, ou nunca manifestar interesse por outra, ou por várias outras. Nem por isso se considera que essas diferentes modalidades de educação tornem o engenheiro, o biólogo, o jurista ou o intelectual deste ou daquele país necessariamente superior aos outros. É uma opinião, em princípio, unânime. Apenas em princípio! Isso porque, a partir do momento em que uma multinacional tiver de escolher um engenheiro, ou que um país tiver de realizar o processo de recrutamento de pesquisadores, serão selecionados os melhores candidatos. Ora, os melhores não puderam sê-lo do dia para a noite. Foram preparados muito tempo antes e o nível de ensino que receberam e também o modo como o assimilaram não ficaram à espera de sua entrada na universidade para garantir seu bom desempenho.

É nesse ponto que intervêm a qualidade específica do patrimônio humano de um país e a maneira como esse país considera que deve tratá-lo. Dado o grande número de alunos americanos, sempre haverá uma quantidade suficiente de estudantes universitários – recrutados por áreas competitivas de formação cara – com desempenho acima da média. Quanto aos alunos das escolas inglesas, sabemos que seu percurso continua a ser regido por uma forma hipócrita de transmissão aristocrática: os melhores, os que frequentam as prestigiosas universidades, são sempre oriundos de escolas particulares (curiosamente chamadas "*public schools*"), cujas mensalidades são proibitivas, ao passo que seus camaradas provenientes das escolas gratuitas (*state schools*) costumam ficar à beira da estrada.

Esses cenários não têm relação alguma com o francês, no qual o louvável ideal democrático pretende dar as mesmas oportunidades a todas as crianças, sem exceção. A questão que importa formular, portanto, é se devemos preservar um nível de qualidade de ensino que forçosamente produzirá excluídos ou se devemos uniformizar por baixo, como foi decidido alguns anos atrás.

Parece-me que essas opções, igualmente radicais, fazem do ensino uma forma de experiência que se inscreveria, por si mesma e do mais misterioso dos modos, no futuro da criança, em vez de uma experiência integrada pela criança graças a conhecimentos prévios, dos quais ela dispõe no momento em que a encontra.

A primeira opção existiu praticamente desde a instauração da escola republicana. Se ela foi tão seletiva a ponto de ter sido colocada em questão, foi por nunca ter sido acompanhada por uma reflexão suficiente sobre a maneira de pensar a criança ou de ajudar a pensá-la. Tanto é assim que, nos meios em que uma maneira correta de pensá-la havia sido herdada de uma forma de tradição, ela não representava problema algum. Já os meios menos favorecidos, por sua vez, ficaram a reboque. Ora, o que faz a diferença entre esses meios? Inúmeros fatores, responderão, sendo as condições sociais um dos mais importantes. Certamente, e não pretendo negá-lo. Mas isso não explicaria por que, nos dias de hoje, muitas crianças da classe média e até da abastada também encontram dificuldades.

É a experiência que dá a boa resposta, ao assinalar que o fator que intervém em todos os casos é uma carência de educação precoce. Quero dizer educação básica, que deve ser diferenciada do sentido que se costuma dar à expressão, incluindo nela a instrução. É a bagagem da qual a criança terá sido dotada para encontrar o outro sem medo nem surpresa e para fazer a experiência do vínculo social, com suas vantagens, mas também com suas restrições, das quais a primeira seria a relação com o esforço.

Se os ambientes desfavorecidos não logram proporcionar essa educação, é tanto em razão de um certo déficit de meios intelectuais quanto daquilo que a miséria engendra por si mesma. Era precisamente à erradicação desse estado de coisas que visava a máxima de Danton, quando ele martelava que, "depois do pão, a educação é a primeira necessidade de um povo". Era preciso a um só tempo tirar o povo da miséria, proporcionar-lhe melhor consciência do que ele era e instruí-lo. Nossas repúblicas provavelmente contribuíram para semear uma certa confusão, ao fazer do que havia sido batizado, no momento de sua criação, Ministério da Instrução Pública, um Ministério da Educação Nacional[1]. A meu ver, o caráter amplo que essa denominação sugere pode ter contribuído, entre outros fatores, para a maneira como os ambientes bem ou medianamente bem aquinhoados se acreditaram dispensados de sua responsabilidade e de suas referências habituais nessa

---

1 O primeiro Ministério da Instrução Pública foi fundado em 1828. Ele manteve essa denominação até 1932 (cento e quatro anos!), data em que foi rebatizado Ministério da Educação Nacional. Esse termo foi conservado, com ligeiras nuanças, e ainda mais ciosamente pelo fato de o governo de Vichy ter retomado a denominação inicial.

matéria, tomando assim a decisão de se deixarem guiar pela própria criança. Essa tendência foi reforçada pelas próprias diretrizes ministeriais, que, ao insistir na necessidade de desenvolver o potencial criativo da criança, colocaram-na no centro do dispositivo pedagógico. É sobre essa aliança objetiva que pretendo me debruçar, refletindo sobre sua maneira de pensar a criança.

Tais reflexões não me levam a sustentar que o modo tecnocrático de apreender os problemas seja errôneo. A meu ver, no entanto, ele continua a cultivar um pensamento que privilegia a conjuntura e o fenômeno, em detrimento da cadeia histórica na qual eles sobrevieram e das causas que os provocaram. Continuo a não compreender que se possa tomar resoluções, em particular orçamentárias, em relação àqueles que se pretende transformar em pesquisadores profissionais, sem levar em conta a qualidade do ensino que lhes foi ministrado desde a tenra infância. Um procedimento dessa ordem resultaria, nem mais nem menos, do *hic et nunc*. Isso lembra o procedimento dos responsáveis pelas decisões nessa área que, no passado – com boa consciência e a partir de análises que provavelmente lhes pareceram rigorosas –, preconizaram num dia a nova pedagogia, no outro, a leitura global, num terceiro, o fim do aprendizado de cor e, enfim, o BAC* para 80% de uma faixa etária – mesmo que um universitário em cada dois abandonasse os estudos ao fim do primeiro ano da universidade –, isso quando não determinaram as orientações e os orçamentos sucessivos da pesquisa, o que a levou ao estado em que se encontra.

O debate que se inicia é particularmente difícil. É até mesmo temerário. Não se refaz a história e não é certeza que ela ensine grande coisa. Inúmeros fatos que se desenrolam em nosso mundo hoje assemelham-se a ponto de se confundirem com fatos de ontem, cujos resultados catastróficos conhecemos. E por acaso corrigimos seu curso, sobre o qual alguns poderiam sustentar, tarde demais, que era previsível e que não deixaram de afirmá-lo? "Governar" era para Freud um dos três ofícios impossíveis, ao lado de "psicanalisar" e do famoso "ser pai, ser mãe" [*être parent*], sobre o qual me estenderei mais longamente adiante.

---

* BAC é a forma abreviada de *Baccalauréat*: exame francês de conclusão do ensino médio. Ter sucesso no *Baccalauréat* significa ter uma vaga garantida na maioria das universidades francesas. (N. da T.)

Em todas essas empreitadas, em todas essas orientações, em todas essas decisões que se tomam, cada um faz o melhor que pode – sem sombra de dúvida! No entanto, não pode perceber a realidade que tem diante de si senão parcialmente. É o que ilustra uma antiga parábola indiana. Um dia um marajá convocou algumas dezenas de súditos cegos de nascimento, colocou-os na presença de um elefante e solicitou a cada um que dissesse com que o animal se parecia. Quem tocou a tromba declarou que se assemelhava a uma grossa serpente. Quem tocou uma pata evocou uma coluna, enquanto quem tocou o rabo falou de uma corda. Quem apalpou o ventre sustentou, por sua vez, que se tratava de uma espécie de barrica, contradizendo assim quem afirmava, por haver tocado a orelha, que se tratava de uma flor de lótus. As avaliações, todas errôneas, evidentemente, decorriam de que nenhum dos cegos havia tocado as partes do elefante que não estavam a seu alcance. É para evitar esse tipo de estreiteza que nossos governantes, em qualquer circunstância e sobre qualquer assunto, instauram "comissões", em princípio pluridisciplinares, cujo parecer esperam assim obter, sem jamais se comprometer, no entanto, a realizá-lo. Como poderia ser diferente, quando ainda por cima a tudo isso se mescla uma aposta sobre o futuro? Se fosse possível, provavelmente o saberíamos!

Quanto a mim, tive a audácia, ao longo desse jantar, de dar minha opinião a pessoas que, imagino, farão parte de diversas comissões. E considerei, nessa ocasião, que havia cometido um erro crasso. Isso em nada modificou minha opinião e minhas convicções. Tanto é que também achei oportuno aproveitar a perspectiva das novas orientações políticas propiciadas pela última eleição presidencial[2] para intervir, a minha maneira, no debate. Não interferindo de um modo qualquer na organização concreta dos programas escolares, o que não é em absoluto da minha alçada[3], mas

---

2 A importância da escola foi lembrada com insistência pelo presidente da República ao longo de sua entrevista coletiva de 8 de janeiro de 2008.

3 Assinalo que Odile Jacob decidiu lançar, com esta obra, uma coleção para a qual convida autores e pesquisadores interessados pelas questões da educação no sentido amplo do termo, assim como da organização e da materialidade do ensino, a proporem suas obras. O próximo livro a ser lançado é o de Heinz Wismann, filósofo, historiador das ideias e professor na École des Hautes Études en Sciences Sociales, com quem venho debatendo há anos sobre essas questões que nos preocupam, tanto a um como a outro, mas das quais decidimos tratar separadamente a fim de permitir sua compreensão sob ângulos diversos.

esclarecendo, da melhor maneira possível, como anunciei, o que acontece com a criança.

Com esse intuito, não me restringirei apenas ao discurso teórico, que, no entanto, é indispensável. Vou me comprometer abertamente no mais prático dos terrenos, o mais prosaico, o mais cotidiano. Exatamente como sempre fiz ao longo de toda a minha carreira de pediatra. De fato, aconselhei muito e prescrevi muito, mas nunca sem explicações prévias e, sobretudo, nunca sem ter constatado que essas explicações haviam convencido. Não queria que os pais aderissem à minha opinião, queria que compreendessem e absorvessem o que a criança esperava deles, e o que era preciso proporcionar a ela. Assim, a explanação teórica da primeira parte desta obra esclarecerá a segunda parte, prática, que encontrará naquela sua justificação e ilustração.

A educação precoce destina-se a permitir que a criança pequena obtenha controle sobre o registro pulsional ao qual está submetida, que a transpassa e assusta pelo fato de ela não saber como administrá-lo. Por meio da percepção progressiva do espaço, do tempo e do outro, essa educação fará com que ela descubra o vínculo social que lhe será indispensável investir, e que as últimas décadas tanto deitaram a perder. Essa tarefa tem a reputação de ser esgotante, tamanho é o número de recursos que a criança, nova, possui. E realmente é esgotante, se não for realizada com a convicção que exige. É muito menos esgotante, porém, quando se compreende que a direção que ela proporciona à criança lhe servirá durante toda a vida e lhe permitirá atravessar sem dificuldades as etapas críticas de seu desenvolvimento[4].

Espero que esse conjunto ajude primeiro os pais, depois nosso entorno e, eventualmente, os responsáveis pelas decisões a entender melhor a criança e a refletir melhor sobre o que lhe convém.

A longa experiência da qual acabo de me valer permite-me afirmar, por outro lado, que, se temos o direito de esperar que a escola ministre um saber, é indispensável restringi-la a essa tarefa, e somente a ela, já árdua por si mesma. Mesmo que sua organização, a disciplina que ela impõe e o laboratório vivo do vínculo social que ela constitui contri-

---

4 Penso em particular na adolescência, que se tornou o pesadelo dos pais, pois é o período no qual tudo que não foi resolvido na primeira infância volta à tona com uma violência que compromete especialmente as soluções.

buam para aperfeiçoar a educação da criança, sua instauração e sua elaboração não lhe cabem de modo algum. Lembro ao mesmo tempo aos pais, portanto, tão justificadamente ciosos do sucesso escolar dos filhos, que é a eles, e somente a eles, que cabe a responsabilidade por sua educação básica, que lhes pertence exclusivamente. Ela deve se iniciar, por necessidade – conforme veremos –, o quanto antes na vida, e deve praticamente estar concluída antes da escolarização, isto é, ao fim do terceiro ano de vida[5].

5 É por isso que a parte prática desta obra trata apenas dessa primeira faixa etária da vida, mesmo que alguns comentários por vezes a ultrapassem.

Primeira Parte

1. ONDE ESTÁ O PROBLEMA?

Quando é tão simples!

Jacques-Henri é um adolescente bonito, encantador, fala bem, é incontestavelmente inteligente e sobretudo sedutor. Eu diria, para encurtar e porque essa hipótese diagnóstica me ocorreu num átimo, que ele poderia ser qualquer coisa exceto perverso. No entanto, aos dezesseis anos, carrega nessa turma de nono ano um sintoma sério que se arrasta: não faz nada – e nunca fez – que não lhe agrade ou que exija o mínimo esforço: "Isso me enche! E, quando uma coisa me enche, ela me enche. Aí ou eu dou o fora, ou faço outra coisa. E, se não dá pra fazer outra coisa, penso em outra coisa. Como o senhor vê, não tem nenhuma complicação. E o senhor, não é assim? Acho que sou como o senhor, como meu pai, como minha mãe, como todo mundo! Só que eu assumo." Quanto ao resto, ele faz estritamente o mínimo. E apenas com uma condição: o professor tem que ser do seu agrado. "Uns são legais. Mas, na maioria das vezes, são zumbis que só pensam numa coisa, no estudo, no estudo, no estudo! A vida não é só isso! Eles só têm isso na cabeça. Os caras não são brincadeira. Eles têm a manha de me olhar de cara feia a semana inteira por causa de três verbos irregulares que eu não soube conjugar ou porque matei aula pra encontrar um amigo que estava de passagem!" É preciso, além disso, tolerar sua impertinência: "Uns dizem alguma coisa que não é verdade. Eu reajo, só isso. Afinal, não vou me humilhar nem puxar o saco de ninguém se eu não engulo isso. Mas existem outros que entendem que a vida não é só estudar e que vão com a minha cara! Isso não aconteceria se eles não achassem que eu sou normal!"

Ele permanece indiferente às sanções dos conselhos disciplinares que "não entendem nada" e, em seu caso, propõem regularmente a repetição de ano, se não a expulsão. "Não adianta. Eu digo pra eles que, se me deixassem passar neste ano, eu aceitaria repetir no ano que vem. Mas eles não ouvem! Eu fico irado. Eles pensam que eu sou o quê? Eu sou um cara de palavra. Se eu digo que aceito repetir no ano que vem, é porque aceito. É só eles acreditarem no que eu digo. Aí eles vão ver." Então ele exige que a mãe dê um jeito e encontre alguma desculpa para seu comportamento, para que ele passe de ano, ou que ela arrume outra escola para ele. E ela o faz, e consegue, por mais surpreendente que pareça! Quando acontece de ela se mostrar um pouco farta, ou quando tenta dar prova de autoridade, Jacques-Henri consegue convocar o pai, que, mais ausente que magnânimo, apoia seu pedido.

Ele só gosta de andar com rapazes mais velhos e, de modo geral, brilhantes, e afirma-lhes que um dia será um grande homem e será rico. "Vou ser advogado de negócios no exterior." Nada em Jacques-Henri poderia prenunciar que um dia ele adotasse o perfil desses adolescentes violentos destinados à delinquência. Aliás, ele os considera "uns zeros à esquerda", porque ele, Jacques-Henri, se serve de valores morais, que defende não sem uma certa lábia. Seu único problema é que, no longo catálogo desses valores morais, não consta em absoluto a noção de esforço.

"Onde está o problema?", poderíamos quase ouvi-lo dizer, quando tudo é tão simples!

Com o tempo, eu os vi multiplicar-se, esses Jacques-Henri, e num ritmo acelerado ao longo da segunda metade da minha carreira. Por vezes vinham de longe, e diferenciavam-se nitidamente de seus contemporâneos que eu acompanhava desde o nascimento. No entanto, eu não era um especialista. Meus colegas que o eram, porém, relatavam o mesmo aumento desse batalhão. Por si só, o fenômeno provavelmente explica o fato de os poderes públicos, que já haviam instaurado serviços médicos reservados a essa faixa etária, terem aceitado, nos últimos anos, multiplicar as "casas dos adolescentes" em algumas grandes cidades.

Eram principalmente garotos; correspondiam a um estereótipo em que o fracasso escolar vinha sempre em primeiro plano e por vezes ocultava sintomas mais graves, aos quais os pais, contudo, pareciam não dar tanta importância. Se as meninas, um pouco menos numerosas, mas não totalmente excluídas, não entravam exatamente no mesmo quadro, era pela simples razão de que os distúrbios que elas manifestavam – obesidade, oposição, fugas, depressão, ansiedade, anorexia, bulimia etc. – prevaleciam sobre o resto, inclusive sobre o fracasso escolar.

Esse fato permite assinalar, de passagem, a diferença no nível de inquietação dos pais diante da expressão sexuada dos sintomas de seus filhos adolescentes.

A preocupação que envolve o fracasso escolar dos meninos parece sempre prefigurar a que se esboçará em torno da escolha de sua orientação acadêmica e de seu futuro profissional. Não se pode imaginar um filho sem uma profissão! "Ele vai fazer o que quiser, o importante é que seja feliz", são as palavras incansavelmente professadas; mas afinal é impossível não reagir e deixar que permaneçam assim quando se sabe que o acesso a uma formação sólida continua a ser a melhor garantia contra o desemprego! É estranho constatar, então, em nossa sociedade, que pretende promover a igualdade, o quanto a preocupação relacionada às filhas permanece indiferente a esse tipo de consideração. Será que o trabalho feminino continua a ser considerado acessório? Inclusive por elas próprias? Isso porque são sobretudo as mães que intervêm nessas ocasiões e que concentram suas preocupações no que poderia ameaçar o futuro "ser mulher" de suas filhas.

A diferença sexual se obstinaria então, independentemente de nossas palavras e atos a esse respeito, em resistir às tentativas de abrasão da qual é objeto? As mães, que saberiam mais sobre sexo forte e sexo frágil, teriam uma forma de confiança intuitiva na solidez inata de suas filhas, ao passo que perceberiam do mesmo modo a fragilidade dos filhos? Por que não? Mas tudo isso não esconde o que se pode encontrar regularmente em todos os cenários: o medo que os pais têm *por*, mas sobretudo *de* seus adolescentes, e seu sentimento de impotência em relação a eles. E como não deixam de pressentir que os problemas que encontram têm suas raízes na primeira infância, o sentimento de culpa torna tudo ainda mais complexo.

Pode acontecer, no entanto, em certos casos felizes, que as manifestações desses problemas sejam detectadas numa idade em que ainda não se enquistaram.

Por exigência da democracia

Os pais de Nicolas, de sete anos, acabam de realizar em minha presença um verdadeiro processo contra seu comportamento. A acusação está bem documentada e nada omite. Pinta o retrato perfeito do tirano doméstico que só faz o que lhe dá na telha, se recusa obstinadamente a obedecer, discute as ordens, decide sobre tudo e não para de martirizar, em qualquer ocasião, não só os pais, mas também o irmãozinho e até o gato! A exposição das queixas assinala numerosos episódios em que os pais acabam finalmente por ceder: "Não dá para fazer outra coisa, doutor! Quando ele começa a berrar às dez da noite, os vizinhos esmurram as paredes. Alguns até ameaçaram chamar a Delegacia da Infância. Se aceitamos fazer o que ele quer, é para que a coisa não acabe nisso."

Durante essa explanação, Nicolas, manifestamente indiferente a tudo que se dizia a seu respeito, ficou explorando com muita atenção todos os cantos do consultório. Subiu na balança de chão. Manipulou a balança para bebês – prudentemente, conforme reparei, porque eu não tirava os olhos dele. Roçou no estetoscópio, depois examinou por um longo tempo a organização do espaço do lavabo, com seus vidros multicoloridos, antes de se interessar pelo mecanismo das persianas. De certa forma estava se ocupando, para passar o tempo enquanto esperava o fim da provação, como se nada daquilo realmente lhe dissesse respeito. Então o chamei e pedi que viesse me contar o que pensava de tudo que seus pais haviam acabado de dizer.

Fiquei surpreso de não precisar reiterar meu convite. Ele se aproximou imediatamente da minha mesa, com passo decidido e indicador em riste, como se me tomasse por testemunha: "Me diga se o senhor acha normal, doutor, que minha mãe se recuse a comprar um tênis Nike pra mim porque ele custa 105 euros e que ela compre um vestido de 130 euros pra ela? O senhor acha isso normal?"

Totalmente surpreso pela observação inesperada, embora ela me permitisse acompanhar ao vivo o tom das trocas familiares, procurei o olhar dos pais, para detectar sua reação. O olhar da mãe se desviou. Mas, quando o meu cruzou o do pai, fiquei estupefato ao ouvi-lo dizer com admiração: "Ele é inteligente, não é? Como ele é inteligente!"

Sempre houve, dirão alguns, os Jacques-Henris e os Nicolas. É verdade. Eram chamados, aliás, de "capetas". E as pessoas lastimavam os pais, não sem colocar implicitamente em causa sua competência educativa. Não eram designados, na época, como crianças-problema. Dizia-se que eram "mal-educados". A evolução semântica que se pode notar a esse respeito já diz muito, por si só, sobre a mudança nas mentalidades. Lembro-me das menininhas de linguagem esmerada da Argélia colonial da minha infância que, no auge da raiva, lançavam na direção daqueles a quem queriam atingir, como o pior dos insultos, um retumbante "Mal-educado!". Ao que estes, mais ofendidos por essa do que por qualquer outra injúria, apressavam-se em revidar com um não menos retumbante "Mal-educadesa!".

Vale dizer que era uma época em que se considerava "educar" uma criança uma tarefa nobre, como daria a entender, aliás, o sentido estrito da palavra – afinal, "élever"* é a ação de elevar algo que se encontra num certo nível. Os pais encaravam sua tarefa com muita seriedade e sabiam que desempenhavam o papel principal. Embora se mantivessem muito atentos aos cuidados que a criança exigia, não buscavam de modo algum agradá-la. Consideravam que cabia a ela agradá-los. Não a consideravam um ser autônomo, individualizado, autárquico, potencialmente genial e naturalmente sujeito a caprichos incontroláveis. Era uma criança. Ponto. Ainda não era a pessoa que viria a ser. Era uma criança, com suas características de criança, suas insuficiências, sua irresponsabilidade e um saber por definição muito limitado; portanto, com muito para ser polida. Fortalecidos por seus lugares tão claramente definidos quanto assumidos, empenhavam-se em formá-la para o vínculo social e faziam com que ela compreendesse que, tanto quanto eles, ela havia contraído uma dívida para com esse vínculo. Por isso, ensinavam-lhe muito cedo o limite, o decoro e a civilidade. Isso porque ela estava destinada a ser conhecida como "filha de...", assim como seus pais eram "os pais de...". Pais e filhos estavam assim estreitamente ligados no palco do teatro social, instaurado na posição do terceiro referente, do qual nossas sociedades, de tanto o menosprezar, desaprenderam o uso. Tanto uns como outros deviam fazer tudo no interior desse cenário, a fim de nunca atentar, por seus comportamentos, con-

* Em francês, *élever* significa "educar" e também "elevar", "alçar", "levantar". (N. da T.)

tra as respectivas dignidades. E nele permaneciam unidos durante toda a vida, em função do sucesso ou do fracasso de seu empreendimento comum, zelando para nunca ultrapassar os respectivos terrenos. Isso permitia que se valessem com orgulho de um vínculo satisfatório ou fazia com que, não sem dor e vergonha, se renegassem mutuamente. Pais podiam orgulhar-se dos filhos, assim como os filhos, dos pais, sem invadir sua existência ou então romper com eles e suportar a provação.

Eram um estado de espírito e um contexto social que nada têm em comum com aqueles em que se encontram Jacques-Henri, Nicolas ou seus respectivos pais, cujo modo de proceder demonstra pouca convicção. Eles certamente permanecerão ligados entre si, aconteça o que acontecer. E para o melhor, somente para o melhor, de cuja existência encontrarão um meio de se convencer, mesmo que para isso tenham que inventar-lhe uma aparência! Para o pior, encontrarão uma solução que lhes permita preservar o apego narcísico, provendo-o de circunstâncias atenuantes ou arranjando-lhe um ou vários bodes expiatórios. De fato, nada será mais fácil para a mãe de Jacques-Henri do que mostrar a maneira como os elementos de sua história a obrigaram, sob os aplausos aliviados de seu cônjuge, a ocupar a posição de vestal. E será igualmente fácil para o pai de Nicolas retomar a vivência de sua própria história para explicar a missão da qual encarregou o filho: desdenhar inteligentemente a opinião alheia. Assim, tanto ela como ele poderão se eximir do fato de terem impedido os filhos de se construírem melhor abrindo mão daquilo que rege seus comportamentos: a muito nociva e muito tóxica onipotência infantil, à qual retornarei mais demoradamente.

Será que podemos criticar uma atitude como essa?

Em caso afirmativo, em nome do quê, quando o teatro social foi tão firmemente instado a não penetrar no espaço privado e desmontou definitivamente seu cenário? Quando tudo que pudesse lembrar, de perto ou de longe, a necessidade de uma terceira instância reguladora foi recusado? Quando a noção do respeito aos lugares no interior da família já não tem a mínima vigência? Quando nossas sociedades televisivas transformaram as mentalidades e preconizaram o emprego da imagem que permite mascarar e enganar? Quando todos são convidados – como o fazem os atores ocasionais dos *talk-shows* que florescem em todos os canais – a se explicar, sem hesitar em recorrer a circunstâncias atenuantes ou assumir a postura dessas vítimas que suscitam, em nossa época de arrependimento, uma simpatia incondicional?

Voltando-nos para a denúncia do lado canibal desse modo de proceder? Bradando ainda mais alto que os pais se alimentam impunemente de seus filhos? Que se servem deles, vergonhosamente, para experimentar de novo, por meio deles, as delícias de uma infância da qual conservam uma obsessiva nostalgia, porque só a abandonaram coagidos e forçados?

Que grande coisa! Não terão os pais todas as condições para não dar ouvidos a esses argumentos, invocando o fato de que isso estaria na ordem das coisas e de que a função de uma criança sempre foi, afinal, reparar as histórias dos pais? Com isso só poderíamos concordar, sem no entanto jamais conseguir fazê-los entender que, exclusivamente centrados como estão em seu narcisismo, comprometem justamente essa função por não proporcionarem aos filhos as ferramentas para crescer e desempenhar esse tipo de missão!

Não foi por acaso que fiz questão de pincelar rapidamente essa antiga paisagem da relação pais-filhos. De fato, seria possível que tivéssemos esquecido até mesmo sua existência. No entanto, essa paisagem ainda era determinante há apenas uma ou duas gerações. Embora ela tenha se desvanecido progressivamente e se reduzido a um simples pano de fundo no qual se destaca a paisagem de hoje, manteve-se ao longo da história e provavelmente respondeu de modo adaptado aos objetivos sociais que se sucederam. As críticas de sua época jamais visaram a seu desaparecimento e consideravam que nem todos os seus aspectos deveriam ser colocados em questão. Ela ainda era referência quando, apenas algumas décadas atrás, nosso sistema atual de saúde foi instaurado e foram organizadas consultas de “orientação” destinadas a prevenir as eventuais falhas dos pais. O descrédito de que ela pouco a pouco se tornou alvo fez com que, paradoxalmente, esse dispositivo previsto tivesse de enfrentar o aumento extensivo dos problemas, e até sua banalização. Como se seu desaparecimento tivesse confrontado nossa sociedade com uma grave epidemia ou um irreprimível efeito de moda. Isso foi corretamente registrado pela setorização psiquiátrica, que decidiu multiplicar, sem grande sucesso, os centros médico-psicopedagógicos.

Então?

O que aconteceu? Que mudanças foram sub-repticiamente introduzidas na relação entre pais e filhos? Quais foram os fatores e os parâmetros que determinaram essa evolução? Qual é sua natureza e de quando data sua intervenção?

Para responder a esse conjunto de perguntas que abrange um campo tão vasto, não disponho de instrumentos teóricos que fundamentem minhas afirmações como o fariam os de um sociólogo, de um antropólogo ou de um historiador. O único material de que disponho reside no que eu chamaria, para empregar precisamente a terminologia dos antropólogos, "meu terreno" e na experiência que nele adquiri: a do pediatra que fui e que, com base em sua própria vivência, assistiu ao longo de seus quarenta anos de exercício profissional à transformação da atmosfera do universo familiar e das relações que nele são tecidas.

Consciente dos danos potenciais dessa evolução, a meu ver tão radical e confusa que frequentemente corria o risco de matar o trigo no afã de arrancar o joio, logo tentei denunciá-los em numerosos escritos, nos quais me esmerei em circunscrever metodicamente os pontos em que esses malefícios poderiam incidir e os parâmetros responsáveis por eles. Fiz o que pude e tenho consciência de haver produzido uma verdadeira suma. Mas tenho também consciência de que esse trabalho não alcançou seu objetivo. Provavelmente porque, em razão de seu volume, tive de dividi-lo em diferentes publicações que pareceram por vezes independentes umas das outras, embora estivessem estreitamente ligadas. Não poderia ter procedido de outro modo. De fato, é estritamente impossível tratar, numa única e mesma vez, tudo que se pode dizer sobre o universo familiar, mesmo que o limitemos a esse triângulo, em cujos vértices adquirimos o hábito de inscrever o pai, a mãe e a criança. Isso porque cada elemento desse triângulo, a partir de qualquer um de seus vértices até o segmento de reta que o liga aos outros, merece por si só ser amplamente explorado. Se, por outro lado, levarmos em conta o fato de que os próprios vértices parentais estão inscritos noutros triângulos, o dos próprios pais dos pais, e assim por diante, retrocedendo ao longo das gerações, que nada em tudo isso é neutro e que esse conjunto, ou esses conjuntos, evolui(evoluem) no interior de um ou vários meios de essência variável e submetido(s) a forças diversas, avaliaremos a extensão do empreendimento.

Por essa razão é que se poderia imaginar, quando se passam os olhos pela minha bibliografia, que tratei num momento da criança, noutro do pai, noutro ainda do contexto social, depois da mãe, depois do casal, em seguida dos homens e das mulheres, e assim por diante, enquanto tudo o que fiz, qualquer que fosse o ângulo sob o qual analisasse meu tema, foi me interessar pela sorte e pelo destino da criança. Não o fiz, porém – e digo-o desde já, para que não haja mal-entendidos –, no intuito de paparicá-la, protegê-la ou superprotegê-la sujeitando a ela as pessoas que lhe são próximas. Longe disso. Eu o fiz – dirigindo-me aos que a têm sob seu encargo e tomam as decisões, a seu entorno e sobretudo a seus pais – para ajudá-la a adquirir instrumentos que lhe permitirão crescer e se construir, a fim de ocupar mais tarde, na sociedade, o lugar legítimo que lhe cabe.

Evidentemente não fui o único que transformou o destino da criança em centro de seu discurso. Inúmeros autores e instâncias se valem, com a mesma força e a mesma convicção, do mesmo objetivo que eu, sem por isso compartilhar meu ponto de vista, quando não o denunciam ou elaboram outros diametralmente opostos a eles. Não se trata de uma preocupação recente ou atual. É uma preocupação que existiu em todas as épocas e deu ensejo à redação de bibliotecas inteiras. Tratar dela é sempre delicado e, mais do que qualquer outra, dá margem a acusações capazes de arruinar a argumentação mais perfeita, se esta for reduzida a considerações de ordem ideológica. Meu trabalho encontrou esse obstáculo. E mesmo o esforço de rigor que me pareceu obrigatório realizar e me fez separar cuidadosamente os diferentes ângulos da análise realizada encontrou as mais vivas resistências, ainda que, em meu empenho didático, eu tenha sempre tomado a precaução de acompanhar minhas afirmações teóricas com as mais instrutivas ilustrações clínicas. É verdade: o pior surdo é aquele que não quer ouvir e a perversão comum, que há muito tempo tomou o poder e contaminou amplamente os modos de pensar, maneja a exclusão e a calúnia com temível eficácia.

Não acho que essas explicações me preservarão dos rótulos de ideólogo ou manipulador. Alguns poderão até se deleitar, seguindo essa perspectiva, com o que eu disse anteriormente sobre a paisagem social que conheci em minha infância. E até argumentar que meu único objetivo é ressuscitá-la, ignorando a evolução dos costumes e das mentalidades, assim como os inegáveis progressos que ela propiciou em inúmeros campos, inclusive no da melhor compreensão da criança. Seria uma acusação injusta. Isso porque, ao versar sobre essa fase da história da relação entre pais e filhos, não a transformo em paradigma, mas em fonte de um aprendizado que merece ser levado em conta. A evolução pela qual passamos era inevitável e necessária. Em muitos pontos foi, inclusive, salutar. É em nome do próprio respeito que lhe tenho e do entusiasmo que alguns de seus aspectos suscitam em mim que busco chamar a atenção para os erros semeados em seu caminho.

As crianças que vi ao fim de minha carreira não são fisiologicamente diferentes em nada das que vi no início. Aquelas, tanto quanto estas, tiveram as mesmas necessidades, expressas exatamente da mesma maneira. As crianças, portanto, não mudaram. O que se modificou profundamente foram as respostas dadas a elas. E essa modificação, que afetou seu futuro, não é apenas do âmbito da arbitrariedade ou da história pessoal de seus pais; decorre de um conjunto de parâmetros no interior do qual a embriaguez suscitada pelo enriquecimento das nossas sociedades não é insignificante.

O quadro social que esbocei, qualificando-o de velha paisagem, era o de uma sociedade de relativa penúria, no interior da qual, *volens nolens*, os pais comunicavam à criança uma mensagem implícita, por mais desapontada que fosse, do tipo: "Não se pode ter tudo na vida!" Sem o querer nem o saber, mas eles próprios imbuídos dessa verdade, instauravam de saída uma frustração que treinava precocemente a criança e nela gerava automaticamente o mecanismo do esforço, destinado a fazer com que ela obtivesse o máximo possível desse famoso "tudo", considerado impossível de obter. A "falta", em cuja importância, como motor do "desejo", a psicanálise insiste, era assim um dado existente na vida de qualquer criança; o que ela faria com isso posteriormente era outra questão.

A sociedade da abundância, à qual felizmente tivemos acesso, ao confundir a frustração, de natureza simbólica, com a privação, que, do âmbito do real, poderia prejudicar sua dinâmica, acreditou ser seu dever descartar essa mensagem. Foi um erro grave, pois, por mais consumidores que sejamos – e, afinal de contas, isso não é tão desagradável! –, todos nós sabemos, mesmo que nos comportemos com desmedida nessa área, que "não se pode ter tudo na vida". Ela poderia ter concordado. Mas não quis correr riscos. Assim, para preservar os interesses mercantis que são sua preocupação exclusiva, transformou os pais em reféns e, apoiando-se em sua generosidade natural, levou-os sub-repticiamente a emitir uma mensagem implícita aos filhos, do tipo: "Não apenas você pode ter tudo, como tem direito a tudo."

Ninguém seria suficientemente louco para não aproveitar uma dádiva dessas! E a criança muito menos! Não devemos, portanto, nos surpreender que ela se instale preguiçosamente no luxo e na expectativa, se não na exigência tirânica. Na ausência da "falta", o esforço já não terá para ela a posição de necessidade, nem de sentido. O que poderíamos oferecer a ela além desse "tudo", sobre o qual foi sugerido que ela poderia "tê-lo" e até que esse era um "direito" seu? Lembremo-nos das palavras de Jacques-Henri. Como ele poderia absorver a lógica desses professores, sobre os quais diz que são "uns zumbis que só pensam numa coisa, na lição, na lição, na lição!", quando ele antepõe às exigências deles seu próprio credo: "A vida não é só isso!" Quanto a Nicolas, sua fala resume, por si só, o debate: de fato, como é possível incutir-lhe a ideia de que ele tem "direito a tudo" e depois discutir seu desejo por um tênis Nike, em nome de considerações pecuniárias cujo fundamento ele não pode nem imaginar que existe?

Esses fragmentos de explicação não são simples de admitir. De fato, suscitam a desconfiança de todos, porque remetem à importância e à posição das mensagens que cada um recebeu e às quais todos demonstram uma tal lealdade que não querem ouvir falar do assunto. Essa reação imediata, quase reflexa, é compreensível, banal e simplesmente aceitável no mundo em que estamos. Com efeito, não é próprio de nossa época admitir um certo grau de sobredeterminação de nossos atos. E exibimos tanto mais os frangalhos de nossa tão falada liberdade quanto nos sentimos, sem admiti-lo, totalmente indigentes! Mas será que, por isso, deveríamos insistir numa suscetibilidade de tão baixa categoria? Será que faremos dela uma razão suficiente, agora que chegamos todos ao ponto em que estamos, para negligenciar nossa responsabilidade e não nos empenharmos em refletir calmamente sobre o destino das gerações que colocamos no mundo?

Retorno aos casos

O caso de Jacques-Henri e o de Nicolas, que se tornaram numerosos, estão aí para nos lembrar disso.

Referindo-me a eles, falei tanto em epidemia quanto em efeito de moda. A metáfora não é tão exagerada quanto se poderia crer. De fato, pode-se quase desenhar uma cartografia do fenômeno, bem como esboçar uma espécie de sociologia a seu respeito.

No que diz respeito à região parisiense, tanto quanto posso testemunhar com base em minha experiência, o fenômeno não se manifesta de modo uniforme em periferias e bairros ricos.

Nas classes abastadas, há gerações, nada parece preocupante, pelo menos no âmbito educacional. O que não quer dizer que crianças ou adolescentes dessas populações não tenham problemas. Os problemas são simplesmente de outra ordem, e as raras dificuldades escolares são resolvidas com sucesso graças às aulas de recuperação, sem que isso desemboque em consultas médicas. É como se os valores ditos "burgueses" tivessem continuado obstinadamente a formatar essas crianças com base no modelo de uma tradição familiar quase ancestral, ferozmente ligada, primeiro e antes de tudo, ao patrimônio e à observação de uma forma de disciplina, não negociável, destinada a preservá-lo. As crianças nunca foram içadas ao topo do edifício familiar. Muito cedo lhes foi indicado que eram simples agentes de um objetivo do qual não deixariam de extrair vantagens substanciais, desde que se sujeitassem a ele. Para elas, o patrimônio desempenharia o papel que assinalei acima a propósito do teatro social de outrora, como terceiro referente. O patrimônio lhes cabe por direito, com a condição de que façam o necessário para merecê-lo e obtê-lo. E não é pequeno o paradoxo quando se constata que seus pais, por mais ricos que sejam, e sem no entanto privá-las de nada, não lhes indicaram, no entanto, que tinham "direito a tudo". Seria possível quase falar, no caso delas, de um efeito de casta, mais do que de um fenômeno de classe. Não foi para elas que se multiplicaram as instituições destinadas a cultivar os termos de sua missão e a preservá-las tão cuidadosamente quanto possível tanto dos efeitos da moda quanto dos efeitos da epidemia?

As crianças das populações desses mesmos bairros cuja riqueza é recente não entram no mesmo caso. Participam com frequência da embriaguez que a nova condição provocou em seus pais e acreditam-se definitivamente instaladas numa situação que lhes permite tudo e lhes "dá o direito" de ter "tudo". Não dispõem de distanciamento suficiente, e muito menos da forma de tradição que a sucessão das gerações instaura, para imaginar que tudo isso deverá um dia adquirir a condição de um patrimônio cuja manutenção exigirá um esforço. Quando começam a manifestar os problemas, entre os quais se apresenta com frequência a queda no rendimento escolar, os pais tentam atenuá-los, sem grande sucesso, com aulas particulares e mudanças de escola, antes de se decidirem, quando o fazem, a levá-los para uma consulta. Ficam então muito espantados quando sua atitude é colocada em questão e demonstram rapidamente essa incompreensão exclamando: "E, no entanto, não lhe falta nada!" Não desconfiam, é claro, que foi a "necessidade" vivenciada por eles que lhes permitiu conquistar a situação em que se encontram e que seu erro foi o de privar os filhos disso.

Não se deve concluir, a partir dessa primeira análise, que a epidemia atingiria então, de modo significativo, os ambientes desprovidos de patrimônio, menos abastados, pobres, urbanos ou suburbanos, ou as populações das periferias ditas desfavorecidas.

Nesse vasto contexto, é a diversidade que constitui a regra. E ela se revela dependente da possibilidade ou da impossibilidade que tiveram os pais de agir sobre o futuro dos filhos intervindo na visão que eles adquirem do mundo.

Se o ambiente familiar é sólido, unido e centrado em valores morais – inclusive valores religiosos, que não produzem apenas extremistas – relativamente indiferentes aos sortilégios da sociedade de consumo, as crianças serão inseridas nessa perspectiva e serão sempre educadas, bem construídas e empreendedoras. Ao continuar seu movimento na dimensão do teatro social, julgada, no entanto, obsoleta, terão a missão de ocupar um lugar no tecido social, de inserir-se nele, de tirar partido dele e de proporcionar-lhe em troca, honradamente, o que puderem. Se a mídia não deixou de insistir recentemente na origem social modesta de algumas das personalidades políticas provenientes desses meios, não foi tanto para que se extraísse um ensinamento de seus casos, mas para dar consistência ao discurso de abertura que os promoveu. Isso porque há décadas e décadas que um certo número, sem dúvida maior do que imaginamos, de crianças oriundas de todo tipo de ambiente socialmente desfavorecido, tanto autóctones quanto migrantes, lograram galgar os escalões da ascensão social e se realizarem plenamente sem encontrar a mínima dificuldade[1]. Isso é resultado, entre outras coisas, da louvável meritocracia instaurada pela escola republicana. E esta só pôde oferecer às crianças todas as oportunidades à sua disposição porque suas famílias as haviam preparado corretamente para isso[2].

Se, ao contrário, nesse mesmo contexto e quaisquer que sejam as razões, o ambiente familiar é desestruturado ou deficiente, o ensino escolar, tal como ministrado hoje, vai certamente deparar com grandes dificuldades para produzir o efeito positivo que esperamos dele.

Durante muito tempo isso não foi fácil de perceber, porque sua insuficiência foi corrigida, de modo geral e sem o conhecimento dos professores, pelos próprios pais. Será que sabemos – para citar um único exemplo – quantas crianças escaparam das aflições da leitura global, posta recentemente em questão, graças ao fato de que seus próprios pais lhes ensinaram a ler pelo método silábico? Sabemos quantos pais ensinaram as tabuadas de multiplicação aos filhos quando estes eram dispensados disso? Sabemos quantos insistiram com os filhos para que memorizassem as identidades notáveis e outras fórmulas trigonométricas em vez de contar com o resumo ao qual podem recorrer durante a prova do *Baccalauréat*? Na esmagadora maioria dos casos, e mais particularmente nos meios favorecidos, a criança que encontrava dificuldades sempre recebia de seu entorno a ajuda necessária. Isso lhe permitia progredir e, paradoxalmente, evitar que os professores tivessem dúvidas sobre a pertinência e os efeitos dos programas que eram obrigados a seguir. Mas quando essa criança se via diante de pais que

---

1 Não acho que tenho boas razões para tratar desse assunto apenas em razão da minha competência profissional ou do trabalho que realizei. Vivi minha primeira infância, minha infância e minha adolescência em condições sociais ao lado das quais as que são hoje incriminadas passariam por um luxo insolente. Não fui o único, aliás, nesse caso. Muitos de meus colegas de então compartilhavam comigo essa condição e tiveram, posteriormente, assim como eu, um percurso de vida dos mais invejáveis.

2 Exerci minha profissão nas proximidades do bairro em que a recente imigração chinesa se implantou, e pude constatar esse mesmo fenômeno entre as crianças dessa população.

não podiam ajudá-la de forma alguma, ela perdia o pé e afundava a cada dia um pouco mais. E é provável que isso não a deixasse tão indiferente quanto qualquer um a sua própria sorte, levando-a a se fechar em si mesma e a só encontrar uma compensação no garbo do grupo ao qual pertencia.

É provável que um fator dessa ordem tenha contribuído largamente para a eclosão do mal-estar desses famosos "jovens da periferia", sobre os quais se falou muito nos últimos anos. Mas por acaso ele foi sequer evocado na análise desse fenômeno que surpreendeu a todos por sua brutalidade? Preferimos nos precipitar sobre os parâmetros mais triviais e evocar uma propensão espontânea para a delinquência. Se ouvimos o atual presidente falar, na época, em sanções e em Kärcher, não tivemos direito a menos, por parte de sua rival nas eleições, que sugeriu uma solução de tipo militar. Chegou-se até, curiosamente, a questionar... a educação! E a acusar os pais de não se terem preocupado com isso – nada é menos garantido! –, o que levou até a suscitar a possibilidade de colocar sob tutela o abono familiar que recebiam. Depois disso, numa ordem confusa, foram evocadas a precariedade material, a ecologia ambiental e a ausência de perspectivas de futuro; sem levar em conta o essencial: o estado de desorientação cultural dos pais[3], que foi diretamente responsável pelo fato de que a maioria desses jovens, sem apoio algum e exclusivamente nutridos por estúpidos seriados de tevê, tenha passado a fazer parte da população de 60 mil indivíduos que nosso ensino escolar deixa a cada ano entregues à própria sorte com um vocabulário de quinhentas palavras[4]. Ora, o que pode ser provocado, senão violência e raiva, pela impossibilidade de se fazer ouvir simplesmente porque não se dispõe de uma ferramenta de expressão? E isso ainda mais porque a cultura de base, que poderia constituir o alicerce de uma adaptação progressiva, nunca foi substituída pelo perfil e pelo conteúdo do ensino.

---

3 Num momento em que não se para de falar dessa integração à qual é dedicado um ministério, continua-se a não desconfiar da violência do traumatismo que a transculturação representa. Posso testemunhar sobre isso: aos setenta anos, mesmo tendo frequentado a escola desde o maternal e tendo realizado o percurso que me é próprio, do qual faz parte uma terapia psicanalítica, o meu ainda não foi curado.

4 Alain Bentolila, *Le Verbe contre la barbarie*. Paris: Odile Jacob, 2006.

É por esse conjunto de razões que situo à parte o caso dos "jovens de periferia" e que não o atribuo à moda nem à epidemia dos Jacques--Henri e dos Nicolas.

Essa moda se propagou, e continua a se propagar, numa ampla camada da população, de limites sociológicos e geográficos bastante incertos, cuja característica principal é não somente considerar os filhos – e pouco importa, cumpre assinalar, quantos são ou de que sexo – parceiros em sua plenitude, mas içá-los ao topo do edifício familiar. Um topo no qual, é claro, eles têm "direito a tudo", e até mais, se isso se revelar necessário. Não merecem eles também tirar algum proveito, receber sua porção, do enriquecimento geral de nossas sociedades? O procedimento oblativo dessa população pareceu o único adaptado a um ser que, por nunca ter pedido para vir ao mundo, tem um direito imprescritível à solicitude promovida por esse tipo de atitude. Ele previa que tal ser, ao contrário dos que nunca tiveram a felicidade de serem tratados assim, seria primeiramente perfeito; depois, tranquilizaria os pais tanto em relação às suas iniciativas quanto à qualidade do amor que eles lhe teriam oferecido; e, enfim, que seria um dia profundamente grato pelos cuidados de que havia sido objeto. Agradar aos filhos: que sonho!

Foram essas atitudes que qualifiquei antes de canibais. A criança não é criada para se tornar ela mesma, é criada primeiramente e antes de tudo para gratificar e servir o narcisismo dos pais. Em uma de minhas obras anteriores[5], mostrei como o domínio da contracepção, que desembocou na procriação medicamente assistida, antes de redundar no estúpido conceito de "direito ao filho", transformou a criança em puro produto – a ser compreendido no sentido que lhe dá a sociedade de consumo –, ao passo que sempre, ao longo da história, ela foi percebida e sentida como um subproduto da atividade sexual dos pais.

A população à qual me refiro não se contentou em optar pela atitude que descrevi. Militou para convencer o ambiente a que pertence. E foi tão ativa que a transformou em norma. "A" norma, destinada a penetrar e a subverter a integralidade dos mecanismos sociais. O mais triste foi ela ter conseguido, mais do que ela própria teria esperado! De fato, encontrou profissionais e ideólogos que seguiram seus passos,

5 Aldo Naouri, *Les Pères et les Méres*. Paris: Odile Jacob, 2004.

construindo para si mesmos grandes reputações, assumindo cátedras e multiplicando congressos e pesquisas científicas. Suscitou um tal entusiasmo que deu ensejo a toda uma literatura e assistiu ao florescimento de um sem-número de publicações.

De fato, haveria alguém tão inumano para criticar a comovente generosidade da qual, em todas as oportunidades, ela sempre afirmava se valer? Por que se atravancaria ela com um terceiro referente, fosse ele o pai – convocado a se converter à nova religião –, o teatro social, alienante por si só, ou pior ainda o miserável patrimônio, fonte de todas as mazelas, quando ela tem tanta certeza da inteligência de suas escolhas? Escolhas perfeitamente inscritas na mais pura linhagem progressista de Maio de 68, assim como na daquele movimento político, tão justo e tão louvável, que luta pelo desaparecimento total das desigualdades e do qual ela rapidamente se constituiu no apoio mais seguro. Colocar pai e mãe, adultos e crianças, assim como pais e filhos em pé de igualdade não se torna, então, nessa perspectiva, a forma de aplicação mais elementar e nobre de um tal estado de espírito? É isso o que todos, até as instâncias estatais, deviam dar por dito. E talvez esse movimento teria indagado a si mesmo mais dia menos dia sobre os resultados dessas orientações, se não tivesse sido pego numa armadilha de cuja existência não havia suspeitado. A sociedade de consumo, no interior da qual ele se insere, concordou inteiramente com ele e estimulou com entusiasmo suas iniciativas, sem jamais, é claro, permitir que se suspeitasse quão grandes eram as vantagens que extraía disso. Que triunfo, para os publicitários, levar ao conhecimento do público, não sem algum cinismo, que mais de 53% das decisões de compra nas famílias são tomadas pelas crianças! Ah, os Nikes dos Nicolas!

A preocupação com as crianças e o cuidado com que se busca assegurar seu bem-estar, defendê-las e protegê-las por acaso não estão no topo dos valores civilizatórios? Não discordo. E assinaria embaixo desse credo sem a mínima reserva se não soubesse que ele provocou os piores contrassensos.

Crianças maltratadas, sempre houve. E era não apenas concebível, mas absolutamente indispensável fazer alguma coisa por elas. O problema é que o que se fez foi feito contrariamente ao bom-senso. É como se, para lutar contra o estupro das mulheres, decidíssemos introduzir autoritariamente na alimentação de todos os homens, sem exceção, antiandrogênicos destinados a suprimir as ereções. Isso seria perfeitamente lógico, em certo sentido, já que são as ereções masculinas que tornam os estupros possíveis! Que os homens e as mulheres padeçam em consequência do radicalismo dessa solução importa bem pouco diante do desaparecimento definitivo e tão ardentemente desejado dos estupros.

Tive uma experiência muito estranha, no nível mais alto de responsabilidade que me foi dado assumir, desse tipo de raciocínio. Já contei essa história algumas vezes, mas nunca a escrevi: por isso o faço aqui.

Foi há muito tempo. Já não me lembro da data e não fiz questão de descobri-la. Foi por volta de 1989, em todo caso, na época em que o governo francês era dirigido por Michel Rocard. Recebi, um dia, um espesso dossiê do Ministério da Família (talvez o nome do ministério fosse outro, mas, tanto quanto posso me lembrar, a palavra "família" figurava nele). Uma carta da senhora ministra (também não me lembro de seu nome – uma série de esquecimentos que fala por si só!) me solicitava, na qualidade de perito, um parecer quanto à ratificação ou não, por parte da França, da Convenção Internacional dos Direitos da Criança. Depois de longas e numerosas hesitações, acabei por aceitar a missão e comuniquei minha decisão em tempo. Assim, alguns dias depois assisti a uma reunião preliminar de quinze peritos que haviam sido designados. O resultado dessa reunião foi que os quinze de nós, nenhum dos quais conhecia os quatorze outros – fato suficientemente raro para ser ressaltado –, se pronunciaram unanimemente (isso mesmo: unanimemente) contra a ratificação dessa Convenção, depois que cada um expôs seus argumentos, em função de suas competências no âmbito do próprio campo profissional. Como eu já havia detectado os primeiros estragos da infantolatria, sustentei que essa Convenção, decerto útil para muitos países do planeta, era totalmente inadaptada para nossas sociedades ocidentais, na medida em que as crianças dessas sociedades não eram assim tão maltratadas, e ressaltar daquela forma os direitos delas seria subjugar seus pais a elas, o que seria o pior dos maus-tratos que poderíamos infligir-lhes. Foi-nos solicitado, então, que redigíssemos nossas argumentações e que as expuséssemos ao longo de um dia inteiramente dedicado a esse assunto. Nesse famoso dia, nós nos sucedemos na tribuna. Ao fim de nossos pronunciamentos, Michel Rocard subiu à mesma tribuna. E depois de haver enfaticamente agradecido a todos nós pelo trabalho realizado e elogiado a qualidade de nossas intervenções, dizendo-se muito satisfeito pelo fato de a França dispor de competências tão apreciáveis, etc., etc., declarou que a Convenção Internacional dos Direitos da Criança já havia sido ratificada seis meses antes!

Nenhum de nós apreciou, evidentemente. Mas o que podíamos fazer?

Ao que parece, pelo que me disseram, Rocard teria declarado em várias ocasiões, a propósito dessa ratificação, que lhe haviam "segurado as mãos".

O resultado desse movimento lento, unidirecional, singularmente eficaz que descrevi foi que, livre de toda obediência a um patrimônio ou a um sistema de valores qualquer, a criança divinizada constitui a partir de agora um objeto de culto que, supostamente, dispõe de todos os poderes... inclusive sobre si mesma!

O que designei, por minha vez, sob o termo "infantolatria"[6] não deixou de produzir seus danos em inúmeros campos familiares e sociais.

Voltarei a tratar desses danos mais detalhadamente; por enquanto, porém, contento-me em continuar a me interessar pelos casos de Jacques-Henri e Nicolas. Faço-o para compreender, sobretudo em relação ao primeiro, a maneira como tanto a instituição escolar quanto os recursos terapêuticos habituais só podem deparar, sem poder contorná-lo de modo algum, com o que designo sem a mínima reserva como um defeito educacional.

E não deixa de ser preocupante.

Isso porque, embora o retrato que pincelei dele suscite simpatia e até algum enternecimento, não deixa de suscitar uma preocupação quanto às dificuldades que vão aparecer quando ele precisar se inserir no mundo adulto e nele construir seu espaço. Se nada mudar em sua atitude, ele conseguirá, provavelmente graças a seu charme e a sua lábia, mais do que aos estudos feitos – mesmo um simples certificado de técnico superior em vendas está totalmente fora do seu alcance –, encontrar um emprego de vendedor, o que não seria mal em si. Podería-

---

6 Cf. *Les Pères et les Mères*, op. cit.

mos até imaginar que seu egocentrismo e sua aptidão para não se deixar levar permitam que seja bem-sucedido e faça carreira no comércio, e até, quem sabe, que fique rico. Mas seu ego superdimensionado, essa denominação mais usual do parasitismo, no adulto, da onipotência infantil, deixará que ele se sinta satisfeito com seu destino? Qual será a influência dele em sua vida afetiva e relacional? Que tipo de pai ele será um dia? Sobretudo se permanecer intimamente convencido de que tem "direito a tudo" e não quiser abrir mão desse direito? Alguns responderão que certamente não é necessário pensar em prazos tão longos e que, se quisermos fazê-lo, cairemos em outro erro, o da pretensão ao domínio. Não se enganam. Mas renunciar a esse tipo de questionamento equivale a fazer de nossa passagem sobre a Terra um puro acidente exclusivo de nossa pessoa. Tive a sorte infinita, ao fim de minha carreira, de ter mais de 50% da minha clientela composta de pais que eu conhecera quando eram bebês e que eu havia acompanhado durante muito tempo. É preciso ter vivido uma tal experiência para compreender que não levar em conta essa dimensão é reduzir a humanidade ao que Pierre Legendre[7] chama "uma lógica carniceira".

Além disso, o que aconteceria com o sonho dos pais para nosso Jacques-Henri?

Sabemos que eles nunca negligenciaram as manifestações de seu problema. De fato, fazia muito tempo que recorriam a todas as instâncias consideradas boas fontes de ajuda. Quando era pequeno, como exposto no relato de seu caso, os pais procuraram primeiro os fonoaudiólogos, depois os psicomotricistas. Em seguida, recorreram aos professores particulares – como poderiam regatear em despesas quando era o futuro dessa criança que estava em jogo? Depois, e como, apesar desses cuidados esclarecidos, nenhuma melhora se esboçava, foi evocado um "bloqueio", que primeiro os psicólogos e então os psicanalistas foram convocados a eliminar. Houve alguns desses profissionais de ambas as disciplinas, pois ele acabava sempre considerando "chato", ou pior, "medíocre", quem se ocupava dele; exigia então que trocassem de terapeuta ou ficava completamente mudo.

A pergunta que se deve formular neste ponto é a do alcance dos recursos às instâncias de auxílio.

---

7 Pierre Legendre, *Le Crime du caporal Lortie*. Paris : Fayard, 1989.

Se elas se multiplicaram consideravelmente nas últimas décadas, foi porque, como diriam os economistas, uma demanda e, sobretudo, um mercado se abriu para elas. Não pretendo, com esse argumento, puxar a brasa para minha sardinha e dar uma prova indireta do péssimo estado de conservação do contexto em que ele se insere. Vou me contentar em reduzi-lo à famosa e eterna temática do tonel das Danaides. Sem nunca se perguntar sobre os fatores que não param de produzir novos buracos, nossa época, que prefere reagir por ações isoladas em vez de realizar análises profundas, congratula-se com a quantidade de palha de que dispõe e com a quantidade de trabalho que isso fornece aos operários incumbidos da tarefa! Não se dedica tempo algum à pergunta sobre o porquê da existência de tantas crianças que falam mal; elas são simplesmente reeducadas. Não se busca saber por que tantas delas têm dificuldades de aquisição da leitura; são confiadas a profissionais idôneos. Não se fará o mínimo esforço, tamanho é o medo de traumatizá-las (é o termo técnico que mais frequentemente aparece na boca dos pais, de todos os níveis culturais!), para que larguem a chupeta e mais tarde não tenham dentes que avançam; na hora certa, usarão aparelho, como tantas outras crianças o fazem. Quanto aos famosos "bloqueios" evocados em todas as ocasiões, admite-se finalmente que isso é do âmbito do psicólogo, ao qual não se tem vergonha de recorrer.

Ainda que a utilidade e a eficácia desse conjunto de recursos tenham sido comprovadas, será que isso nos autoriza a considerá-los soberanos em todas as circunstâncias?

Como profissional, nunca hesitei em recorrer a eles e mesmo em ficar feliz com sua existência, sobretudo quando era levado a constatar que as reeducações instrumentais eram capazes de ajudar uma criança a vencer uma dificuldade e sair de um círculo vicioso: autodepreciação => depressão => desinteresse => agravamento das dificuldades => autodepreciação..., ao qual seu problema, mesmo que fosse conjuntural, a condenava. No entanto, por mais impregnado que eu esteja da psicanálise, da qual tive uma experiência pessoal e cujo exercício foi uma possibilidade que me atraiu por muito tempo, fui extremamente comedido ao indicá-la. Pelo fato de haver constatado muito rapidamente quantos tratamentos psicanalíticos de crianças não supriam de modo algum uma educação deficiente ou uma ausência de educação, tanto uma como a outra responsáveis pela maioria dos problemas que elas tinham, eu os prescrevi muito pouco. Na maioria dos casos, deixava a criança de lado, com seu sintoma, e dava atenção aos pais, para ajudá-los a assumir e sobretudo a fazer melhor uso de suas respectivas funções educativas. O fato de esse trabalho implicar uma escuta psicanalítica é incontestável. Mas a estratégia que eu empregava vinha do bilhar: o objetivo era atingido por meios indiretos e visava a permitir que os pais recuperassem sua qualidade de primeiros educadores. Para isso, é claro, é preciso levá-los a compreender o que, ao longo de suas respectivas histórias, os havia impedido de acionar espontaneamente os mecanismos elementares exigidos pelo comportamento inadaptado da criança. Foi o que fiz, por exemplo, com os pais de Nicolas e os de Jacques-Henri; o caso deste último, em razão da idade, exigiu um tempo muito maior. Não vou me estender, pois seria realmente longo. Como, porém, não renuncio à tentativa de mostrar os efeitos do meu procedimento, darei um exemplo dele cujo mérito foi ser breve, já que o trabalho se desenrolou em uma única consulta.

O amor, para curar da raiva?

Eu estava de péssimo humor naquele fim de tarde de sexta-feira. Estava arrependido de ter cedido a insistentes solicitações e marcado três consultas que retardariam minha viagem de fim de semana. Nem preciso acrescentar que não tinha encarado bem os dez minutos de atraso do estranho senhor que acompanhei até minha sala, o qual trazia consigo uma criança de aproximadamente três anos. Mal tive tempo de notar seus cabelos brancos, sua idade avançada e seus trajes descuidados antes de assistir a um verdadeiro turbilhão. A criança, gordinha e aparentemente em ótimo estado de saúde, se havia precipitado sobre a balança e pulava sobre ela com os dois pés. Sem nem mesmo me haver cumprimentado ou dirigido a palavra, o senhor – eu não sabia se ele tinha a guarda da criança ou se era seu avô – foi imediatamente para o lado dela e se dirigiu a ela nestes termos: "Você não deve pular assim como está fazendo, meu querido, senão vai quebrar a balança, e ela é um instrumento de trabalho do qual o doutor se serve." A criança não esperou o fim do monólogo que lhe era dirigido para sair de cima da balança e começar a sacudir vigorosamente a balança para bebês. Isso deu ensejo a que logo ouvisse: "Meu querido, você não deve sacudir a balança dos bebês como está fazendo. Senão vai quebrá-la, e ela..." O estranho senhor não precisou terminar sua fala, pois a criança já havia se aproximado de uma cadeira na frente da minha mesa, subido em cima dela, e depois sobre a mesa, na qual pulava com os pés juntos, indiferente ao discurso que continuava a lhe ser oferecido no mesmo tom, carinhoso e obstinado: "Você não deve pular como está fazendo sobre a mesa, meu querido. O tampo é de vidro, você pode se machucar e destruir um instrumento do qual o doutor se serve." Tudo isso não havia levado mais de um minuto. Eu tinha diante de mim a criança que não parava de pular, mas finalmente cruzei o olhar do senhor, a quem disse: "O senhor não poderia lhe dizer simplesmente 'não'?" Vi seu rosto ser subitamente tomado por um rubor intenso, e seus olhos, por um brilho assassino: "Então é isso que o senhor tem a me dizer? E foi o senhor que me aconselharam a procurar! É inacreditável! O que o senhor está me propondo? Que eu me comporte como um fascista com meu próprio filho? O senhor não tem nada melhor a dizer? Por acaso o senhor sabe que nunca deixei de combater o fascismo, ao longo da minha vida inteira, e que isso me levou até à tortura e às prisões dos coronéis gregos? Por acaso o senhor sabe..." Eu o interrompi com um gesto. E com o mesmo tom violento, porém ainda mais incisivo que o dele, disse-lhe: "O.k., o.k.! E que explicação detalhada o senhor pretende dar a seu filho quando ele manifestar inevitavelmente o desejo de dormir com a mãe dele? Por acaso o senhor vai dizer que ela tem uma coisa grande assim, e que ele tem uma coisinha assim? Que ela é sua mulher e que o senhor não quer dividi-la com ele, por mais que o ame? Qual vai ser a nova conversa fiada que o senhor vai inventar? Onde vai buscar a racionalidade? No tabu do incesto? Mas ele é arbitrário! O fato, no entanto, é que a Lei instaurada por ele é a da nossa espécie e, exceto se quisermos nos arriscar a algumas encrencas piores, a única alternativa é nos submetermos! E como isso não é fácil para ninguém, cada um dos 'nãos' que o senhor emite para seu filho é uma advertência sobre isso. E ele o é muito mais quando não está acompanhado por nenhuma explicação."

Em vez de se irritar com minhas palavras, senti que ele relaxava à medida que as frases se sucediam. E quando, enfim, num tom mais calmo, lhe perguntei a razão que o trazia à minha consulta, ele me disse que vinha justamente por causa das dificuldades... em fazer com que o filho lhe obedecesse! Tudo havia acontecido muito rápido, à nossa revelia, como se um psicodrama tivesse sido instaurado. A criança, admirável coterapeuta, como sempre, já não precisou se manifestar e começou a folhear um livro que estava por ali. Assim, aquele homem pôde falar em termos comoventes de sua paternidade tardia, de suas expectativas em relação a isso e da grande quantidade de informações – muito diferentes das que eu acabara de lhe fornecer – que acreditara ser seu dever acumular a fim de realizar sua missão com sucesso. Graças a esse encontro tempestuoso, fui adotado como pediatra da criança e continuei durante anos a ver esse homem, que, movido pelas melhores intenções, havia, entretanto, corrido um sério risco de se enganar.

Voltarei adiante ao assunto das longas explicações dadas ao que se proíbe, nas quais, há muito tempo, os pais infelizmente acreditaram que deviam se lançar[8]. Esse foi um exemplo a mais, além do caso de Nicolas, que mostra o impasse a que isso levou. Permite compreender que não se teria chegado ao mesmo resultado com um trabalho de tipo psicanalítico focalizado na criança.

Quantas vezes, ao longo destes últimos anos, não questionei meus colegas psicanalistas justamente sobre esse assunto! Sua explicação para a maioria dos distúrbios de uma criança apela de modo unívoco para os mecanismos do inconsciente, que, como sabemos, não pode de modo algum ser "tratado", ao menos da maneira como entendemos essa palavra. Sem manifestar o mínimo desacordo com a opinião deles, tentei, no entanto, defender a minha, mais matizada. Mencionando minha prática, dizia-lhes que, embora seguramente conseguissem, ao longo de seus encontros, ajudar a criança a progredir fazendo-a trico-

---

8 A recomendação de conversar com as crianças se espalhou como fogo de palha que arregimentou inúmeros adeptos. "Mas então o senhor não vai falar com meu bebê?", exclamava a mãe, escandalizada, e que aliás não retornou, quando me viu, sem dizer uma palavra, pegar seu recém-nascido de quinze dias para colocá-lo na balança. Outra, com um bebê da mesma idade, não parava de colocar em palavras seus mínimos gestos: "Estou colocando você na mesa de exames, estou desfazendo o laço do seu gorrinho, estou tirando o seu gorrinho, agora vou abrir os botões do seu macacãozinho, estou tirando seu pezinho direito..." E a coisa continuou durante toda a consulta.

tar três ou quatro carreiras de malha, era preciso que soubessem que, tão logo ela chegasse em casa, veria os pais puxarem o fio e destruírem todo o trabalho que a haviam ajudado a realizar, se não mais. Propus-lhes, sem muito sucesso, pensar sobre o sintoma da criança como um sintoma também dos pais e trabalhar sobretudo com estes. Sem isso eles provavelmente conseguiriam, graças à obstinação, proteger a criança da atitude dos pais, mas ao preço da destruição concomitante do casal.

É verdade que minha proposta reabria o capítulo, raramente retomado desde então, que incluiu a violenta diatribe teórica entre Anna Freud a Melanie Klein. A primeira sustentava ser seguramente possível empregar a ferramenta psicanalítica para forjar um modelo educativo eficaz, ao passo que a segunda defendia a especificidade dos processos inconscientes e fazia deles a causa única de todos os distúrbios, sem distinção, passíveis de ocorrer.

Parece-me que esse debate não tem razão de ser, e que as únicas oposições aí existentes repousam sobre mal-entendidos decorrentes de diferentes pontos de vista de um mesmo problema. Mais uma ilustração da parábola indiana dos cegos e do elefante! Tive a felicidade de acompanhar inúmeros filhos de psicanalistas e, fora um ou dois casos, tive a mesma felicidade de nunca ter visto estes desertarem sua posição de primeiros educadores. Um deles, sem se constranger com escrúpulos, declarou-me um dia, ao dar uma bronca em seu filho: "Sou um fervoroso adepto da terapia-do-pontapé-na-bunda."

O fato de o inconsciente não poder, de modo algum, ser outro além daquele de cada sujeito, e de ele estar no comando de todos os aspectos da questão é uma certeza que não podemos questionar de forma alguma. Repito-o e escrevo-o para que nenhuma ambiguidade venha se inserir em meu discurso. Mas será que isso deveria nos levar a uma misteriosa ontologia que faria de nós, se não seres irresponsáveis por nossos atos e maneiras de pensar, ao menos seres com responsabilidade atenuada por um conjunto de mecanismos que nos regem e aos quais não temos acesso? Qual de nós pensaria poder prescindir do combate que trava a cada instante contra suas pulsões? Quem exigiria que apenas contassem suas opiniões ou maneiras de ser e pensar? Quem teria decidido não se curvar a nenhuma regra social e, em nome da primazia do inconsciente em suas condutas, fazer apenas o que lhe desse na cabeça? E por que não podemos ser dispensados de um combate tão extenuante?

Porque, como nos explica o próprio discurso psicanalítico, o "isso" pulsional – o "isso" do "isso me enche" de Jacques-Henri – passa seu tempo a dar xeque-mate no "eu" [*moi*], construído pelos processos educacionais e decidido a desalojá-lo, ainda que para fazê-lo deva tomar de empréstimo a energia de uma instância nascida dessa luta, a qual chamamos "supereu". E o que realiza, então, qualquer análise, senão a tentativa de fazer com que um "eu" [*je*], depois de ter absorvido serenamente as mensagens emitidas durante a construção do "eu" [*moi*], possa enfim advir onde "isso" existia?

Em outras palavras, mais simples, porque nossa vida, a vida em sociedade em que estamos inseridos, exige de cada um de nós, seja qual for nossa opinião a respeito, que nos curvemos, querendo ou não, a determinadas regras e que as assumamos inteiramente. Para que isso aconteça pela vontade e não contra a vontade, é preciso que o aprendizado dessas regras se realize o mais cedo possível na vida. Quem tem a tarefa de construir uma barragem num rio sabe que é muito mais fácil fazê-lo perto de seu nascedouro do que de sua foz.

Isso equivale, para empregar outra metáfora, ao que torna possível a circulação veloz e segura nas estradas. É sempre melhor, é claro, ter um carro com motor em bom estado, freios regulados, boa embreagem, coluna de direção confiável e bons faróis. Mas, embora isso nos dê confiança nas respostas do veículo, não oferece estritamente nenhuma garantia se as regras que regem esse tipo de circulação não forem escrupulosamente levadas em conta e, sobretudo, respeitadas.

O ensino das regras exigidas pela vida em sociedade e que assegurarão à criança um destino da melhor qualidade possível cabe aos pais. Que estes possam se sentir inibidos ou oprimidos por traços de suas respectivas histórias que mal conseguem detectar e que mais dia menos dia não deixarão de marcar seus filhos é outra questão; uma questão sobre a qual poderão sempre buscar ajuda e obtê-la. Mas isso não deve, em absoluto, interferir no aprendizado fundamental que lhes cabe proporcionar.

Acrescentarei, para concluir este capítulo, que todos nós nos sentimos provavelmente um pouco oprimidos pela tarefa que nos é atribuída e decerto contrariados, mais do que gostaríamos de admitir, pelo fato de que, numa época em que os feitos tecnológicos reduziram nosso espaço e chegam quase a recusar nossa condição de mortais, os conhecimentos acumulados sobre a criança não tenham logrado fazer dela um *ready-made* capaz de simplesmente se adaptar ao "modo de usar" que desejaríamos aplicar-lhe de maneira mecânica.

Mas isso abre outras perspectivas.

Será que, de certa maneira, essa criança se esmeraria imperturbavelmente, por ter sido engendrada por nossa preguiça e pela perda do nosso sentido da vida, em frear "com tudo" a imbecil ambição que, sob aparências generosas, cultivaríamos em relação a ela? Em desempenhar, de certo modo, o papel de "capeta", para nos lembrar de que somos humanos?

É à retomada dessa questão e ao esclarecimento da natureza, da importância e do uso sensato das regras e dos inúmeros parâmetros que permitem "rodar com segurança na estrada" que se dedica o que vem a seguir. Todas as elaborações até aqui foram apenas prolegômenos.

2. O QUE É UMA CRIANÇA?

"Vovô, vovô! Você tem sessenta e cinco anos?
Se-ssen-te-cin-co-a-nos!
E pra mim, que só tenho oito,
A vida já parece tão longa!"

Palavras do meu neto Isaac

Uma estatura

Gosto muito da reflexão que coloquei em epígrafe neste capítulo, tal como a ouvi, ao menos no tom, da boca de um dos meus netos. Ela me emocionou, é claro, como se pode imaginar. Mas, acima de tudo, me surpreendeu. E sobretudo porque foi feita exatamente no dia em que eu me aposentava de uma atividade que, por me propiciar sempre a convivência com crianças, me ensinou principalmente a não me espantar com nada que viesse delas. Surpreendeu-me tanto pelo conteúdo quanto pela formulação. Sobre o pano de fundo de um tempo ainda mais difícil de conceber do que de viver, ela condensa, de fato, tudo que pode ser expresso por uma criança a respeito do que ela percebe primeiro de si mesma, depois do mundo que a rodeia e no qual tenta vislumbrar o lugar que lhe caberia. Ela demonstra a existência de um verdadeiro trabalho ao qual a criança se dedica, um trabalho subterrâneo incessante, tão antigo quanto ela e que – conforme ela já desconfia – continuará até o fim da vida. Alguns adultos teriam da criança uma consciência tão perfeita que a pergunta formulada no título seria capaz de mergulhá-los numa grande perplexidade. Mas outros, em nome da trivial obviedade da resposta que lhes viria à mente, talvez se apressassem em descartá-la, para não serem obrigados a pôr em questão a confortável passividade na qual escolheram há muito tempo se instalar.

Nem a inibição de uns nem o desinteresse dos outros, no entanto, podem dizer-nos o que é uma criança.

Mas será que, ao consagrar um capítulo inteiro à questão, eu poderia dizê-lo? Poderia dizê-lo, se confesso tão rapidamente o estado de espanto permanente no qual ela sempre me colocou? Poderia dizê-lo, se sempre a acolhi como um mistério, provavelmente o mistério da vida que a habita e que ela é capaz de gerir de um modo que sempre me maravilhou?

Certamente não.

A única coisa que posso fazer é tentar escrever o que ela me ensinou ao longo desses anos em que me convenceu a não reduzi-la aos pobres clichês que minha formação me havia proporcionado a seu respeito.

Um ser novo com um formidável potencial

A primeira característica que eu destacaria aqui é sua natureza atraente. De fato, ela nos atrai. Irresistivelmente e sempre. Isso porque, seja qual for sua idade, sua aparência, seu sexo, a cor de seus olhos, de sua pele, de seus cabelos, ela fala sem palavras ao que certamente há de mais secreto, de mais oculto e, no entanto, de mais presente em nós, e que faz de nós os seres vivos que somos. Fala à criança que fomos, que nunca nos decidimos a expulsar, que nos é mais preciosa que tudo, com a qual dialogamos sem cessar e que nos enternece a tal ponto que, por medo do ridículo, nunca confessamos ser entretidos por ela em tamanha medida.

Presença ou referência? Lugar ou etapa?

Ela é tudo isso, e muitas coisas mais. Fonte de nostalgia ou geradora de entusiasmo em função do que percebemos de sua alegria ou de seu desespero diante das decisões que somos sempre obrigados a tomar. Contadora atenta de nossos investimentos, ela nos empurra, por vezes mais do que seria razoável, e nos faz desviar, para nossa grande surpresa, do caminho sensato que acreditávamos dever tomar. Sempre animada, sempre tagarela, nunca cansada, ela tem tudo para nos cativar e nos dominar, pois confunde-se com aquele elemento essencial que está no comando: a energia; é um reservatório no qual buscamos sem descanso aquela de que precisamos para simplesmente viver.

Eu poderia continuar um bom tempo nesse mesmo tom. Lírico demais, quando evoco implicitamente a criança que existe em mim, mas praticamente tão lírico quando falo da criança em cada um, da criança de cada um, daquela que eu vi crescer, a minha ou a dos pais que me incumbiram de tratá-las, daquela que encontrei mais tarde, idêntica a si mesma, mesmo quando se tornara um adulto com seus próprios filhos, assim como daquela recém-chegada que me traziam, para um ciclo inédito da ronda... Nunca, no entanto, estarei à altura daquilo que cada uma exige!

Será que a fidelidade que minhas palavras parecem manifestar em relação a ela não me fariam voltar atrás em relação a tudo que dei a entender até agora? Não me fariam cair, eu também, em seu culto, essa infantolatria que denunciei? Certamente não, por mais paradoxal que pareça. Isso porque, se mantenho os ouvidos suficientemente atentos a sua mensagem para expressar a meu modo a emoção com que ela sempre me preenche, é sobretudo porque deploro que não a tratem à altura de seu mérito, que não a preparem tanto quanto deveriam fazê-lo e não zelem o suficiente para preservar sua energia de todo desperdício, ensinando-a o quanto antes a fazer bom uso dela.

Se ela é tão rica, se suas potencialidades são tão grandes e se seu futuro é tão promissor, é por ela ser dotada de uma capacidade energética que faria dela um verdadeiro sol. Como este, a criança é um condensado de calor e luz, um condensado inesgotável, um condensado de futuro, esse condensado de eternidade que nos permite acreditar que podemos desafiar a morte. E assim como ele ela se difunde. Difunde-se em todas as direções, sem levar em conta – mas como poderia? – que sua imensa generosidade a torna dispendiosa, em detrimento seu. E é difícil temperar sua propensão, pois ela se esmera em encontrar um meio para escapar das restrições. Como se soubesse que tudo isso... terá duração limitada!

Ao dizer isso, coloco nas minhas palavras, nas palavras de todos, o que a psicanálise designa como o "registro pulsional" que está por trás do "isso": emanação bruta, tão cega quanto violenta, da vida, da qual o corpo foi encarregado pela natureza de cuidar.

Durante muito tempo centrada em si mesma e apenas em suas próprias sensações, a criança se deixa atravessar pelo que emana dela, sem questionar sua conveniência, intensidade ou pertinência. Vira um copo, grita, bate no coleguinha, derruba um vaso, rasga a roupa, defeca em público ou joga um objeto na cabeça de quem passa, mas ninguém lhe guardará rancor: "É uma criança", é o que se ouve, uma fórmula lançada num tom que pode ir do contrariado ao indignado[1] e que, supostamente, dispensaria comentários. E com razão! Essa talvez seja uma maneira de sancionar o fato de que essas tendências iniciais permanecem vivas durante tanto tempo que é preciso apreender sua lógica, a fim de admiti-las e geri-las da melhor maneira possível. Não se fala, de fato, apenas alguns anos depois, na "idade da razão"? Como para dizer, não sem algum alívio, que o amadurecimento permite um dia que a razão domine a violência pulsional. Imaginar, porém, um acesso automático de todos a tal desempenho é esperança vã: a violência pulsional nunca desiste de se expressar. E consegue-o ainda mais facilmente quando não encontra as barreiras destinadas a canalizá-la ou desviá-la para outra via pelo processo que a psicanálise denomina "sublimação".

Edificar barreiras, multiplicá-las, reerguê-las quando vacilam, ter o cuidado de mantê-las, todo esse trabalho da educação tal como deve ser é o processo civilizatório mais aperfeiçoado com que nossas sociedades cercaram a criança ao dotá-la de pais responsáveis por essa tarefa. Isso porque, durante muito tempo, ela foi entregue a um ambiente feroz, no interior do qual tinha de lutar sozinha por sua sobrevivência.

Nesse aspecto, o trabalho de se debruçar sobre suas características pode ser mais bem compreendido com a ajuda de sua história.

Um potencial durante muito tempo insuspeitado

De fato, ela nem sempre foi encarada como acabo de descrevê-la. Até uma época recente na escala histórica da humanidade, era quase por milagre que ela escapava dos maus-tratos e da grande ceifeira que carregava uma em cada duas antes de seu primeiro aniversário. Duran-

---

1 E a desculpa não tem idade, como demonstra o lastimável indiciamento, naquele 1º de fevereiro de 2008, de um professor que deu um tapa num aluno do 6º ano do ensino fundamental que o havia chamado de "imbecil"!

te os milhões de anos em que a violência da vida não foi canalizada de modo algum, era comum que os machos a rebentassem contra uma árvore para se servirem do sexo de sua mãe. E eles não lhe reservavam um destino muito melhor, mesmo muito tempo depois que as culturas tentaram fazer com que tomassem consciência de seus atos. Provavelmente eles não perdoavam o fato de serem lembrados por ela daquilo a que haviam tido de renunciar ou do resto do infantil que buscavam matar em si – um processo que está sempre em andamento, mas no plano simbólico, como podemos constatar nas terapias psicanalíticas[2]. Há apenas uma poeira de segundos na escala do tempo paleontológico, faziam dela, no melhor dos casos, uma escrava, quando não a sacrificavam a uma instância divina qualquer ou a precipitavam no fogo durante rituais de ordálio. A narrativa bíblica, que se põe a seu lado e denuncia com grande veemência certas práticas bárbaras das quais ela era alvo, demonstra que estas eram frequentes nas sociedades da época[3]. Ela só começa a ter uma posição próxima à que tem hoje quando os Estados se organizam e legiferam sobre sua existência. O caminho, porém, ainda será longo, muito longo, antes que se chegue às instituições que então zelam – por vezes um tanto excessivamente – pelo seu destino! Sua saúde frágil dissuadirá os pais, durante muito tempo, de investi-la demais. Mesmo um Montaigne confessava sem ficar muito abalado que não sabia quantos de seus filhos haviam morrido em tenra idade. Até o fim do século XIX, a medicina, por ignorar a perfeição de seus mecanismos psicológicos, agravará ainda mais sua situação ao tratá-la como um adulto em miniatura.

No entanto, ela não percorreu sozinha esse longo caminho que foi o seu. Sempre teve a seu lado a mãe, que, reduzida ela própria, desde tempos imemoriais, a uma assustadora impotência, só pôde erguer

2 Serge Leclaire, *On tue un enfant*. Paris: Seuil, 1981. (Col. Points Seuil).

3 É interessante constatar que essas denúncias, incluídas no Levítico, são posteriores, no texto da Torá, ao episódio conhecido como "sacrifício de Isaac", designado na língua hebraica por um termo que poderíamos traduzir por "atamento de Isaac". É como se esse episódio desempenhasse uma dupla função: a primeira destinada a preparar a denúncia que viria depois, e a segunda, de acordo com a leitura que a psicanálise faz do assassinato da criança, que teria permitido a Abraão alcançar a maturidade plena e ter acesso a sua estatura.

contra essa dupla e triste sina seus gritos lancinantes e a violência de suas reações diante do importuno que tivesse a ideia de cobiçar para a sua prole a subsistência que ela tivesse encontrado para a dela. Seria quase uma forma de justiça o fato de a mãe em que ela se transformou hoje querer recuperar o tempo perdido, ainda que para isso caia por vezes no excesso!

Eu não a censuro por isso. Quero ajudá-la em sua tarefa.

Primeiramente, persuadindo-a da extraordinária solidez dessa criança: sua taxa de mortalidade no primeiro ano de vida passou de 400% (natimortalidade natural) a menos de 6% (incluindo todas as causas), e sua expectativa de vida, que cresce em três meses todos os anos, é avaliada atualmente em cem anos.

Gostaria em seguida de recorrer a sua inteligência, para evitar que ela se veja submetida, junto com a criança, a maus-tratos inéditos: os do consenso social, que, de modo muito solícito e não menos calculista, vai abusar de sua ternura e manipulá-la, utilizando-a em seu benefício; com uma firmeza à qual ele não renuncia jamais, e que permanece a mesma de apenas algumas décadas atrás, quando não se sabia grande coisa sobre essa criança e a preocupação com ela, aliás, era muito pequena.

Para convencê-la da minha boa-fé, vou contar uma recordação pessoal instrutiva, de um episódio vivido ao fim dos anos 1950.

O chefe do serviço no qual eu realizava então meu primeiro estágio de pediatria havia reservado para si o único curso previsto sobre o recém-nascido, talvez por julgar que seus superiores de clínica não seriam capazes de assumi-lo. Foi quase um choque para nós, estudantes. Isso porque, em vez de ouvi-lo tratar demoradamente do assunto pela consideração dos detalhes técnicos habituais desse tipo de ensino, o que ouvimos foi um discurso pouco firme, que se comprometia com considerações metodológicas e quase filosóficas. Com efeito, ele nos declarou de saída, num tom profundamente desolado, que o recém-nascido sofria de uma deficiência radical, que lhe era própria e pesava consideravelmente sobre a perspectiva clínica que deveria lhe ser aplicada: ele simplesmente não tinha... definição! Continuava a corresponder – continuou ele, mergulhando-nos ainda mais em nosso espanto – à definição que lhe fora dada pelos obstetras do século anterior, a saber, que era "o produto necessário e inevitável da sala de partos"!

Resultado: os obstetras continuavam a considerá-lo como assunto "deles" e não permitiam a aproximação dos pediatras, que, consequentemente, não sabiam nem mesmo o que dizer sobre ele.

Isso não significava, no entanto, que os primeiros cuidariam dele de um jeito ou de outro. Ignoravam-no, pura e simplesmente, pelo fato de não entrar de modo algum em sua área de competência. Ao fim, o recém-nascido continuava a ser visto, por uns e outros, de modo extremamente redutor: um tubo digestivo, de funcionamento relativamente aleatório, que regurgitava leite por uma extremidade e eliminava resíduos por outra, sob a forma de fezes amarelentas, frequentemente abundantes e, de modo geral, líquidas ou moles. Esse era o quadro clínico esquelético do que se revelaria, apenas alguns anos mais tarde, um verdadeiro universo. O chefe considerou apropriado completá-lo, no entanto, a título informativo, com um inciso, quase enternecido, e nos explicou que esse recém-nascido parecia, contudo, ter um poder estranho e singular, o de alterar o raciocínio da mãe, que chegava a ser capaz de sustentar que ele a reconhecia! Uma ilusão muito venial, acrescentou, provavelmente relacionada ao alívio que sucede ao parto. Um discurso que, no fim das contas, acabava por justificar, após havê-lo deplorado, o ponto de vista desses obstetras, quando empregavam os termos "necessário" e "inevitável"!

Talvez seja difícil acreditar no meu relato. Como nos habituamos tão bem ao conforto e ao luxo em que vivemos, não imaginamos que um dia as coisas possam ter sido diferentes. Nada na atmosfera atual das maternidades permitiria adivinhá-lo. A nova mãe é aí ouvida, tanto em relação a seu próprio estado quanto em relação ao bebê, que é ele próprio visto, pela equipe que cuida dele, com uma consciência aguda de sua pessoa e de um deciframento admirável das necessidades que ele expressa.

Um potencial enfim reconhecido

Se esse é o quadro menos de meio século depois do curso que relatei – e assim tem sido nos últimos trinta anos, pelo menos! –, é porque muitas coisas aconteceram nesse meio-tempo. A revolução à qual me referi já estava em andamento. Por si só, ela mereceria ser contada em detalhes. Mas não me lançarei nisso, porque tal relato não entra no âmbito daquilo a que me proponho e porque já o fiz em outra obra[4]. Diria simplesmente, para ser breve, que, desde que tiveram acesso às maternidades, os pediatras fundaram sucessivamente a neonatologia e a fetologia, que se tornaram, ambas, subespecialidades pediátricas de pleno direito, densas e complexas. Ao fazê-lo, abriram caminho para os psicofisiologistas, que se interessaram, com resultados impressionantes, tanto pela vida intrauterina do feto quanto por seus primeiros dias após o nascimento.

Por volta de 1975, o recém-nascido passou a ser descoberto como alguém formidavelmente competente[5] e não menos formidavelmente ativo na conquista do mundo que o acolhe.

Demonstrou-se pouco a pouco que ele era dotado de um número impressionante de recursos, destinados em primeiro lugar a fazer com que reconhecesse com certeza a mãe e a permitir que a diferenciasse de qualquer outra mulher. Como se ele a tivesse inscrito dentro de si com uma consciência aguda – por mais que a imaginássemos nebulosa – de sua importância.

Colocado em seu ventre logo depois do nascimento, ele se mostra capaz de rastejar, o que lhe permite, em alguns segundos, chegar sozinho ao seio nutriz. Graças a um verdadeiro banco de dados armazenados em seu cérebro sensorial[6] ao longo de todo o seu desenvolvimento intrauterino, ele é imediatamente capaz de distingui-la de todas as outras mulheres, e identifica sua voz, seu odor, seu toque, sua maneira de se mexer, de carregá-lo e até o gosto dos alimentos apreciados por ela. Ele acaba de vê-la. E, embora sua área visual não disponha do mínimo dado sobre ela em razão da obscuridade do meio uterino, bastam-lhe apenas oito horas em sua presença para que ele a reconheça... numa foto! Isso que parece ser um milagre se explica pelo fato de que as diferentes áreas sensoriais do cérebro são religadas entre si e programadas para trocar a totalidade de suas informações.

---

4 Aldo Naouri, *A criança saudável*. São Paulo: Martins Fontes, 2009.

5 Para saber mais, pode-se consultar Étienne Herbinet e Marie-Claire Busnel, *L'Aube des sens*, n. 5. Paris: Stock, 1995. (Col. Les Cahiers du Nouveau-Né).

6 A parte do cérebro que recolhe tudo que vem dos órgãos dos sentidos. Costumam opô-lo ao cérebro motor, que, por sua vez, dá ordens a todos os músculos.

O recém-nascido vem assim ao mundo com o que chamei de um "alfabeto elementar", fabricado exclusivamente a partir da pessoa de sua mãe, um alfabeto que refratará para ele, durante toda a sua vida, tudo que ele perceberá do mundo. Isso o colocará, para com a mãe, numa relação e num estado de dependência de que só poderá sair, se é que o conseguirá, à custa de um trabalho e de esforços consideráveis.

Pode-se imaginar a sensação que isso causou. Ali estava um ser que fora propriamente desqualificado por gerações de cientistas, convencidos tanto de seu saber quanto de seu poder, e que se revelava enfim capaz de inúmeros feitos insuspeitados. Isso deu ensejo a uma explosão de pesquisas em várias direções novas, assim como a uma retomada dos debates filosóficos sobre o inato e o adquirido, e acabou até por despertar o interesse dos especialistas em informática!

Que lição, a ser meditada por todos os opressores, e que revanche, esperada por todos os oprimidos do planeta! O dinamismo igualitário que vibrava no universo político da época não poderia permanecer indiferente e tinha toda razão em atribuí-la à incontestável abertura mental produzida pelos eventos de Maio de 68. A esquerda, unida[7] por seu "programa comum", quase vencera – pela primeira vez depois de muito tempo – as eleições de 1974. Seu despertar certamente contribuiu para que a contracepção, com seus direitos conquistados, conseguisse promover o reconhecimento de seu domínio total por meio da descriminação do aborto.

Não é impossível que um movimento de contrição destinado a apagar uma antiga e insuportável injustiça se tenha infundido nas mentalidades e contribuído acidentalmente para puxar mais brasa para a sardinha dos defensores da infantolatria nascente. Quanto a mim, lamento que nada tenha sido dito sobre o assunto e que nenhum pesquisador de nenhuma equipe de profissionais da saúde tenha pensado em fazer justiça, de modo formal, às mães das gerações anteriores, que afirmavam que seus recém-nascidos as reconheciam! Lembro-me de me haver proposto à tarefa, por ocasião da publicação de um artigo, para o diretor da equipe de pesquisa do CNRS* na qual eu trabalhava

7 Parece-me útil relembrar que, na época, o Partido Comunista, com mais de 21% dos votos, estava na dianteira em relação ao Partido Socialista.

* Centre National de Recherche Scientifique [Centro Nacional de Pesquisa Científica].

na época. Minha sugestão foi descartada, com o argumento de que não poderia se inserir de modo algum no âmbito das publicações científicas. Pedi demissão.

A narração desse incidente não pretende sugerir que eu dispunha de uma lucidez da qual os outros membros da equipe eram destituídos. Minha única vantagem em relação a eles era o conhecimento do terreno. As palavras que eu ouvia todos os dias permitiam que eu percebesse um bramido, que tentei explicar. Pareceu-me que o silêncio que nos impúnhamos tinha tudo para alimentar secretamente a vindita muda das mulheres, e em particular a das mães, a tal ponto que não teríamos nenhuma dificuldade posterior em convencê-las a investir e a cultivar indefinidamente essa relação privilegiada, fonte de tantas vantagens. E ainda mais porque se encontravam agora, diante delas, à guisa de pais, parceiros tão pasmados e estupefatos pela aparência miraculosa do que descobriam que haviam perdido suas referências e já não sabiam para que poderiam servir. E como tudo isso acontecia na mesma época em que o ambiente social, mergulhando no individualismo, pretendia eliminar a mínima referência a uma terceira instância, o terceiro particular que o pai sempre representara, em maior ou menor grau, para a mãe e a criança foi rapidamente eliminado – alguns artigos da época diziam que ele havia "sido renunciado". Suas últimas tentativas de manter-se presente apesar de tudo consistiram em experimentar as posições que a mídia havia classificado sob o rótulo de "pais modernos", depois de "pais superprotetores", que acabaram por dar lugar à versão recente da "mãe-bis"[8], que prevalece nos dias de hoje. Encorajado por todos os lados a cuidar da criança tanto quanto a mãe – e não tenho nenhuma crítica em relação a isso! –, esse pai chegou a esquecer que tem uma partitura para tocar, uma partitura que lhe é específica e, como mostrarei mais adiante, absolutamente indispensável para a construção psíquica da criança.

Eu os vi várias vezes, acompanhados da criança. Trouxeram-na para mim quando ela tinha apenas uns dez dias e continuaram a vir juntos a todas as consultas, nas quais se mostravam encantados com

---

8 Sou o inventor dessa expressão (cf. *Une place pour le père*. Paris: Seuil, 1985), depois adotada, sem que ninguém se preocupasse – e não o deploro – em conhecer a fonte.

sua condição. Tanto assim que, em certa ocasião, quando o bebê tinha em torno de oito meses, fiquei surpreso ao vê-la sozinha. E ainda mais surpreso quando ela declarou, sem mais nem menos, que não aguentava mais e queria o divórcio. Perguntei-lhe a razão daquela reviravolta brutal em seu humor, e ouvi como resposta que ela "estava cheia daquela mamadeira da noite". Ela ainda amamentava e decidimos que, naquela consulta, faríamos o início do desmame. Explicou-me então como ficara comovida pelo interesse que seu companheiro manifestava pelo bebê e encantada com o fato de ele cuidar da criança, sob todos os aspectos, tanto e tão bem. Mas a mamadeira da noite era a gota-d'água. Ela não conseguia se acostumar. Achei que conseguiria acalmá-la ao prometer que começaríamos o desmame substituindo o leite dessa refeição por leite artificial. Em seguida, disse-lhe num tom um pouco paternal que tudo aquilo decididamente não me parecia motivo de divórcio. Foi então que ela reagiu e declarou, em pé e imóvel na minha frente: "Que ele queira dar uma mamadeira por dia, vá lá. Que ele peça pra eu tirar leite do peito, vá lá. Mas que, para dar essa mamadeira, ele tire a roupa e ponha a camisola de sua mãe, aí é demais!"

Os pais que se interessam pela divisão de tarefas ou aceitam-na não podem avaliar de antemão a maneira como terão por vezes de vivenciar em si mesmos o retorno do que chamamos "identificação primária", essa fase do desenvolvimento em que o recém-nascido se identifica estreitamente com a pessoa da mãe.

Não obstante a ocorrência desse tipo de incidente ou de outros de mesma natureza quando os cuidados com a criança são compartilhados entre os pais, insisto em repetir que não milito de modo algum pelo retorno à antiga ordem. Lamento simplesmente que, ao tentar se livrar da ordem patriarcal detestável que lhes causou tanto mal, nossas sociedades tenham atacado, a ponto de esvaziá-lo, o lugar indispensável do pai no interior da família.

Ora, esse lugar é absolutamente indispensável para o futuro da criança, menino ou menina, e não apenas, como por vezes acreditamos, ao longo de certas etapas do desenvolvimento da criança, mas desde a fase anterior ao nascimento e ao longo de toda a vida.

Poderíamos imaginar, ao ler esse meu rápido panorama da sucessão de eventos no universo familiar, que eu estaria elaborando uma visão paranoica a respeito dela. Isso seria lamentável, pois não tenho nenhuma outra intenção além de mostrar que as decisões, mesmo às vezes as mais fundamentadas, não deixam de produzir efeitos "colaterais" inesperados. Nessa época, fui tanto espectador quanto ator do que acontecia nesse âmbito. Faço um relato e uma análise assinalando que tudo isso foi muito midiatizado[9] e deu ensejo a inúmeros debates, que não deixaram de intervir de modo decisivo na evolução das mentalidades.

Um ser prodigiosamente dotado para a afetividade

Por que esse lugar do pai é tão indispensável quanto o da mãe?

Por que isso não é admitido, quando é o futuro da criança que pode se ressentir?

Como compreendê-lo? E o que fazer?

A primeira resposta que se pode dar a esse conjunto de perguntas, às quais já dediquei uma grande parte de meu trabalho[10] e da qual darei aqui apenas um resumo distribuído no conjunto da obra, se deve ao fato de que nosso admirável e generoso "sol" se mostra dotado, desde muito cedo, de uma plasticidade à altura dos feitos dos quais é capaz, conforme se descobriu. Isso lhe confere uma capacidade considerável para integrar o que lhe é proporcionado de todas as maneiras e para responder sempre de modo adequado, em função da resultante das forças que se exercem sobre ele em direções frequentemente diferentes.

Durante muito tempo, ao longo dos extensos 24 meses a 36 meses de vida, essas forças, em razão da proximidade dos corpos, são levadas à criança essencialmente pela mãe. Podem, evidentemente, emanar apenas dela. Mas podem também ter previamente integrado a força contida numa opinião do pai: já se pode falar de resultante. Poderão, mais tarde, ser compósitas, quando por exemplo várias opiniões tiverem sido confrontadas a propósito deste ou daquele problema: isso ocasionará uma resultante desse conjunto de forças. Para ilustrar o

---

9 Houve até, nas horas de pico de audiência, seriados de tevê que ilustravam de diversas maneiras a nova paisagem da família.

10 Pode-se eventualmente consultar, sobre esse ponto, Aldo Naouri, *Une place pour le père*, op. cit.; *A criança saudável*, op. cit.; e *Les Pères et les Mères*, op. cit.

fato, eu diria por exemplo que, quando a mãe decide em função de sua disponibilidade que a refeição será atrasada em meia hora, a mensagem será somente sua e integrada como tal. Se a criança acorda à noite, pode haver uma divergência de opiniões entre a mãe, cuja propensão é levantar-se imediatamente para socorrê-la, e o pai, que propõe que se espere para ver se ela não volta a dormir sozinha. São duas opiniões, cujo resultado poderá ser que se deixe passar dois ou três minutos antes de ver a criança. A essas duas opiniões diferentes pode se acrescentar, em outras circunstâncias, a de avós, amigos, babá ou médico. A criança será sensível apenas ao resultado desse conjunto. Fica subentendido que, durante muito tempo – os famosos 24 a 36 meses a que me referi –, esse resultado só será levado à criança, tal como decidido após a confrontação das opiniões, com o consentimento da mãe, e somente por meio dele. Com efeito, a mãe pode pedir ou receber uma série de opiniões e não levar nenhuma delas em conta.

Poderíamos, por outro lado, assimilar em parte as mensagens que a criança recebe, assim como tudo que lhe é proporcionado, a instruções de programas de informática que ela registraria, desde seu nascimento, para executá-los no momento apropriado, sem a menor alteração ou perda. Desde que sua evolução natural programada geneticamente seja favorecida por estimulações, nas quais a afetividade ocupa um lugar preponderante, e não seja contrariada por atitudes de seu entorno capazes de freá-la. É o que demonstra, de modo muito claro, uma experiência psicanalítica.

Assim como seu cérebro sensorial em construção havia constituído para si, com as aferências provenientes do corpo da mãe durante a estada intrauterina, um verdadeiro banco de dados, o conjunto de seu cérebro não cessará, desde sua vinda ao mundo, de fabricar verdadeiros circuitos de circulação do influxo nervoso, destinados a armazenar as informações e classificá-las, a fim de fazer uso delas. De fato, a cada segundo de sua vida entre zero e doze meses, são 3 bilhões de sinapses – essas pontes lançadas entre as células cerebrais para estabelecer os circuitos – que se fabricam! Esse número, por mais astronômico que pareça, se justifica pelo fato de que, sob o efeito do programa genético, as células nervosas se empenham em alcançar seu lugar definitivo, sem por isso deixar de servir como intermediárias em circuitos provisórios que se estabelecem com grande velocidade e são remanejados sem descanso. É como se, de acordo com oportunidades de toda espécie, a criação de uma rota direta entre duas aglomerações se realizasse de modo irregular, e depois da construção de uma série de rotas sucessivas que fazem desvios cada vez menos longos. Quando uma nova conexão começa a funcionar, a anterior, que já não é percorrida por nenhum fluxo, desaparece por si só. É por essa razão que, aos quatro anos de idade, o volume do cérebro do recém-nascido já se multiplicou por três, ao passo que, na idade adulta, é multiplicado por quatro. Os aprendizados somente se realizam, portanto, graças à instauração de circuitos nervosos que atingem sua configuração definitiva progressivamente. Os circuitos que comandam os dedos de um pianista profissional não se fabricam de uma vez só. Sucederam a muitos outros, provisórios, que foram eliminados à medida que os avanços eram realizados.

A etologia fornece um exemplo impressionante da ativação desses potenciais.

Depois de dar cria, a fêmea gnu deixa que o filhote se aproxime dela, como está programado para fazer, à procura da mama. Quando, porém, ele está perto de atingir seu objetivo, ela se distancia dele, obrigando-o assim a testar suas patas e a se equilibrar melhor sobre elas. A manobra será repetida incessantemente, e de modo cada vez mais rápido. Em alguns segundos, o filhote recém-nascido adquire o domínio do andar. Mas isso ainda não basta para a mãe, que continua a mantê-lo a distância, até que ele aprenda a correr, e sobretudo a correr cada vez mais rápido. E ela só permitirá que ele se junte a ela e mame quando for capaz de correr tão rápido quanto ela. Assim, em alguns minutos, ela terá dotado o filhote de seu mecanismo de sobrevivência: a rapidez da corrida, que lhe permitirá escapar dos predadores. Pode-se imaginar que, sem suas ações, o filhote que encontrasse a mama nunca seria capaz de tricotar suas sinapses de modo tão correto, e, principalmente, tão rápido.

É exatamente o mesmo mecanismo que está em ação quando se fala da estimulação dos bebês humanos: encorajamos suas aquisições, incitando-os a alcançar um objetivo que deixa entrever a obtenção de um benefício, do qual é indispensável privá-los até que o tenham merecido. Pode-se estigmatizar esse método, assimilando-o à detestável política da cenoura e do bastão, o que seria perder de vista que, na verdade, só utilizamos a cenoura para proteger da melhor maneira possível do bastão que surgiria e não mostraria piedade alguma se procedêssemos de outra maneira. O filhote de gnu seria com certeza uma presa fácil para o leão se sua mãe o satisfizesse imediatamente.

Isso é algo que, mais do que qualquer discurso dissuasivo, deveria permitir a compreensão da ambiguidade e, sobretudo, do caráter nefasto da superproteção.

Esses fenômenos fisiológicos, perfeitamente demonstrados já há alguns anos, explicam o fato de que, ao longo do desenvolvimento da criança – seja ele psicológico, sensorial, motor ou afetivo –, toda aquisição é alcançada à custa de uma perda.

Vejam-na, por exemplo, quando tenta andar, por volta do décimo segundo mês. É um "ten-te-não-cair", como se diz sobre ela, em busca de seu equilíbrio, precário por definição. Quando ela sente que vai perdê-lo, deixa-se cair sobre o bumbum, sem nem dobrar os joelhos, e não se machuca. Alguns meses depois, não apenas não consegue fazer isso, como, se por acaso cair desse jeito, sentirá muita dor. O mesmo acontece, para dar outro exemplo, em relação à linguagem articulada: para falar a língua materna, o bebê seleciona algumas dezenas de fonemas dos quais precisará em meio às várias centenas dos quais dispunha desde muito pequeno (a demonstração dessa riqueza foi feita em bebês de três meses). Ele, que estava apto a falar todas as línguas do mundo, portanto, sacrifica essa prodigiosa aptidão para ganhar em fiabilidade na comunicação oral. O balanço global dessa progressão, contudo, permanece positivo, sob todos os aspectos. Isso porque o sacrifício de uma competência é compensado por um ganho afetivo: o bebê que aprende a andar é recompensado por seu esforço pelo que vê de si no olhar de sua mãe; o mesmo é válido quanto à aquisição da linguagem ou ao sacrifício do prazer de evacuar nas fraldas.

Os progressos motores, espontâneos porque geneticamente programados, costumam ser acompanhados, e até encorajados, por pais enternecidos. Compreende-se que, se foram realizados, foi graças à instauração definitiva dos circuitos eficazes que substituíram os anteriores, provisórios.

Depois de conseguir manter a cabeça ereta, o bebê nunca mais deixará que ela oscile; depois de ser capaz de sentar, continuará a fazê-lo, assim como continuará a andar depois de ter adquirido essa capacidade. Os circuitos responsáveis por essas aquisições reforçam-se incessantemente por sua ativação, assim como são reforçados pelo estímulo e pelas mensagens afetivas que o acompanham. Exceto no caso de um evento patológico grave, jamais deixarão de ser percorridos por influxos que, ao mesmo tempo, mantêm sua condição.

Imaginemos agora que, em vez de serem favorecidos e estimulados, os progressos sejam bloqueados ou contrariados: o que acontecerá? O circuito provisório continuará a ser solicitado incessantemente pelo influxo que o atravessa. Será mantido em seu lugar, enquanto o outro, mais bem concebido, que deveria sucedê-lo e já está pronto, desaparecerá mais cedo ou mais tarde por não ter sido preservado por influxo algum. Um quadro como esse existe e foi abundantemente descrito e estudado ao fim da última guerra mundial: é o caso das crianças que sofriam do chamado "hospitalismo". Acreditava-se que essa patologia já houvesse desaparecido desde então, até que foi constatada nos orfanatos da Romênia, depois de Ceaucescu. Essas crianças não eram solicitadas de modo algum. Eram alimentadas em seus berços-prisões por mamadeiras atadas com um pano. Não haviam adquirido nenhuma das competências de sua idade e haviam permanecido no mesmo estado em que estavam quando foram depositadas nesses berços. Seus circuitos definitivos haviam desaparecido e só podiam recuperar suas competências – lenta e parcialmente, aliás – à custa de um trabalho de reeducação que se empenhava em favorecer a criação e o funcionamento de novos circuitos, com melhor desempenho que os anteriores.

Por que imaginar que poderia ser diferente no campo da aquisição e das trocas afetivas, quando o bebê e a criança, formidáveis receptáculos de amor, se comportam nesse âmbito como esponjas com considerável capacidade absorvente? Por causa do inconsciente, de seu mistério e de seu caráter atópico?

Arriscando-me a chocar muitas pessoas, deixarei de lado essa questão, à qual retornarei. Embora os circuitos que comandam esse setor tão delicado da vida não se situem num único lugar, nem nas mesmas zonas que os anteriores, certamente existem, e devem funcionar de maneira quase idêntica: uma sucessão de esboços de circuitos precederia a instauração do circuito definitivo, com o mesmo risco de que o favorecimento de um circuito intermediário pudesse bloquear a evolução, a menos que fosse reservado ou neutralizado por um tempo mais ou menos longo – é o que se poderia imaginar, numa idade mais avançada, em relação ao que se chama de "recalcado", em linguagem psicanalítica. Isso seria verdadeiro apenas por não ter sido comprovado ainda ou porque os defensores da organicidade dos processos mentais e os defensores da psicanálise pura se difamam mutuamente. Tais querelas mereceriam, aliás, que os adversários fossem colocados em pé de igualdade, porque se trata de processos vivos que exigem que as opiniões se enriqueçam mutuamente, em vez de se excomungarem; nem a fisiologia celular nem o inconsciente existem após a morte! A neurologia está só balbuciando e descobriu apenas uma parte ínfima da complexidade do cérebro.

O entrelaçamento do fisiológico e do afetivo

O caso esquemático e exemplar de Jack permitirá, eu espero, que minhas afirmações sejam mais bem compreendidas.

Ele tem quatro anos e meio e vem ao consultório acompanhado pelo pai, que já me havia exposto por carta, quando da solicitação de uma consulta, a ideia precisa que sua mulher e ele haviam formado sobre os vários distúrbios de que a criança sofria, descritos por ele com grande precisão.

O primeiro relaciona-se ao sono: Jack acorda várias vezes, chorando, e regularmente pergunta, quando se levanta pela manhã, se "dormiu bem". A maioria de seus outros distúrbios levou, é claro, a uma série de consultas com especialistas (otorrinolaringologista, para testar sua audição, porque ele fala mal e às vezes parece ausente quando falam com ele; fonoaudiólogo, por seu atraso de linguagem; homeopata, por sua agressividade contra o irmão mais novo e os coleguinhas da escola).

Os pais de Jack pensam que todos esses distúrbios se devem ao sofrimento que lhe causa a existência do irmãozinho. Na opinião deles, ele nunca teria aceitado o irmão pelo fato de este ter nascido no dia da sua volta às aulas; poderia ter responsabilizado o irmão pelo sentimento de abandono que a ausência brutal de sua mãe naquele dia lhe provocou. Por outro lado, suportaria muito mal a ausência de seu meio-irmão, mais velho que ele, que vem passar o fim de semana em casa de quinze em quinze dias. Quando nos encontramos, o pai logo me diz que espera que eu fale com seu filho e o faça falar.

Releio rapidamente a carta escrita por ele e, levantando os olhos, pergunto como é possível que Jack ainda use chupeta. Ele me informa, lançando um olhar divertido e enternecido para o filho, que não tem só aquela, mas toda uma coleção, muitas delas em sua cama. E acrescenta, diante da minha expressão de espanto, que toma também uma mamadeira pela manhã, ao acordar, e outra, antes de dormir, que usa fraldas durante a noite – porque molha a cama! – e que sua mãe o embala todas as noites para adormecê-lo. Percebi, pelo tom, que essas observações não se destinavam apenas a me informar, mas a me proporcionar uma ideia ainda melhor de toda a solicitude com que Jack era cercado; a sublinhar, portanto, a gravidade do caso.

Sendo assim, ficou profundamente surpreso quando eu, sem me dirigir a Jack, a quem só havia cumprimentado ao me apresentar, lhe disse que começaríamos suprimindo chupetas, mamadeiras, fraldas e ritual para dormir, e que voltaríamos a nos ver um mês depois.

Manifestamente surpreso com minha maneira de ver a situação, e pedindo desculpas antecipadas por sua reação, começou a negociar minha prescrição, perguntando se não seria "pegar pesado demais de uma só vez", e se não seria melhor "fazer a coisa progressivamente, suprimindo isto, depois aquilo, numa certa ordem", que, é claro, caberia a mim estabelecer. Recusei-me a satisfazer seu pedido e expliquei-lhe a razão. Ele aceitou, então, tentar seguir meus conselhos.

No mês seguinte, quando voltou para me ver, anunciou de imediato que tudo havia entrado nos eixos: os problemas praticamente desapareceram no dia seguinte à consulta, a agressividade contra o irmão menor dois ou três dias depois, ao mesmo tempo que o comportamento na escola, mudara radicalmente; Jack estava mais atento e a própria linguagem havia melhorado muito. Só o problema de urinar na cama ainda persistia, a cada três noites (no mês seguinte, eu seria informado por telefone que isso havia acabado definitivamente). Como Jack, todo orgulhoso, repetia cada um dos anúncios do pai, este me contou que, ao voltar da última consulta, quase triunfante e orgulhoso de si, ele dissera à mãe: "totô tissi 'capô supeta, capô mamadela'" etc. Pensei comigo que o fato de ele ter ouvido e, sobretudo, tomado a iniciativa de repetir minhas instruções à mãe deve ter facilitado muito as coisas!

A compreensão desse caso e de seu tratamento exige que se recorra exatamente ao mesmo mecanismo de explicação invocado para o caso do hospitalismo. Haviam simplesmente impedido que circuitos evolutivos maduros fossem utilizados, e Jack, consciente de sua evolução em vários outros campos, não conseguia compreender o lugar que lhe haviam atribuído. Continuavam a tratá-lo como se ele tivesse praticamente dois anos! A agressividade que ele manifestava contra o irmão menor e contra seus coleguinhas poderia ser lida como sua maneira de lhes comunicar o desejo de ser como eles: reconhecidos em seu direito de ser como devem ser e como são em sua idade. Vivendo uma situação paradoxal, tentava adaptar-se a ela, o que explica tanto seus distúrbios de fala quanto sua rápida transformação. Quanto aos problemas de sono, estavam provavelmente ligados em parte à vivência da situação diurna, sem dúvida geradora de pesadelos, e em parte aos efeitos das micções.

Esse caso certamente teria levado muitos meses, antes de retomar o curso normal – não sem deixar alguma cicatriz, em razão do tempo perdido –, caso o tratamento prescrito tivesse sido diferente. Os sintomas se conjugavam, de fato, de modo bastante enganador para permitir a construção de uma perspectiva clínica psicológica relativamente coerente, que teria sido construída, aliás, sobre uma explicação bem pouco diferente da que os pais haviam construído.

Pode-se dizer que esses pais estavam não apenas preocupados com o destino do filho – todos os pais estão! –, mas também razoavelmente bem informados. Pode-se imaginá-los com frequência mergulhados em revistas de divulgação que proporcionam a todos, à custa de uma leitura assídua, a esperança de se tornarem finos rastreadores da psicologia. Um objetivo aparentemente nobre, pelo qual nosso ambiente teria todas as razões de se parabenizar, se ele não fosse o sintoma de uma realidade que recusamos a levar em conta. Se os pais são ávidos por todas as receitas que lhes são dadas, é por se sentirem esmagados por sua responsabilidade e não quererem sob hipótese alguma ser acusados de terem comprometido o destino dos filhos.

Um desejo dessa ordem tem uma dupla origem.

A primeira reside no fato de que, desde sua chegada, a criança remete cada um dos pais a sua própria situação de criança. Eles então percebem, de modo obscuro, o ressentimento, se não o ódio, que inconscientemente sentiram pelos pais – o que não tem nada de monstruoso, pois são esses sentimentos[11] que permitem a todas as crianças desligar-se, ainda que ligeiramente, de seus pais. Sem saber que cultivam uma ilusão, definem como objetivo agir de maneira que seus filhos não tenham razões para sentir, mais tarde, em relação a eles, o que eles sentiram em relação aos pais. Assim, vão se empenhar, em primeiríssimo lugar e por todos os meios, em agradá-los. Isso equivaleria, para a mãe gnu a que me referi acima, a oferecer imediatamente a mama ao filhote, só para agradá-lo, poupando-o, com as consequências que se podem imaginar, do aprendizado precoce da corrida.

O segundo fenômeno que intervém no processo só pode reforçar a tendência que acabo de descrever. Até 1975, data do domínio total da contracepção, proporcionado pela legalização da interrupção voluntária da gravidez, um filho era o resultado do desejo inconsciente de ambos os pais. Desejo que, por vezes, se impunha de modo involuntário à vontade deles, infligindo-lhes eventualmente uma "criança não esperada", que um abuso de linguagem denominava "criança não desejada", em relação à qual eles faziam o que podiam. A criança, como já assinalei, tinha então, no inconsciente dos pais, a posição de um subproduto de sua atividade sexual. A partir de 1975, a hierarquia se inverteu. A vontade sobrepôs-se ao desejo e dispõe do meio para anular sua expressão: a gravidez, desejada como sempre o é, pode ser suprimida quando não corresponde à vontade. A criança passou, assim, da posição de subproduto à de puro produto. Seria pensada dessa maneira no contexto da sociedade de consumo, que inclui o famoso critério do "defeito zero", lançado pelas montadoras japonesas. Ela deveria ser perfeita, ter bom desempenho e ser uma fonte inesgotável de satisfação. Como se tem uma vaga ideia de que existe uma interação com ela, haverá um grande apetite por tudo que é supostamente capaz de produzir os melhores resultados.

Os pais de Jack provavelmente aplicaram de modo meticuloso as receitas que encontraram por aí. Devem ter-lhe explicado, de acordo com a técnica preconizada por Françoise Dolto e amplamente difundida por seus sucessores, que ele não havia perdido nada do amor de sua

---

11 O amor e o ódio são o averso e o inverso um do outro, o que Lacan dava a entender ao falar de "*hainamoration*" [neologismo composto por *haine*, "ódio", e *énamoration*, "enamoramento"].

mãe com o nascimento de Luca. Que este era bebê e não sabia fazer nada e precisava de sua mãe, ao passo que ele já era um menininho e sabia fazer um monte de coisas, que poderá fazer, aliás, com o pai. Posso ouvi-los explicar em detalhes o passado conjugal do pai e a configuração da família recomposta para ajudá-lo a compreender que seu meio-irmão mais velho, Walter, só pode vir de quinze em quinze dias. Ele provavelmente escutou tudo isso com o mesmo interesse todas as vezes que a cantilena lhe foi repetida, em razão da ausência de mudança na situação. Eu até o vejo se divertindo ao repetir, em coro com os pais, pedaços de frases ouvidas várias vezes e decoradas, enquanto continuava a se perguntar por que eles sentiam a necessidade de voltar sempre a essa história, que ele já tinha entendido havia muito tempo!

Foi o que aconteceu com Benoît, dez anos, que me conta a lembrança de um episódio dessa ordem ocorrido em sua primeira infância: "Minha professora do maternal contou para meu pai que eu mordia os outros. Meu pai me deu uma bronca. Depois disso, sem a mínima raiva, ele começou a me explicar por que eu não devia morder meus colegas, e depois, qual era o significado das coisas: eu, os outros, eu e os outros, os outros e eu. E todo aquele blá-blá-blá... Não parava de falar. E a coisa não acabava nunca! Fazia um tempão que eu tinha deixado de ouvir. Como se as minhas orelhas estivessem tapadas. E ele continuava. Comecei a me perguntar por que ele precisava fazer tudo aquilo. Como se não fosse suficiente dizer que eu não devia morder. Isso devia ser suficiente! A partir do momento em que ele me deu a bronca, eu já entendi que aquilo não era certo, e percebi na hora que não ia repetir. Mas não conseguia entender por que ele insistia tanto."

Excesso de solicitude mata a solicitude.

E uma explicação longa demais tem o defeito de ser uma justificativa que compromete o resultado desejado.

Para fazer com que as mães de meus pacientes os compreendam, uso uma metáfora. Peço-lhes para imaginar qual seria sua reação diante de um buquê de rosas oferecido pelo companheiro uma noite, quando ele voltasse para casa. Elas sorriem, enquanto manifestam a saudade que sentem desse gesto raro, o que me permite imaginar o prazer que sentiriam. Continuo perguntando qual seria reação delas se o fato se reproduzisse duas, três, cinco ou sete noites seguidas. Elas concordam então sem dificuldade que ficariam desconfiadas e incomodadas com a repetição do gesto, e se perguntariam o que ele poderia esconder.

A atitude dos pais de Jack havia dado o mesmo resultado.

A maneira como eles vivenciavam os sintomas não reconhecia, ainda por cima, a realidade dos fatos, e fornecia-lhes uma explicação que, por mais elegante que pudesse parecer, era falsa. De fato, não o acusavam implicitamente de ser o único autor de um comportamento que não estava à altura do amor que recebia? Como ele poderia, sozinho, abrir os olhos dos pais e mostrar-lhes que não tinha outra maneira de fazer a situação na qual estava preso evoluir? Seria possível contra-argumentar que ele poderia ter dispensado sozinho ao menos as chupetas. Mas como teria sido capaz disso, se elas ficavam guardadas até na sua cama, e se seu hábito de sucção era tão bem cultivado pelas mamadeiras que lhe eram dadas? Estava claro para ele, havia muito tempo, que precisava de um sinal de sua mãe para ter certeza de que não a contrariava ao tomar uma iniciativa. Se ele tivesse infringido essa condição prévia, teria traído a lealdade que sempre demonstrara para com ela e, sobretudo, para com as mensagens que ela emitia sem nem mesmo precisar formulá-las! E, no entanto, ele não havia deixado de ficar alerta, não só com seus ouvidos, mas com toda a sua sensibilidade, a fim de perceber esse sinal. Mas o sinal não veio. E então, durante nossa consulta, ele reconhece de leve sua natureza. Foi por isso que, tão logo chegou em casa, se precipitou justamente na direção da mãe e repetiu minhas instruções para ela no tom "triunfante" assinalado pelo seu pai. É como se ele lhe dissesse que alguma coisa iria acontecer com ele – com eles –, mas que ela não devia ficar brava, porque ele era inocente. Que ela não deveria, em hipótese alguma, suspeitar de sua lealdade. Que ele estaria apenas aplicando ordens. E se ele faz questão de que não haja nenhum mal-entendido sobre esse ponto, é porque sabe o quanto sua lealdade lhe garante de volta os prazeres que sua mãe lhe proporciona, os quais ele coleciona e espera que continuem a compassar sua vida.

Ora, as supressões, todas elas aplicadas ao mesmo tempo, serão perfeitamente suportadas e surtirão um efeito brilhante.

Do ponto de vista fisiológico, a explicação deve-se ao fato de que o influxo nervoso passou a transitar imediatamente pela sequência de circuitos mais maduros que ainda permaneciam utilizáveis[12] e o esperavam havia um bom tempo. O mesmo é válido para a explicação relacionada aos prazeres: os prazeres promovidos pelo progresso, sem que a lealdade seja posta em risco, são sensivelmente superiores aos que existiam até então, cuja insuficiência era traduzida pelos sintomas.

Se tivéssemos de resumir o caso de Jack, poderíamos apresentá-lo como o de uma criança cuja evolução foi freada porque se esperou que ela evoluísse sozinha, espontaneamente, "sem pressão" e "a seu ritmo", como se diz. Um modo de pensar que se tornou muito difundido e que não para de produzir estragos!

Quantas vezes não fui consultado, na última década de atividade profissional, por causa de vícios em chupeta, objetos de estimação ou mamadeira – o recorde que registrei neste último foi o de uma menina de doze anos, aluna do sétimo ano do ensino fundamental! É sempre o mesmo caso e a mesma explicação, exatamente a que aparece quando reclamamos do uso intensivo, por parte de algumas crianças, da televisão, do Playstation ou de outros aparelhos eletrônicos. Não se proíbe. Ou, quando se afirma que isso foi feito, o modo de fazê-lo foi tão mole que deu no mesmo. Por quê? Por medo de "traumatizar" – já assinalei que essa é a palavra técnica mais usada atualmente na linguagem dos pais! Concordo que certa vulgarização da psicologia tenha sido capaz de promover esse conceito. Mas não acho que ela faria tanto sucesso se não tivesse servido como um cômodo álibi, não tanto para a preguiça dos pais, mas para seu desejo de agradar aos filhos.

Se essa pseudossolicitude enternecida assumiu, como eu disse acima, a aparência de uma epidemia ou de um efeito de moda, é justamente porque permite que os pais seduzam os filhos, e isso diante dos aplausos unânimes do entorno.

Ora, seduzir é exatamente o contrário de educar.

Neste caso, o significado das palavras por si só isenta minha afirmação de qualquer suspeita de *a priori* ideológico.

De fato, as duas palavras são construídas a partir do radical latino *ducere*, que significa "puxar para si", "conduzir", do qual provém *ducare*, "educar". *Ducere* forjou-se a partir do radical *dux*, que significa "chefe".

---

12 Quando eles não são utilizados durante muito tempo, acabam por involuir; em outras palavras, por desaparecer.

Educere sugere uma relação de troca com o chefe, a ideia de chefe, e até da exemplaridade que emana dessa ideia. *Seducere*, no entanto, iniciada pelo prefixo *se*, que indica separação, afastamento, dá a entender o contrário, isto é, o afastamento dessa exemplaridade contida na ideia de chefe. O mecanismo elementar da sedução não vem da simples bajulação, isto é, do reforço mútuo, e desprovido de outras referências, dos respectivos narcisismos do seduzido e do sedutor?

Educar expõe ao dever de impor aos filhos uma restrição ou uma privação, que faz sentido para quem a impõe porque não se leva em conta seu efeito imediato, mas o efeito produzido no longo prazo. No entanto, como a criança só vive o efeito imediato da restrição ou da privação, consideramos que ela não será capaz de suportá-la e que reagirá desenvolvendo sentimentos negativos. Ainda mais porque imaginamos que ela só poderá recebê-la como nós a receberíamos se estivéssemos em seu lugar. As pessoas desconhecem, é claro, a extensão do erro que cometem ao raciocinar dessa maneira. A confusão que fazemos, ao imaginar a reação da criança como a que nós teríamos em seu lugar, chama-se "projeção". Projeta-se na vivência da criança uma vivência que lhe é totalmente estranha. O fato é muito mais flagrante quando nós o surpreendemos em casos extremos: muito além da simpatia, a comiseração dos pais e do público em geral diante de uma criança que nasce cega, surda, com um braço, uma mão ou uma perna a menos. Raciocinamos, em relação à vivência dessas crianças, como se estivéssemos na situação delas. Em vez de ajudá-las, isso só agrava seu caso. Isso porque elas só conheceram do mundo a experiência que têm dele tal como são. A comiseração, assim, cria nelas uma nostalgia da qual poderiam prescindir. A existência de um empenho para facilitar-lhes a tarefa de viver da melhor maneira possível com sua deficiência é algo totalmente distinto. Mas não se deve colar sobre a vivência que elas têm de sua situação outra vivência que nada tem a ver com elas.

É essa confusão, que nasce do desejo de agradar, que provoca os verdadeiros problemas. A criança submetida a uma restrição recebe-a com a maior simplicidade do mundo se os pais não tiverem medo de que isso provoque sofrimento nela. Eles não terão em absoluto de enfrentar ou suportar um tipo qualquer de ressentimento. Alguns, redobrando a precaução, chegam por vezes a algo pior, se não ao sádico, para não dizer ao detestável, e se põem a explicar à criança a louvável perspectiva na qual situam seu ato: "Estou fazendo isso pelo seu bem... Mais tarde, você ficará reconhecido... Um dia, você vai me agradecer..."

É inegável que seduzir uma criança lhe proporciona prazer. E a gratidão que ela manifesta de imediato proporciona ao sedutor um prazer não menos inegável. Seremos "amigos"!

Tudo isso vale em parte para o caso de Jack. De fato, é importante ressaltar que ele estava acompanhado apenas pelo pai, o qual já me havia escrito a seu respeito. Por que a mãe não veio a nenhuma das consultas? Eu fiz essa pergunta. Ele respondeu que ela tinha medo de "sofrer remexendo em tudo que não ia bem com o filho". Um motivo capaz de deixar a porta aberta para todas as hipóteses, desde a culpa que ela podia sentir até a consciência mais ou menos clara de seu envolvimento no problema pelo fato de não se decidir a ver essa criança crescer. Mas o que fez o pai em tudo isso? Ele foi "seguidista" e, aliás, não fez segredo disso. Ele o foi durante muito tempo, tempo demais: pelo menos dois anos, se retomarmos os diversos elementos do quadro – o que representa praticamente a metade da vida do filho! Foi um desses pais-José – como eu os chamo, e há muitos por aí – que, de acordo com a religião winnicottiana-doltoana fabricada a partir da deformação das palavras desses grandes mestres, e à qual se conseguiu convertê-los, só existem para cercar a mãe de atenções sem jamais intervir, mais do que qualquer um, na maneira como ela conduz a educação da criança.

E só um mau serviço que prestam à mãe, na realidade.

De fato, o pai de Jack não permitiu em momento algum que sua companheira colocasse a própria atitude em questão. Se ele tivesse intervindo, fosse qual fosse o modo, teria com certeza aberto caminho para o conflito, o que não queria, talvez em razão do efeito de um conflito similar no fracasso de seu primeiro casamento.

É provável que essa tenha sido a razão pela qual esperou um bom tempo antes de recorrer a um terceiro, cujo lugar e cuja função ele deveria ter ocupado. Um terceiro a quem ele solicitava, na realidade, que ouvisse seu filho e falasse com ele, e não que lhe impusesse uma conduta qualquer. Aliás, sua tentativa de negociar minha prescrição certamente decorreu mais do medo da reação que teria a mãe de Jack do que do medo da reação do menino. De fato, será que ela não criticaria medidas que iam tão de encontro a seus procedimentos pessoais? Tanto é assim que, no fim das contas, esse homem se apoiou em mim para prestar ao filho, aliviado a ponto de se mostrar "triunfante", o socorro que deveria ter partido dele. Isso porque, se olharmos de perto, fui eu, e não ele, quem ocupou na constelação familiar e em relação a esse ponto preciso, a dita – e tão criticada – função paterna, da qual voltarei a tratar. De certo modo eu teria caído numa armadilha, como costuma acontecer com os médicos nesse aspecto, mas também com psicólogos, professores, padres etc. Eu o reconheço. Mas como poderia ter negligenciado a urgência do caso?

Eu realmente poderia e deveria ter trabalhado mais com os pais de Jack, deveria tê-los ajudado melhor, recuando em suas histórias, a se livrar do que os impelia a agir como agiram e a não cair mais tarde em erros similares. Essa foi a linha de conduta que sempre segui, mesmo por vezes a título preventivo, com as famílias das crianças que pude acompanhar. Mas nem sempre tive a mesma disciplina com pessoas que me consultavam numa eventualidade. No entanto, não senti remorsos. Digo-o sem cinismo, porque sempre confiei na criança e em seu poder extraordinário de se comportar como coterapeuta e de conduzir os pais à pessoa de que precisam para resolver os problemas que ela, criança, pode ocasionar para eles, e que são, com frequência, um reflexo dos problemas deles.

Um metafísico aliado a um admirável estrategista

Porque é exatamente isso que a criança é: uma reveladora de problemas e/ou uma fonte de problemas, como quisermos. Um indivíduo que não para de questionar. Em outras palavras, um metafísico. Um admirável metafísico. Um metafísico conectado exclusivamente com a vida fervilhante que brotou nele e que o preenche com uma alegria tão grande que ele a investe maciçamente, identificando muito cedo sua fonte, sua força, sua violência e a maneira mais ou menos satisfatória que ela vem a ele.

É fácil para a criança, graças a esse vínculo transnatal que tem com a mãe desde o estágio fetal e graças aos cuidados que esta lhe prodigaliza, reconhecê-la como a admirável, e, durante muito tempo, como a única fornecedora dessa vida. A criança se colocará, portanto, a seu inteiro serviço, e agirá de modo que suas trocas preencham a mãe com uma emoção à altura da que ela sente com cada um dos reencontros. A lua de mel vai durar muito tempo, como se estivesse destinada a não terminar nunca, produzindo na criança um prazer tão grande que ela a transformará no único objetivo de sua vida e num padrão que lhe permitirá avaliar todas as situações em que se encontrar.

Seríamos levados a acreditar, em razão de sua imaturidade física, que a criança é maleável e passiva. Seria um grande equívoco, pois ela é uma estrategista das mais admiráveis, principalmente quando nos deixamos capturar por seu jogo sem nunca entender nada.

Muito cedo – com apenas cinco anos – ela compreendeu que não poderia dispor, como gostaria, de todo o tempo da mãe. Ela sabe expressá-lo, e expressar o meio que encontrou para ultrapassar sua decepção, no prazer de brincar de "esconde-esconde" ou de "achou!". Consegue convocar seu interlocutor para esse jogo colocando o rosto atrás de um guardanapo e retirando-o bruscamente, para logo depois explodir num riso jovial. E se o interlocutor por acaso se interessa pelo jogo, responde ao convite e assume ele próprio o papel ativo, a coisa pode durar horas! Essa é uma maneira bem própria de a criança comunicar que aceitou os desaparecimentos da mãe, porque é – assim acredita – uma parte dela, um pedaço dela, um pedaço do qual a mãe não pode se separar e que ela virá buscar mais cedo ou mais tarde. Algum tempo depois, quando a criança tiver um ano a mais (a idade do neto de Freud, que fez todo um estudo sobre isso), ela lançará ao longe, nostálgica, um carretel preso a um fio, balbuciando *vor* para dizer "foi embora", e, quando puxar o carretel para si, satisfeita, dirá *da*, para dizer "voltou". Transformando-se assim em senhora dos acontecimentos, a presença ou a ausência de sua mãe serão obra sua. Não é a mãe que tem poder sobre ela, é ela que tem poder sobre a mãe[13]. E não custa nada pagar com uma fantasia tão inofensiva uma tranquilidade tão grande!

O que de fato está em jogo nessa troca aparentemente fútil é o domínio de uma verdadeira tragédia.

---

13 Sigmund Freud, *Au-délà du principe de plaisir* (1920), *in Essais de psychanalyse*. Paris: Payot, 2004.

Por mais inacreditável que possa parecer, é realmente por meio desse processo de aparência insignificante que o ser humano em formação intenta, quando não é contrariado em seus procedimentos – com as insuperáveis dificuldades que podemos imaginar –, dizer adeus a sua imortalidade! É por meio desse mesmo processo que ele descobre a existência do tempo, ao qual se sentirá pouco a pouco submetido, e do qual aprenderá progressivamente o curso e a lógica.

Tudo isso porque um dia, por volta do nono ou décimo mês de vida, viveu uma aventura assustadora da qual passará grande parte da vida tentando se recuperar!

Sua maturação fisiológica levou-a a ter de registrar um fato que a surpreende profundamente, porque ao mesmo tempo que a encanta a mergulha num pavor até então desconhecido e numa angústia da qual não conseguirá jamais se desvencilhar. Um dia viu a si mesma e à mãe num espelho e se deu conta brutalmente de que era... ela! Ela, nunca mais uma parte da mãe, ela, separada da mãe, totalmente separada dela! Foi imediatamente tomada por um acesso de riso, como para saudar a descoberta de si mesma, o verdadeiro nascimento. Mas foi imediatamente invadida pelo horror em que a instalou o que ela percebe como sua solidão, à qual logo pressente estar definitivamente condenada.

As ausências da mãe tornam-se então insuportáveis para a criança, que lidava com elas relativamente bem até então. Como – felizmente – elas são tão inevitáveis quanto recorrentes, farão nascer na criança a ideia do tempo e germinar nela a noção nebulosa da morte, mascarada por esse abandono.

Quando a mãe desapareceu pela primeira vez e não respondeu a seus chamados, a criança realmente acreditou que estava perdida. Na segunda, na terceira e na enésima vez, talvez ainda acreditasse. Ao longo dessas experiências, porém, acabará um dia por dizer a si mesma que parece já ter vivido algo assim e que, no fim, a mãe voltou. A miúda consciência do tempo que nela desabrocha nesse momento se apoia no "instante", que ela vive para trazer de volta um estranho e penoso "passado", imediatamente emendado pelo "futuro de pretérito" ligado a ele. Cada retorno apaziguador da mãe reforçará essa percepção e validará a vaga ideia de um "futuro" que desponta em sua psique[14].

---

14 Não é preciso buscar mais longe a origem do que chamamos "esperança".

A acumulação desses desgostos, mesmo passageiros, vai mudar completamente seu humor. É como se a criança intentasse, com relutância, dizer adeus a sua maravilhosa despreocupação anterior. Passará longos meses se debatendo com o que acredita ter percebido. Ninguém se dá conta disso totalmente, porque seu desenvolvimento motor lhe granjeia sorrisos, elogios e outras manifestações de amor. Nada mais, porém, será como antes.

O fato de ela ter progredido lhe dá inúmeras razões e ocasiões para se alegrar. Mas ter descerrado seu olhar em relação à mãe dificilmente lhe é suportável. Esse é o período em que as mães atentas se queixam de sua susceptibilidade, e até de seu sentimentalismo; algumas chegam a descrever o olhar da criança como repleto de censuras, remorsos e por vezes um pavor tão insuportável quanto incompreensível.

Na realidade, acontece que sua percepção dessa mãe, que sempre intermediou sua relação com o mundo, mudou de forma brutal. Até então, tinha sido indispensável, mas também confiável e maravilhosa; e subitamente ela lhe provoca medo.

Ela pensava que a mãe estava ali apenas para lhe fazer viver para sempre neste mundo. Ora, de repente ela desaparece e a deixa diante de sua imaturidade: quantas vezes lhe foi possível soltar um braço preso, cobrir-se, acalmar a dor das fezes ácidas em seu bumbum, e assim por diante. Ela voltou, ela volta sempre, é claro, ainda bem! Mas e se um dia lhe desse na telha de não voltar, o que ela, criança, poderia fazer? Nada! Essa perspectiva a enche de pavor, quando não a deixa atordoada. Ela está totalmente à mercê da mãe! Não pode de forma alguma escapar do poder aterrorizante que a mãe tem sobre ela, um poder de vida... e de morte! A mãe havia escondido seu jogo muito bem. Mesmo sabendo, desde o início, que a mãe era tão cheia de possibilidades, nunca a teria imaginado todo-poderosa a esse ponto[15]! E a mãe tanto lhe

---

15 Um traço dessa etapa pode ser encontrado na idade adulta. Em algumas pesquisas, os homens reconhecem ter medo das mulheres. Poderíamos imaginar que esse "medo" equivale a um medo do não familiar, do desconhecido, em outras palavras, da diferença entre os sexos. De acordo com essa perspectiva, um medo idêntico deveria ser constatado do lado das mulheres e poderíamos esperar que elas assinalassem seu medo dos homens. Ora, elas também reconhecem ter medo das mulheres. Em que as mulheres poderiam ser mais assustadoras que os homens, se não fosse pelo fato de que sua imagem remete inconscientemente àquela, profundamente encoberta na psique ao longo dessa tenra idade?

parece assim, por vezes, que nenhuma outra pessoa do entorno, nem mesmo a designada como seu pai, parece impressioná-la.

A angústia que se apodera da criança torna-se rapidamente tão insuportável que a obriga a reagir.

A primeira ideia que lhe ocorre consiste em verificar primeiro a pertinência do que ela acaba de perceber e registrar. Afinal, não é possível que a mãe estivesse apenas brincando ao demonstrar o quanto era afeiçoada a ela. Deve sê-lo, ao menos um pouco! Se é assim, isso significaria que ela própria dispõe de algum poder sobre a mãe. Pois bem, ela vai brandir esse poder, e ver como a mãe reage.

A partir daí, fará o que quiser, e a mãe terá de se submeter a sua vontade. Vai se entregar, portanto, a caprichos inicialmente inofensivos, como o de obrigá-la dez vezes seguidas a pegar uma colher que foi jogada no chão, a refazer o laço do babador que ela arranca de uma só vez, a limpar em sua volta a comida que ela soprou num jato, a colher o iogurte que ela derrubou ao virar a cabeça bem no momento em que a mãe achava que ela o abocanharia. Chegará até a levantar em seu berço depois que a mãe a aconchegou na coberta para o sono da noite, a encostar em tudo que é proibido, a gritar e a chorar sem razão, desafiando a mãe a consolá-la etc.

É o período da oposição, um período crucial do desenvolvimento, pelo qual passam todos os pais sem exceção; um período que eles têm de enfrentar e do qual se queixam sempre, de tão delicado e desgastante que é lidar com ele. Semanas e meses transcorrerão sem que as trocas sejam capazes de tranquilizar a criança. E menos ainda se a mãe se curvar sem reagir a essa sucessão de caprichos, ou até se deleitar com vãs tentativas de contemporizações sedutoras, que podem imobilizar a criança durante muitos anos no investimento de sua atitude.

Ocupado em conquistar competências motoras cada vez mais complexas e interessantes, fascinado pela multidão de novas sensações proporcionadas pelo entorno, nosso metafísico protela dia após dia o balanço de seu projeto de se opor definitivamente à onipotência da mãe pelo exercício da sua própria onipotência. São precisamente as consequências de sua evolução que levam a criança de volta a sua problemática. Os progressos que ela realiza conquistam-lhe as manifestações de alegria e estímulo que pouco a pouco colocarão em segundo plano a oposição na qual ela se havia entrincheirado, em favor da sedução cujas vantagens percebe. Ela se exercita na linguagem e chega a constatar a frequência com que é convidada a conquistá-la. Brinca com ela. Torna-se tagarela. Entra numa troca que, manifestamente, descontrai a atmosfera. É como se essa linguagem tivesse a capacidade de anular a distância da qual ela tomara consciência entre sua mãe e ela, fonte de todos os seus problemas. O esboço de uma nova aproximação se opera. São canções que lhe são ensinadas, e que ela é convidada a repetir e adora entoar a todo instante, as histórias que lhe são contadas e se revelam soberanas à noite, na hora de dormir, no momento em que, com o fim de toda atividade, tem tanto medo de ser novamente tomada pela angústia: o sono, que é a perda de consciência de si, não tem certa relação com aquela morte, cuja ideia atua tanto dentro dela que a apavora? Então, manter a mãe perto de si, sonhar que voltou aos momentos benditos em que tudo corria tão bem, são coisas que não se recusam, ou que podem ser tão pouco recusadas que estamos dispostos a retardar ao máximo o instante da separação – é o momento em que os rituais se negociam e se instalam, no meio do caminho entre o exercício derradeiro da onipotência e a tentativa ainda mais precisa da sedução.

Tanto é assim que, quando a mãe propõe à criança que ela abandone as fraldas e faça como os grandes, e a criança constata o orgulho da mãe ao ver seus excrementos no penico, ela compreende que, para sair de seu impasse, é-lhe oferecido um modelo estratégico insuspeitado, mas promissor, porque muito mais bem adaptado ao fundo do problema.

Uma estratégia adaptativa

Quando se trata de um menininho, a situação se desenha com bastante simplicidade. Ele vai trocar a desconfiança que havia sido sua linha de conduta e oferecer-se à mãe num amor total, maciço, ostensivo, assíduo, destinado a fazer com que, enfim, possam se reunir e se conjugar para sempre. Tentará manifestá-lo de todos os modos possíveis, para se tornar convincente. Tem certeza de que a mãe não poderá deixar de amá-lo em resposta. E, como eles vão se amar, será definitivamente anulada a famosa distância que representou um problema para ele: já não será a união anterior, ele já não será uma parte dela; estarão unidos de uma forma nova, da qual ele não faz a menor ideia[16], mas está convencido de que essa união será mais estreita do que nunca, porque será para sempre.

É a entrada no que todos conhecem hoje pelo nome de "fase edipiana" do desenvolvimento.

Uma etapa e tanto! Os textos de vulgarização fazem crer que é possível superar essa etapa, quando na realidade ela suscitará problemas durante toda a vida, apesar das inúmeras soluções que tentaremos encontrar para ela. Se não fosse assim, acabariam literatura, teatro, ópera, cinema, canção e todas as formas de arte cujo sucesso inesgotável se deve ao fato de tratarem de amores impossíveis ou decepções amorosas.

Concebe-se facilmente que esses tocantes arroubos de juramentos não poderiam deixar as mães indiferentes. Cada uma reagirá a sua maneira, conferindo-lhe uma coloração sempre singular, que intervirá necessariamente no destino do filho. O antigo sonho deste de tornar-se um com ela está na origem da fantasia tão difundida de que o objetivo do amor seria "tornar-se um" com a pessoa amada. Uma fantasia que Woody Allen retoma com seu humor ferino habitual quando diz: "Passamos uma noite maravilhosa. Agora somos um: eu!"

À medida que ele cresce e leva em conta os diferentes parâmetros da sua realidade, esse menininho conseguirá compreender um dia que sua mãe é a mulher de seu pai, e que este poderia ficar ressentido com sua ostensiva assiduidade e decidir puni-lo com... a castração.

Que horror! Ter de prescindir desse órgão ao qual conferiu um lugar tão central na edificação de sua identidade, depois na conquista de sua mãe, é prescindir da sua única segurança – porque, afinal, sua aventura poderia ter sido coroada de êxito se o seu pai não existisse – contra a morte! Essa fantasia explica por que, durante o resto da vida,

16 De modo geral, uma vez que hoje o sexo está em toda parte, eu deveria dizer que não é excepcional ouvir os menininhos dizerem à mãe que querem "dormir" com ela, ou até que querem "fazer amor" com ela. Eles não sabem nada, evidentemente, sobre a realidade encoberta por essas expressões e provavelmente se interrogam quanto a isso. O que é desolador, para não dizer escandaloso, é ver a frequência com que as mães ficam lisonjeadas, quando não repetem o que foi dito pelo filho ou pedem para que ele o repita diante das suas amigas!

ele colocará seu órgão sexual no centro de sua vida. Sua origem remonta de certa forma à aurora da humanidade, àquela época em que o pai da horda primitiva dos humanoides, ciumento de sua posse exclusiva de todas as mulheres, procedia dessa maneira com os jovens machos que tentavam copular com uma delas. O menininho, assim, acabará por renunciar, no fim do sexto ano de vida, a seu sonho de união definitiva com a mãe, e prometerá a si mesmo encontrar mais tarde uma mulher parecida com ela, que lhe proporcionará a satisfação sexual que lhe foi proibida e permitirá que ele afaste mais facilmente sua angústia de morte. Um programa ambicioso, cujo sucesso nunca foi fácil de garantir, mas que hoje está praticamente sempre fadado ao fracasso[17].

A vantagem desse fim da partida é que o medo que o menininho sente do pai vai substituir, sem eliminar totalmente, o medo que ele sentia da mãe.

Para a menininha, as coisas não são tão simples quanto para o menininho, embora eles tenham percorrido estritamente o mesmo caminho para a possibilidade de uma nova estratégia. Ela não pode oferecer-se a sua mãe. Elas são do mesmo sexo. Ela não possui, como o irmão, um órgão que, ao garantir sua diferença em relação à mãe, permite-lhe se oferecer a ela sem o risco de perder-se totalmente nela. A dificuldade que a menininha encontra vai trabalhá-la e ao mesmo tempo proporcionar-lhe, sem seu conhecimento, uma experiência que lhe permitirá desenvolver o que será, mais tarde, sua sutileza e sua sensibilidade para apreender intuitivamente a complexidade das situações. Seu combate contra a angústia não pode parar por aí. Ela se dispõe a estender seu campo de exploração ao entorno, buscando nele uma solução. Observa, e toma o cuidado de verificá-lo, que existe nesse entorno um personagem, seu pai, que curiosamente parece ser importante para a mãe, e até impressioná-la. De fato, sua mãe não parece a mesma quando ele está presente e quando ele está ausente. A menininha se propõe então a fazer dele um aliado e se oferece a ele numa troca amorosa[18] tão violenta e exclusiva quanto a do menininho com a mãe.

---

17 Aldo Naouri, *Adultérios*. São Paulo: Martins Fontes, 2009.

18 Também neste caso, as reações de certos pais são tão irresponsáveis quanto tóxicas: por exemplo, quando não hesitam em dizer que a menina é "para" eles, que ela é a "mulherzinha" deles ou que "vão quebrar a cara do primeiro que se aproximar dela".

O epílogo dessa aventura não será o mesmo que o da aventura do menino. Isso porque a menina vai se conscientizar muito rapidamente de que forneceu à mãe razões objetivas capazes de incrementar o potencial ameaçador que atribuía a ela: por um lado, desviou de si o amor que a mãe lhe dedicava desde o nascimento e, por outro, propôs-se seduzir seu objeto de amor. O medo inicial não desaparecerá. Redobrará. A menina não dirá nada. Guardará aquilo no fundo de si mesma, sem nunca falar a respeito com ninguém, nem mesmo com suas melhores amigas, refugiadas no mesmo silêncio, e fabricará um sentimento de culpa por meio do qual a mãe manterá sobre ela um domínio que, com frequência, perdurará por toda a vida. Para suportar seu estado, ela promete secretamente a si mesma encontrar – "um dia meu príncipe vai chegar" –, mais tarde, um homem que, como ela esperava de seu pai, poderá protegê-la de sua mãe, interpondo-se entre ambas, o qual se assemelhará, no entanto, por certos traços de caráter... a sua mãe! Isso lhe permitirá – assim ela espera – reparar o erro cometido para com a mãe quando dela se desviou e, quem sabe, recuperar o tom de suas relações dos primeiros tempos!

Essa última parte da descrição do universo no qual a criança se debate ao longo de seu desenvolvimento põe em evidência duas conclusões muito simples e menos desesperadoras do que seríamos levados a acreditar.

O fato de cada ser humano ser carregado durante nove meses no ventre de uma mãe confere, ao longo de toda a vida, uma importância considerável a ela, tanto que, como acabo de mostrar e como disse numa fórmula mordaz[19], tanto os homens quanto as mulheres só se casam... com suas mães!

Tanto é que os humanos não fazem outra coisa na vida senão tentar anular os erros de manobra, cujos traços guardaram em si, de seu exaustivo percurso contra a angústia de morte, e assim cultivam quase indefinidamente a ilusão de que, não fossem eles, teriam encontrado o caminho da imortalidade. Uma ilusão que os impede com frequência de simplesmente viver! E sobretudo, em nossos dias, de viver e de permitir a convivência.

---

19 *Les Pères et les Mères*, op. cit.

Poderia ser diferente?

Certamente que não. Nem sob o aspecto da determinação inconsciente de nossos atos, nem sob o aspecto do nosso destino de mortais.

Certamente que sim, contudo, na medida em que nosso investimento da convivência, que ainda é nossa melhor maneira de viver, pode ser menos problemático do que costuma ser. Um trabalho que é testado no âmbito da passagem geracional e da responsabilidade dos pais pelo destino dos filhos. Isso porque essas etapas fundamentais por mim descritas nunca são tratadas de modo unívoco. E vemos com frequência a onipotência infantil atravessar a fase da adolescência e perdurar ao longo da vida, assim como podemos ver o apego à mãe impedir para sempre o apego a outra pessoa.

É uma vasta questão esse "ser pai" ou "ser mãe", classificado por Freud entre os ofícios impossíveis, tanto assim que, como ele dizia a Marie Bonaparte em resposta a sua pergunta sobre como lidar com os filhos: "Como a senhora quiser, pois, de qualquer modo, será [lidar] mal."

Resta saber se, no interior desse "mal", não existiram meios de fazer "o menor mal possível".

3. O QUE É UM PAI? O QUE É UMA MÃE?

Em busca de uma definição

O que é um pai? O que é uma mãe?

Fiz essa pergunta a um parente. Ele respondeu que a pergunta era estúpida e irrelevante porque, como todo mundo teve um pai e uma mãe, todo mundo sabe muito bem o que eles são!

Gostei da maneira como ele reagiu. Achei saudável o modo que ele encontrou para se livrar da pergunta remetendo cada um a sua intuição e à resposta que lhe conviesse; para dar a entender, de certo modo, que a definição dada por uma criança não seria necessariamente idêntica à de um de seus pais, e que ambas provavelmente se diferenciariam da que seria dada pelo grupo social. Isso é incontestável. Mas esse não é sempre o problema das definições? A definição do Sol válida para os astrônomos difere da definição do meteorologista, e mais ainda da feita pelo agricultor. Mas não deixa de ser verdade que, para cada uma dessas categorias profissionais, o Sol é o Sol, e o mesmo Sol, na medida em que as três o reconhecem como fornecedor de luz e energia.

Deveria haver, quanto ao pai e à mãe, algo da mesma ordem, que ainda precisaria ser identificado. Com uma diferença, e grande! De fato, o consenso quanto à luz e à energia que pode reunir astrônomo, meteorologista e agricultor faz do Sol um objeto puro exterior a eles, cuja definição não inclui de modo algum as relações que essas mesmas pessoas têm entre elas. Não é o caso dos pais, que estão, primeiramente e antes de mais nada, em estreita relação entre si e com a criança. Tanto é que, seja qual for a definição que encontremos, ela deverá levar em conta o viés introduzido pela vivência de cada um; em outras palavras, introduzido por sua subjetividade.

A tarefa torna-se, assim, extremamente complexa. E parece destinada ao fracasso. Exceto, talvez, se decidirmos nos entregar a ela sem condições prévias e explorar o que vem à mente, da mesma forma que seguiríamos o traço de um fio vermelho num tecido. Não é impossível que esse procedimento conduza, se não à formulação de uma definição simples, ao menos a uma ideia de seu conteúdo.

De fato, nada impede de partir, por exemplo, da resposta simples que me foi dada por meu parente: o fato de que, a respeito de pais, todo mundo teve duas pessoas e saberia intuitivamente o que elas são. Ela remete ao tempo longínquo e menos longínquo em que o que ele descreve constituía a regra. A ponto de as exceções serem suficientemente chamativas para dar ensejo a mitos ou contos. A princesa do Egito que serve de mãe para o pequeno Moisés, Rômulo e Remo com sua mãe-loba, José que zela pela Virgem, mãe de Deus... Mogli, e mesmo Tarzã, filho de macacos. E o que a literatura do século XIX não fez dessas crianças raptadas que acabavam reencontrando seus ascendentes? Dessas crianças abandonadas que superam seu destino, ou desses pais substitutos oferecidos como modelos ou contramodelos: Jean Valjean versus os Thénardier...

Mas já passamos desse ponto. A paisagem social de hoje transformou-se profundamente. A regra de outrora deixou de prevalecer. Ainda mais que a democracia, baseada no princípio do direito de uma maioria a exercer o poder sobre um conjunto e a impor suas regras à minoria, mudou completamente de perspectiva. É uma verdadeira reviravolta que ela deve encarar: de fato, a minoria exige respeito e quer, a partir de agora, que seus mínimos direitos sejam reconhecidos, se não impostos à maioria. É por isso que nos vemos diante de inúmeras situações que suscitam sérios problemas, não só para os comitês de ética como para os juízes de família e os mediadores. Se não fosse assim, poderíamos nos contentar em confiar na definição do dicionário – a título de definição da palavra francesa "parents" [pais] –, segundo a qual ela deriva do latim *parens*, particípio presente do verbo *parere*, este derivado de um radical indo-europeu indicativo de "dom" e que significa "produzir" e, por extensão, "pôr no mundo". Eu poderia então usá-la para tentar construir alguma coisa: excluiria a noção de "pôr no mundo", que envolve com demasiada exclusividade a mãe, e diria que pai ou mãe é quem "produz" um filho ou quem o "dá". Mas para quem e a quem? Para si mesmo e a si mesmo? Para o outro e ao outro? Para a sociedade e à sociedade? Para toda essa gente e a toda essa gente?

Para evitar enredar-me ainda mais na complicação, voltei ao meu interlocutor. Provavelmente desejoso de se livrar de mim, ele me lançou, num tom meio gozador, meio satisfeito: "Pai ou mãe é um dos dois indivíduos cuja união conduz ao nascimento de um terceiro. Satisfeito?" Depois disso, sem me dar tempo de reagir, acrescentou: "Um terceiro que, aliás, passa a maior parte da vida tentando se separar deles e finalmente percebe, no dia em que eles desaparecem, que vai sentir uma saudade atroz. Ficou melhor assim? Mais completo?"

Agradeci, e pensei comigo que ele havia entrado na brincadeira, mesmo que, para fazê-lo, tivesse recorrido a sua própria experiência, relativamente comum, aliás.

Chamei sua atenção, no entanto, para o fato de que sua resposta era insuficiente. Isso porque ela não se aplicava, como no caso de uma definição correta, a todos os casos sem exceção. Se nos ativéssemos a ela, teríamos de excluir todas as pessoas que participaram concretamente dos eventos que levam a dar à luz uma criança, sem terem necessariamente se sacrificado ao critério da união (e eu estava empregando esse termo em seu sentido mais estrito). Evoquei o caso das mães biológicas cuja identidade permanece anônima, o caso dos pais adotivos, o das inseminações artificiais com doador, o que resulta do dom de ovócito ou do dom de embrião, sem me estender às situações por vezes surpreendentes que podemos descobrir nas diferentes culturas.

Ele pôs fim ao nosso diálogo acusando-me de sempre implicar com tudo. Talvez, pensei comigo, já pensando em outra coisa. De fato, acabava de me dar conta de que, ao me lançar como o havia feito na evocação desses exemplos limites que os recentes progressos da medicina fizeram surgir, havia ignorado o caso muito simples daqueles que em francês denominamos de forma geral e ambígua de "beaux-parents" (padrasto/madrasta) – cuja condição legal é, neste momento, objeto de um debate. Não é garantido: quem se une com a mãe ou o pai de uma criança pequena não ocupa o mesmo lugar e não é percebido da mesma maneira que alguém que se une com a mãe ou o pai de um adolescente ou de um adulto!

Jérémie, oito anos, nunca conheceu outro homem na família além do marido de sua mãe, que ela conheceu quando o filho tinha dois meses. Logo, o casal teve uma menina. Os desentendimentos ocorridos depois levaram a um divórcio. Jérémie desejou então viver com aquele a quem considerava pai, embora não existisse vínculo biológico entre eles. Sua mãe aceitou. Eu o revi durante muito tempo, acompanhado desse homem e da mulher com a qual ele havia fundado uma nova família; a irmã de Jérémie, por sua vez, continuou a viver com a mãe e seu novo companheiro.

Quando a mãe de Christiane, 26 anos e mãe de um menininho, reapareceu em sua vida, foi um verdadeiro drama para ela. Sente-se culpada por não lhe ter sentimento algum e fica mais receosa ainda de ter de colocar em questão o vínculo estreito e satisfatório cultivado com a mulher que seu pai desposou quando ela tinha menos de dois anos.

Jérôme, dezenove anos, suscita um problema para o pai, viúvo há seis anos. Por ser maior de idade e senhor de suas escolhas, decidiu sair de casa para nunca mais voltar exatamente no dia em que o pai lhe apresentou a mulher com a qual pretendia refazer a vida.

Quanto a Nathalie, quatorze anos, ela adora Virginie, com quem gosta de conversar e sair. No entanto, mesmo vivendo com a mãe, e mesmo que esta viva com um companheiro, Nathalie se recusa obstinadamente a aceitar que Virginie se torne esposa de seu pai, embora ele esteja divorciado há cinco anos. Tanto é assim que ela adota uma estratégia diabólica para impedi-los até de ficarem juntos. Quem será que ela quer guardar só para si, Virginie ou o pai?

Nesta nossa época em que as famílias explodiram (2,4 milhões de famílias monoparentais[1]), para se recompor com a mesma precipitação (1,6 milhão de crianças vivendo em famílias recompostas), não é raro que as crianças vejam uma série sucessiva de homens ao lado de suas mães, assim como uma série sucessiva de mulheres em torno de seus

---

1 Esse número, assim como o anterior, é extraído do relatório temático 2007, "Défenseurs des enfants: adolescents en souffrance".

pais. Que lugar terão ocupado esses homens e essas mulheres passageiros? O debate que se esboça por trás dessa transformação total dos costumes pareceu tão grave que quase levou um ministro da Justiça dos anos 1990 a conceber uma reforma do direito familiar centrada na criança! Felizmente ele não teve tempo de colocar seu projeto em ação.

Um quebra-cabeça. Mas por quê?

O que me divertiu na definição de meu interlocutor, por mais restritiva que ela tenha sido, foi que, centrada em sua vivência infantil – e de pai, que ele de fato é –, privilegiou o registro relacional. Um registro cuja importância considerável destaquei de imediato. Ele sempre existiu, mas evoluiu muito ao longo da história e em função da natureza dos vínculos que, desde o advento das culturas, se teceram entre os membros do casal.

Será que haveria, no interior desses vínculos, uma espécie de universal – equivalente ao consenso quanto à luz e à energia na definição do Sol que tomei como exemplo –, intocado pela evolução dos costumes? Fora o vínculo genético, isso não é garantido. Mas se ele existe, esse universal, não seria importante sermos capazes de identificá-lo?

Se tomarmos, por exemplo, essa história de "dois" e de um "terceiro" oferecida por meu interlocutor, o que ela destaca faz sentido. É até mais interessante do que me havia parecido na ocasião. Por várias razões, aliás.

Primeiramente porque dá a entender que um pai ou uma mãe serviriam para alguma coisa e serviriam, ou desserviriam a alguém, esse famoso terceiro. Isso introduz imediatamente uma noção de função, ainda que utilitária, que uma definição puramente objetal não teria previsto.

Além disso, acentua a dimensão da anterioridade. Isso tampouco é irrelevante: os dois vêm sempre antes do terceiro. O vínculo assim criado entre os dois e o terceiro está, portanto, submetido a uma hierarquia, ao menos temporal, que o constitui tal como ele é, seja qual for a época em que o situemos. As gerações se sucedem desde sempre e se sucederão indefinidamente sem que jamais essa hierarquia do vínculo seja colocada em questão. Assim como os pais foram filhos dos seus pais, a criança será um dia pai ou mãe dos seus filho. Eis uma evidência que parece suficientemente clara. Eu assinalaria, no entanto, que a frase que anuncia essa evidência, ainda que perfeita do ponto de vista da correção gramatical – basta relê-la –, sugere algo que supostamente não pretendia dizer. A saber, que a relação dos protagonistas comporta um risco: o da inversão da hierarquia reinante, seja essa inversão fortuita ou voluntária. Para se convencer disso, basta ouvir os filhos de pais idosos, ou fragilizados pela doença, expressarem seu sofrimento por sentir que se tornaram pais de seus pais. Assim como é importante ouvir o lado patético do sofrimento expresso por pais cujos filhos tirânicos os levam pela lábia. Tanto uns como outros dão testemunho, em sua dor, da inversão da hierarquia e das consequências que lhe adivinham. Se os primeiros suscitam de modo geral uma forma de simpatia, o mesmo não acontece com os segundos, aos quais com frequência temos vontade de dizer que não são inteiramente inocentes no que acontece a eles e que, no fim das contas, estão colhendo o que semearam.

A aflição que se expressa em ambos os casos tem, no entanto, uma tonalidade idêntica, a qual permite supor que a inversão formal da hierarquia produz um efeito similar para uns e outros. É como se essa hierarquia já não fosse apreendida no contexto da ordem social ou simplesmente moral, mas pelo que carrega em si de considerações implícitas em torno do tempo vivido, do decurso desse tempo e, para dizê-lo melhor e mais cruamente ainda, da vida e da morte.

"Os rios correm sempre na mesma direção" ensina a sabedoria popular. Da mesma maneira, a vida tem um sentido preciso que vai de seu início a seu fim. Um sentido que sugere a existência de uma "ordem natural das coisas": é justo, e o respeito à hierarquia o exige, que os pais morram antes dos filhos. Tanto é que, num reflexo conservador, os filhos de pais fragilizados expressariam seu medo inconsciente de ver o contrário acontecer. O mesmo valeria para o medo que sentem os pais de filhos tiranos: por mais insuportáveis que estes sejam, e ainda que os pais tenham sentido, mais de uma vez, vontade de jogá-los pela janela, esses mesmos pais não querem de modo algum vê-los desaparecer antes deles. Sabem, como todos sabemos, que a perda de um filho é a mais pavorosa das provações que um ser humano pode viver.

Foi uma digressão inesperada, pelo fato de eu ter seguido o fio vermelho. Ela reforça a impressão de que o projeto de pesquisa de uma definição de "pais" se apresenta cada vez mais como um quebra-cabeça.

O que podemos extrair disso?

Primeiramente, que passamos de "pai" e "mãe" para "pais". Isso significa – e não é irrelevante – que, em relação a tudo de que tratamos até agora, um e outro, por mais diferentes que sejam, estariam de certo modo nas mesmas dificuldades.

Depois, que o pai, a mãe, ou os pais, servem para um filho.

E enfim que, na ordem das coisas, são chamados a morrer antes dele.

Esse resultado, já substancial, é um estímulo para prolongar a digressão e continuar a deixar surgirem ideias, por meio da associação, mesmo que esse procedimento não obedeça à estrutura ordenada que se espera do exame de um assunto de tamanha importância.

É preciso, por exemplo, não renunciar à compreensão do que se expressa, para além de sua formulação, nessa famosa "ordem natural das coisas", que apareceu duas vezes no texto! Por que, afinal, o ser humano, em perpétua revolta contra seu destino de mortal, e multiplicando os ardis para retardar o prazo, seria a tal ponto afetado pela morte de um filho, quando ele, por sua vez, continua vivo – o que supostamente seria, ao menos no plano pulsional, seu objetivo precípuo?

É uma questão que, mais do que impertinente, parece obscena. Ela não o é tanto assim se nos lembrarmos da maneira como foi vivida a morte do filho ao longo de toda a história da espécie. Assinalei que os machos hominídeos da longínqua pré-história não hesitavam, de fato, em arrebentá-lo contra uma árvore quando ele podia impedir que dispusessem sexualmente da mulher. E que o grande Montaigne, para ficar neste único exemplo, falava sem grande pesar de todos os seus que haviam morrido na tenra infância. É como se apenas muito recentemente esse acontecimento tivesse revestido uma tonalidade mais trágica. De fato, não existe ocasião em que, para suscitar indignação, não se destaque a morte de crianças em acidentes, atentados, guerras. Quanto a mim, confesso que não vejo em que aspecto a morte de adultos nesse tipo de circunstâncias seria menos revoltante.

Explica-se essa percepção geral pela conjunção, nas sociedades ocidentais, da queda substancial da taxa de natalidade e dos progressos da medicina. Com uma taxa de fecundidade que se situa em torno de duas crianças por mulher e uma natimortalidade que se situa, incluindo todas as causas, em torno de 6% (sendo a natimortalidade natural, lembremo-nos, de 400%), a morte de uma criança passou a ser vivenciada como uma tragédia absolutamente inaceitável. É verdade, ela é uma tragédia, ainda que eu continue a sustentar que a de um adulto também não deixa de sê-lo. Mas em que aspecto seria ela inaceitável, se não nos contentarmos com as conclusões sugeridas pela comparação dos números? A resposta não é tão óbvia quanto imaginamos. Lembro-me de minha própria reflexão sobre o assunto quando, jovem estudante solteiro, pensava sobre a escolha de uma especialidade. Se acabei por escolher a pediatria, foi entre outras coisas por levar em consideração o fato de que, durante meus plantões de substituição dos médicos, eu lidava muito mal com a constatação dos óbitos e a emissão dos certificados de óbito. Quando morre um adulto, pensava eu, é com frequência uma longa história que se acaba e que mergulha na dor todos os que dela participaram. No caso das crianças, deveria ser diferente. Não somente o número de crianças que morre é muito menor que o de adultos, mas elas não tiveram tempo de fundar uma história, apenas seus pais e parentes próximos são afetados pelo falecimento e, ademais, só deveriam sê-lo até que a tivessem substituído.

Não precisei de muito tempo para avaliar a extensão da minha estupidez. Bastou que eu conhecesse pais afetados por esse tipo de provação.

O que eles me deram a entender foi que, quanto a eles – e faço uma clara distinção entre uma vivência íntima e sua instrumentalização –, viviam a morte do filho como algo mais trágico ainda do que a própria morte. Ela é, diziam-me, a morte daquele graças a quem esperavam pôr em xeque o inelutável. A criança não era simplesmente ela própria, era seu prolongamento. Destinava-se a permanecer viva depois deles e a dar-lhes continuidade no que tinham feito de sua existência, por meio daquilo que seus próprios pais lhes haviam legado. Diziam, com suas palavras, que, para além de sua própria história, era o desenrolar de toda uma história, aquela que haviam herdado e da qual eram vetores, que terminava irremediavelmente com aquele falecimento. Diziam que um filho não pode ser substituído por outro, porque aquilo de que o destino o havia encarregado desde sua concepção não poderia de modo algum ser apreendido ou transferido para outro. Que nenhum novo filho poderia substituir um desaparecido, cuja perda, tanto pelo que o filho era quanto por aquilo que ele veiculava sem o saber, era irremediável.

Assim como o rio que evoquei antes faz fluir uma água sobre a qual os filósofos pré-socráticos glosaram abundantemente, a hierarquia se revelava, portanto, como o trampolim graças ao qual a história de cada um pode se desenrolar indefinidamente de geração em geração. Ao fixar a ordem na qual os mortos devem se suceder, ela se faz substrato do que circula de vida. Uma potencialidade sobre a qual silenciamos e à qual geralmente não damos muita importância. Ela explica por si só o apego feroz que os pais manifestam a cada um de seus filhos.

E mais ainda porque a história que se desenrola não se limita a ser transmitida. Ela prevê uma correção eventual de seu percurso. É o que dizem os sonhos que acariciamos ao esperar a criança. Ela vai ser assim ou assado, terá isso ou aquilo. Vai fazer o que eu fiz, mas também o que eu não fiz. Vai ser o que eu não fui. Não errará tanto quanto eu errei. Tomarei cuidado para não cometer com ela os erros que meus pais cometeram comigo... É tudo que se diz, de outra maneira, com os famosos contos de fadas e de bruxas que lemos para as crianças à noite junto à cama para lhes dizer, mas não abertamente, a esperança que elas representam.

Desde a Alta Idade Média, a cabala hebraica denominou TiKuN a possibilidade de correção – a palavra em si significa "reparação" –, que é assim oferecida no interior do processo de transmissão. Descobri muito tarde em minha carreira, para minha grande estupefação, que o bebê, em hebraico, é chamado TiNoK. Minha surpresa será compreendida quando se souber que a língua hebraica tem esta propriedade singular: cada uma de suas palavras, composta de três consoantes (que representei com letras maiúsculas), sugere a um só tempo seu sentido próprio e o de todos os seus anagramas. A aproximação anagramática das duas palavras que escrevi atribuiria ao bebê, na língua e no pensamento hebraico, um inegável poder reparador – noção que eu havia desenvolvido, do meu lado, com base na minha perspectiva clínica exclusivamente, muito tempo antes de haver aprendido tudo isso![2]

2 Aldo Naouri, *Une place pour le père*, op. cit.

Encontros

Teríamos aí uma nova pista, se não para continuar a pesquisa da famosa definição de pais, ao menos para completar o que caracteriza sua posição própria e sua intervenção no futuro dos filhos?

Já havíamos descoberto que os pais servem para os filhos e devem morrer antes deles. Descobrimos agora que eles são vetores de uma história, por eles transmitida aos filhos, a quem encarregam de eventualmente repará-la antes de, por sua vez, transmiti-la.

Essa esperança, para não falar de imposição, dispõe, para expressar-se, de um mecanismo inconsciente que já vimos atuar em outra ocasião: a "projeção".

Todos os pais se projetam, de fato, no futuro dos filhos.

Eles têm toda razão em fazê-lo, e isso é legítimo. Fazem-no sempre, aliás, tenham ou não consciência disso.

De fato, quando eles proclamam, porque isso é próprio da nossa época, que os filhos farão o que quiserem, e que o importante é serem felizes, eles mentem ou, pior, seduzem e manipulam! No entanto, leais ou hipócritas, eles sabem, em razão de sua própria vivência, que essa projeção constitui o veículo da transmissão para a qual, como vimos, a hierarquia serve de trampolim. Não há nada de monstruoso no fato de que eles queiram servir-se disso. A própria criança tem necessidade dessa propensão parental, que lhe dá uma ideia de sua importância: ela faz disso uma prova de amor e extrai muito orgulho daí. Isso lhe indica, além do mais, uma direção, a qual aconteça o que acontecer servirá como referência para a continuação de seu próprio percurso.

Toda mãe estima, nesse aspecto, ter o direito – que não lhe podemos negar – de querer que os filhos se pareçam com ela e se insiram, para prolongá-la, no fio da história que ela própria herdou. Todo pai estima ter exatamente o mesmo direito. Nenhum dos dois é livre, no entanto, para agir somente a seu gosto[3], porque com frequência existe

3 Em princípio, pelo menos. A recente multiplicação considerável das mães que criam sozinhas os filhos foi, para muitas delas, certamente, um meio cômodo de se libertar das possíveis exigências de um parceiro. Ao agir assim, elas aplicaram o meio de que dispõem, mas do qual os genitores não dispõem.

o outro desses "dois cuja união produz um terceiro", segundo a tentativa de definição do meu parente.

Como transcorrem as coisas, então, teoricamente, quando estão reunidas as melhores condições que o permitiriam?

Exatamente da mesma maneira como transcorrem no nível biológico, como nos ensina, em particular, a genética.

Aqui estou recorrendo brutalmente a referências que me obrigam a uma digressão, no interior de outra que ainda não concluí. Mas não posso evitá-lo. Isso por saber quantas sensibilidades podem ficar chocadas com o salto que realizo, ao passar uma vez mais do registro relacional ao registro biológico, o que poderia me valer a acusação de querer, não sem alguma impudência, reduzir um ao outro. E provavelmente o fato parecerá ainda mais grave, pois minha intenção é haurir meus argumentos na genética!

De fato, a genética não é bem-afamada, fora as virtudes conjunturais que lhe atribuímos a fim de promover eventuais Généthons. Há muito tempo ela é vista como encarnação do mal, em razão do uso abominável que dela fizeram os nazistas, e que continuam a fazer os racistas de toda espécie. E essa visão negativa não para de ser alimentada por todas as perspectivas que seu uso abriu no mundo do trabalho e dos seguros, e o barulho em torno dos transgênicos é apenas um pálido reflexo dela. No entanto, por trás dessa prevenção, formam-se outras, absolutamente lamentáveis.

A primeira é a que opõe os geneticistas aos defensores da primazia absoluta da psique e da onipotência da linguagem. Parece-me que, por mais legítimo que pareça, um debate dessa ordem não deveria existir, pois ele repousa num mal-entendido. É inegável, e eu o afirmo sem reservas, que os processos biológicos são profundamente afetados por fatores psíquicos. Quantas vezes não temos de constatar, de fato, que o adoecimento constituiu uma forma de resolução quase automática de uma problemática psíquica que permaneceu tempo demais em suspenso. A própria biologia não nega o fato. Ela inclusive esclarece alguns de seus mecanismos, quando se descreve, por exemplo, o modo como o encadeamento dos fenômenos imunológicos pode ser afetado pela intervenção do hipotálamo, que é um dos locais onde são registrados os efeitos das emoções. Mas a compreensão da incidência do psiquismo de um indivíduo em seu equilíbrio biológico não muda nada a natureza dos processos em jogo, evidenciados pela genética. Muito pelo contrário. Isso porque quando ela é capaz de demonstrar, por exemplo, que a ocorrência de uma doença resulta da supressão dos fatores que impediam essa ocorrência, não põe em causa de modo algum a importância da psique. A crítica principal que lhe é dirigida, no entanto, é a de abrir o caminho para tratamentos médicos que relegam ao segundo plano a ação da exploração psíquica. É um fato. No entanto, se a medicina não tivesse tomado uma direção desse tipo, com uma abundância de meios e uma eficácia inegáveis, os hospitais psiquiátricos e as camisas de força continuariam a ser os únicos recursos para uma população cuja importância numérica não se reduziu nem um pouco. Deveríamos nos lembrar, aliás, do que Freud não hesitava em declarar: a saber, que quando uma doença se manifesta ela evolui por si mesma. Posso identificar uma série de circunstâncias que me contrariam o suficiente para provocar em mim uma angina. Mas essa angina, depois de manifesta, será certamente mais bem resolvida por um tratamento médico do que pela desmontagem e análise da cadeia de acontecimentos que a provocaram. Os defensores da virtude cardinal da linguagem, sem precisarem renunciar a ela – longe disso –, devem reconhecer seus limites, justamente em nome de um fato, aliás, que estão muito bem posicionados para constatar: o registro pulsional do sujeito não mudou de modo algum desde a aurora da humanidade. Sejam quais forem as camadas de civilização e de moral com as quais nossa vontade o revestiu, o "isso", que constituiu o humano, permanece idêntico a si mesmo, imperturbavelmente. E se sua existência não é um acaso, sua origem não deve ser procurada em nenhum outro lugar que não nos processos biológicos[4].

A segunda crítica que poderia ser suscitada pela referência à genética é de ordem ideológica, porque acreditamos que devemos reduzir sua ação à escala do tempo presente. O determinismo absoluto – que

---

4 Sobre esse ponto, pode-se consultar: Simone Gilgenkrantz, "À la recherche des empreintes perdues: les épigénotypes anormaux", *Médecine/Science*, 2003, 19, pp. 15-8; Claudine Junien e col., "Épigénomique nutritionnelle du syndrome métabolique", *Médecine/Science*, 2005, 21, pp. 396-404; Ruth Feldman, "Parent-Infant synchrony: biological foundations and developmental outcomes", *Current Directions in Psychological Science*, 2007, 16.6, pp. 340-5.

ela no entanto não corrobora, mas é acusada de sugerir –, por ser vivido como algo concreta e irremediavelmente inscrito no corpo vivo, seria por si só um insuportável insulto à noção de liberdade que faz a grandeza do Homem. É bom assinalar que as mesmas pessoas que acusam a genética desses malefícios não são menos inclementes ao estigmatizar a psicanálise quando ela, com Lacan, define a liberdade como "a ilusão da autonomia do eu". Ora, a genética não se restringe ao tempo presente. Ela mergulha no tempo e o percorre, sem fixar limites para si mesma. Explora o passado mais longínquo, a fim de abrir as perspectivas para um futuro dos mais vastos. Não se contenta com a dimensão descritiva: aventura-se também na dimensão prospectiva, recusando-se a se imobilizar numa etapa qualquer do gigantesco percurso que seu campo a convida a abarcar. Não se pode, portanto, responsabilizá-la pelo mau uso que alguns fizeram ou continuam a fazer dela.

Por isso não hesito em recorrer a suas descobertas e seus ensinamentos.

Não foi ela, por exemplo, que demonstrou os perigos da consanguinidade e a vantagem proporcionada à criança e a sua descendência pela mistura dos genes de seus pais? Atualmente todos sabem disso. Mas o que nem todos sabem é que essa mistura de genes tem virtudes reparadoras sobre os defeitos que podem afetar alguns deles.

Esse simples fato, por si só, deveria incitar os críticos de todos os lados a se mostrarem mais reconhecidos para com a genética. De fato, ela lhes permite compreender que a lei de proibição do incesto – a qual, graças à troca de mulheres entre hordas de homens, rompeu com o reinado bruto da natureza – colocou a cultura por ela inventada a serviço do progresso e da vida. A natureza, que um certo discurso atual gosta de adotar como referência, só está a serviço de um pouco de vida a um preço exorbitante de morte, como sugere de um modo dos mais condensados a fórmula darwiniana da "luta pela sobrevivência".

Quando olhamos as coisas sem prevenção, verificamos que as medidas culturais criticadas costumam estar em relação muito mais estreita do que imaginamos com a lógica biológica tal como a descobrimos em nossos dias.

A digressão que acabo de fazer, por mais longa que tenha sido, só teve para mim um objetivo, o de permitir a compreensão de que, assim como acontece com os genes que lhe foram transmitidos, a criança, herdeira de duas histórias que para ela confluem, oferece a cada uma delas uma chance de se reparar ou de progredir por meio da outra. Esse processo é tido como algo que, em si mesmo, só oferece vantagens.

Será que é isso o que acontece?

Menos do que teríamos o direito de esperar. De fato, em razão da existência da linguagem articulada, de tudo que a comanda e de tudo que é comandado por ela, esse processo não goza do conforto do automatismo de seus homólogos biológicos. Para que o destino teórico das duas histórias que se mesclam pudesse cumprir-se, seria preciso que essas histórias fossem levadas até a criança de modo equivalente, se não de modo estritamente idêntico.

O que parece possível logicamente revela-se sempre complexo, se não impossível, na realidade. Com efeito, são as mulheres que, sozinhas, carregam as crianças, e a diferença entre os sexos não facilita nem a comunicação nem o entendimento entre homens e mulheres. Isso é resumido por Lévi-Strauss numa fórmula lapidar, quando ele escreve que "todo casamento é um encontro dramático entre a natureza e a cultura, entre a aliança e o parentesco"[5].

A guerra entre os sexos

Versei longamente, no capítulo anterior, sobre as vantagens que a gestação proporciona à criança e sobre a maneira como essas vantagens intervêm na relação que se instaura entre ela e a mãe, que nem precisa falar com ela para que ela a adivinhe. Nada existe nessa mãe, nem um mínimo gesto seu, que não seja seu inconsciente transformado em ato – o que lhe permitirá, sem o saber, formatar o inconsciente da criança.

Não existe absolutamente nada dessa natureza do lado do pai. O pai é, sob esse aspecto, um perfeito estranho para a criança. De fato, ela não dispõe, para reconhecê-lo, de um alfabeto, muito menos de um equivalente ao que lhe foi proporcionado pela estada no ventre da mãe. Tanto é que a comunicação entre eles só pode se estabelecer, de modo confiável e sempre passível de aperfeiçoamento, por intermédio da

5 Claude Lévi-Strauss, *Les Structures élémentaires de la parenté*. Paris: PUF, 1949.

mãe. No melhor dos casos, a mãe intervém como uma espécie de tradutora fiel e benevolente, capaz de proporcionar à criança, na língua que a gestação tornou comum entre ambas, as legendas para compreender a língua do pai.

É uma noção extremamente difícil de compreender, e mais ainda de admitir. Para dar uma ideia concreta do que ela significa e de sua importância, eu costumava explicar a meus pacientes que um bebê sempre ouve o que a mãe lhe diz, mesmo que ela esteja sussurrando da outra ponta de um túnel de um quilômetro; mas ele é incapaz de compreender espontaneamente o que quer que seja do discurso do pai, mesmo que este lhe seja transmitido por caixas de som de trezentos watts coladas a suas orelhas. Na sequência, eu aconselhava aos pais, quando quisessem dizer alguma coisa ao bebê, que o colocassem nos joelhos da mãe antes de falar com ele. Por quê? Porque o alfabeto elementar do bebê é fabricado com dados coerentes repartidos entre as diferentes áreas sensoriais e que respondem uns aos outros pelo fato de provirem uniformemente do corpo da mãe.

A contribuição é registrada sobre esse fundo uniforme, mas, como não foi pré-inscrita nele, não pode ser percebida nem lida sem uma tradução prévia – a qual representei com a imagem das legendas –, que passa por variações ínfimas do tônus muscular dessa mãe[6]. Quantas vezes – para explicar as coisas de outra maneira – os usuários da informática não deploraram o fato de que os tratamentos de textos da época não comportavam planilha eletrônica. Se os tratamentos atuais o comportam, isso só foi possível pela integração de novas instruções destinadas a instaurá-lo, inscritas nos programas, mas na própria linguagem desses programas.

Com muita frequência, os pais recusavam o destino que lhes era desenhado por minha explicação e por isso a rejeitavam, não sem alguma violência, com o argumento de que falavam francês tanto quanto a mulher. Sempre precisei explicar que não se tratava de um problema lexical, mas de um problema de catálogo emocional, pois o bebê estava programado para compreender apenas esse registro e de modo algum o significado das palavras. O exemplo que lhes dava, para convencê-

6 Para informações mais amplas sobre esse ponto, pode-se consultar Aldo Naouri, *A criança saudável*, op. cit.

-los, era o de que uma mãe pode sempre dizer a uma criança que ela é uma peste, que ela a detesta e que seu único sonho é livrar-se dela. Ela verá a criança responder-lhe com um sorriso, encantada, porque não terá entendido nada de suas palavras, mas tudo da felicidade que a mãe sente em falar com ela.

Quando a mãe está profundamente disposta a se comportar como tradutora fiel e disponível a ponto de introduzir uma forma de automatismo no processo, ela designa o pai como tal à criança, que é introduzida pela mãe no mundo simbólico[7]. Ou seja, implicitamente ela comunica à criança para não mais tomá-la como única referência, nem acreditar que é a única referência da mãe. Comunica que elas não estão sozinhas no mundo, e sim na companhia desse pai, cujo lugar deve continuar a ser de primeira grandeza porque lhes permitiu, a ela conceber e dar à luz, e à criança, vir ao mundo. Para que esse tipo de atitude exista, é preciso que a mãe tenha concedido previamente ao pai uma importância ao menos tão grande quanto a sua na concepção e no destino dos filhos de ambos, percebidos e sentidos como algo que lhes é comum. Essa é a condição graças à qual o pai poderá captar toda a importância de seu lugar e situar-se numa posição em que é capaz de ocupá-lo.

Quantos pais e quantas mães eu não vi recebendo essas explicações com o mais profundo desalento!

Aos primeiros, que pareciam desesperados, eu explicava que a criança, ao crescer, adquiria progressivamente uma certa familiaridade com a língua deles, a ponto de prescindir na maioria das vezes tanto da tradução quanto das legendas. Mas, como essa língua lhe foi inicialmente estranha e assim permaneceu – mesmo que minimamente –, a criança se comportará como todas as pessoas que não são verdadeiramente bilíngues: de vez em quando precisará recorrer aos dicionários e às legendas. Sempre havia uma mãe ou um pai que me opunham o caso dos pais que criam sozinhos os filhos, e praticamente desde o nascimento das crianças. Respondia-lhes que a considerável adaptabilidade da criança lhe permitia acabar por se familiarizar com a língua do pai por meio da aquisição de uma língua aproximada, uma espécie

---

7 A palavra "simbólico" deriva do grego *symbolon*, designação de uma moeda dividida em dois pedaços que se encaixam um no outro. Ela só tinha valor quando os dois pedaços eram reunidos.

de *pidgin*, cuja verdadeira natureza ela só perceberá mais tarde, quando a urgência dos mecanismos de sobrevivência não for tão premente e assim o permitir.

Às mães eu explicava que elas dispõem, sem o saber, de um poder bastante considerável, pois podem, a seu gosto, decidir de saída não traduzir nada, traduzir ocasionalmente apenas o que lhes convém, outras vezes como lhes convém ou até parar de traduzir a qualquer momento. Ora, em relação a isso o pai não poderá fazer nada. Não poderá de modo algum coagi-las ou ignorar o poder que elas têm nessa área. Isso porque, se por exemplo ele resolver prescindir delas, agirá como agimos ao telefone quando temos a impressão de não sermos ouvidos: falamos cada vez mais alto, chegando por vezes a gritar. Por isso, o que a criança registrará desse modo de agir não apenas estará em total discrepância com o que tentaram lhe dizer, mas também suscitará nela um pavor tal que transformará o pai num estranho ainda maior e provavelmente apagará uma parte do que havia sido registrado de sua língua. Em outras palavras, e para resumir, todas as vezes que o pai encontra um problema de comunicação com a criança, ele o resolverá melhor debatendo sobre suas causas com a mãe, e não dirigindo-se diretamente à criança. E isso é válido, eu acrescentaria – correndo o risco de escandalizar –, seja qual for a idade dos filhos.

A experiência demonstra, com efeito, que a criança mais velha, o adolescente e mesmo o jovem adulto, que no entanto adquiriram uma certa familiaridade com a língua do pai, só podem aceitar a mensagem que lhes é transmitida se ela trouxer o carimbo favorável da mãe. Não se deve esquecer, de fato, que, no inconsciente, o pai está inscrito como a pessoa responsável, de modo flagrante e desde sempre[8], pela distância que a mãe estabeleceu em relação à criança. Um pai sempre pode tentar censurar a atração que a criança sente pela mãe, mas nunca conseguirá fazer isso totalmente e colherá apenas revolta e raiva. Aliás, com frequência ele colherá a mesma revolta e a mesma raiva quando é a mãe que denuncia a atração. Pode-se imaginar, a partir daí, o que

8 Françoise Héritier, Boris Cyrulnik, Aldo Naouri, *De l'inceste*. Paris: Odile Jacob, 1994. Em minha contribuição a essa obra, mostrei que o pai, percebido pela criança como mortífero, se revela vivificante no longo prazo, ao passo que a mãe, percebida pela criança como vivificante, revela-se mortífera no longo prazo.

acontece quando ele intervém no caso de uma mãe que fica lisonjeada com as coisas que o filho lhe diz.

Ao fim das minhas explicações, os pais, desanimados e absortos em reflexões seguramente amargas, costumavam se calar.

As mães, ao contrário, protestavam copiosamente contra o que tinham ouvido. Argumentavam que um tal discurso – pouco ortodoxo, observavam elas de passagem – as encerrava num insuportável sentimento de culpa. Diante disso eu assinalava que elas confundiam, como é comum, culpa e responsabilidade. E, para me fazer entender melhor, recorria a uma nova metáfora. Explicava-lhes que elas estavam, de certo modo, no volante de um veículo, que o pai estava no banco do passageiro na função de copiloto, enquanto a criança estava no banco de trás. Será que elas, porque dirigem e são responsáveis por seus passageiros, devem se sentir culpadas pela existência de um volante, de um freio, de uma embreagem e de um acelerador, tanto quanto dos sinais vermelhos e verdes, dos cruzamentos ou das placas de contramão e de parada obrigatória? Elas só seriam de fato culpadas se infringissem as regras que valem para todos os motoristas sem exceção. Eu acrescentava então que sua tarefa era mais árdua hoje, é verdade, do que em outras épocas, visto que elas eram intimadas a continuar dirigindo, mas numa paisagem em que todas as referências haviam sido baralhadas, quando não apagadas, e sem poder contar com a mínima ajuda de um copiloto amordaçado de quem se retiraram todos os mapas e guias!

É inútil dizer que a confusão feita pelas mães entre culpa e responsabilidade está carregada de significado e é de natureza distinta para cada uma delas. Ela indica, por vezes, o fato de que o discurso que elas receberam lhes revela uma forma de dever que elas não imaginavam ter de desempenhar ou não pretendiam respeitar. Mas pode ser atribuída também, entre outras origens, ao que perceberam brutalmente dos dados de sua história ou ainda à percepção da complexidade de uma aventura que o discurso ambiente fez com que imaginassem como das mais simples.

Em todo caso, o que era registrado com surpresa por esse jovens pais era essa verdade primordial, ou seja, a de que a mãe e o pai não estão de modo algum nas mesmas dificuldades. E que seus respectivos poderes não estão distribuídos de modo aleatório.

Imaginamos essas diferenças simbólicas como algo relacionado a um processo da linguagem, e assim constatamos sua existência no próprio interior dos processos biológicos, que permitem, aliás, esclarecê-las ainda melhor.

De fato, a situação que descrevi é essa desde a aurora das culturas. E é o caráter fixo de seu suporte biológico que lhe impede de passar pela mínima adaptação ou pela mínima mudança.

Em relação a esse caráter fixo, a genética não nos ensina nada, aliás, que pudesse relativizá-la ou permitisse vislumbrar uma evolução. Quando muito, ela assinala que o cromossomo Y, determinador do sexo masculino, variou. Ele comportava 1500 genes quando se individualizou há cerca de 300 milhões de anos; atualmente não tem mais que cinquenta e estaria destinado a desaparecer em 10 milhões de anos. Os etólogos, que consideram o sexo masculino um sexo parasita, já que sua proporção de 107/100 ultrapassa sua simples necessidade, que não deveria ultrapassar 2/100, não deixariam de verificar a pertinência de sua análise. Talvez tenha sido essa perspectiva que incitou alguns pesquisadores[9], nos anos 1970, a se interessar por uma gravidez masculina, que eles declaravam possível graças aos progressos da hormonologia. Conseguiram, aliás, levá-la até a metade do caminho no escroto de um macaco macho. Riu-se muito na época, quando se imaginava o modo de transporte que os homens teriam adotado – certamente teria havido homens dispostos a isso – para carregar sua gravidez! Nunca soube por que tudo isso terminou. O resultado desse fracasso feliz foi que as condições clássicas de reprodução continuaram, portanto, como sempre, a presidir a reprodução humana.

Essas condições, responsáveis pela profunda assimetria que descrevi, foram acompanhadas desde o início da história da espécie por uma dominação brutal dos homens sobre as mulheres. A ausência de cio nas mulheres as colocava em perpétua disponibilidade sexual, o que deixava os homens loucos, por terem um limiar de excitabilidade que sempre foi particularmente baixo. Essa situação durou milhões de

---

9 Não é menos estranho que outros pesquisadores hoje se voltem para a criação e o aperfeiçoamento de um útero artificial, cuja possibilidade de uso é vislumbrada para daqui a aproximadamente cinquenta anos (cf. Henri Atlan, *L'Utérus artificiel*. Paris: Seuil, 2005).

anos[10]. Quando, ao fim desse período infinito de comportamento brutal e cego, a cultura e depois as civilizações se instauraram, elas tentaram abrandar o destino das mulheres, sem no entanto pôr fim à dominação masculina sobre elas. Isso equivalia a coagi-las, em todas as circunstâncias e independentemente de sua vontade ou de seu assentimento, a se comportar, ainda que num grau muito pequeno, como tradutoras. Isso continuou – e continua a existir em numerosas culturas – e oferece, no interior da célula familiar e sem que os protagonistas o saibam, um mínimo de apoio ao pai.

Digo "mínimo" e não vou mais longe porque as mães, que sempre tiveram a capacidade de se consolar investindo os filhos, também possuíam, nas situações penosas, a capacidade de desautorizar os pais e denunciá-los silenciosamente, erigindo os filhos contra eles e conferindo assim à história muitos detalhes a serem reparados. Mas, quando as crianças cresciam, a pressão social se exercia sobre elas, levando-as a relativizar o discurso materno ao qual até então haviam aderido. É preciso assinalar que, quanto a esse ponto, numerosas culturas tentaram em vão adotar medidas destinadas a minorar esse profundo antagonismo. Podemos citar, por exemplo, os costumes da matrilocalidade (o homem é integrado à família da esposa) ou da patrilocalidade (a mulher é integrada à família do marido), que não resolveram absolutamente nada! Tanto é que se pode dizer, sobre isso, que "as obras continuam".

Obras em que os elementos com os quais tínhamos de nos preocupar, e que chegaram à situação que acabo de descrever, foram apreendidos durante muito tempo exclusivamente de modo empírico.

Seria possível esperar que uma evolução acompanhasse o enriquecimento e os progressos recentes de nossas sociedades ocidentais. Ainda mais que elas se gabam de haver enfim promovido uma reflexão inovadora e fecunda sobre a "convivência" dos indivíduos que as compõem. Haveria muito a dizer sobre o balanço dessa pretensão. Eu destacaria apenas um elemento cuja dinâmica não se enfraqueceu: a denúncia dos desvios de múltiplas faces do patriarcado. Eu seria o último a lamentar o desaparecimento dos "paizinhos dos povos" e a condenação dos pais possessivos. Lamento apenas que um tal movimento

---

10 Ver *Les Pères et les Mères*, op. cit.

não se tenha acautelado contra o grave "efeito colateral" produzido por ele: de fato, ele acreditou que devia deitar fora, junto com a lama do patriarcado, o pai da célula familiar, do qual ele retirou, em nome de seu ideal democrático, um mínimo apoio social.

Essa longa e dolorosa história permitiu, aliás, que certas correntes feministas dessem a entender que o papel do pai poderia perfeitamente se limitar, no fim das contas, ao daquela corrente elétrica capaz de desencadear a fecundação do óvulo em ouriços-do-mar. Por que se surpreender que um número crescente de mulheres decida recorrer ao homem apenas em busca da fecundação, e que as mães já não se sintam obrigadas, de modo geral, a desempenhar o papel de tradutoras?

Esse é o ponto em que estão as sociedades ocidentais na fase de mutação que atravessam. Já não devemos nos surpreender que os pais tenham sido convidados a se tornar, e tenham se tornado, na falta de um apoio social imaginável, essas mães-bis a que me referi. E precisaremos nos conformar com a menor longevidade dos casais, com sua precariedade e com o questionamento da diferença entre os sexos que sempre presidiu sua constituição. E que importância teria, portanto, o desaparecimento da entidade familiar, mesmo que a consideremos a primeira escola do vínculo social[11]? O advento do individualismo não é uma realidade? Por que, em razão de sua imaturidade, deveríamos excluir desse individualismo a criança, que todos parecem reconhecer como "uma pessoa"!

A guerra entre os sexos tem um objetivo?

Essa guerra entre os sexos, absolutamente desigual, que data da origem da espécie, radicalizou-se, portanto, com o advento da cultura e perpetuou-se sem a mínima trégua. Ela prossegue atualmente, com a mesma violência, mas sob outras formas. Com efeito, a vitória mudou de campo. Na esfera privada, os homens pararam de dominar e coagir as mulheres. "Onde estão os homens?", chegam a se perguntar algumas delas, expressando assim uma nostalgia bastante surpreendente! Agora, são elas que dominam. De modo menos ostensivo, é verdade, muito

---

11 Desenvolvi essa noção em Aldo Naouri, *Adultérios*, op. cit.

mais sutil, mas quase tão violento, já que, posicionando-se oportunamente como vítimas históricas em nossa época de arrependimento, assumem nos dias de hoje sua possibilidade de impedir os pais de transmitir sua história. Basta recordar as palavras dos pais de crianças falecidas para avaliar a dimensão mortífera desse potencial.

É impossível, no entanto, deixar de reconhecer pelo menos um fato: ao longo dos séculos, os sistemas culturais tentaram atenuar essa guerra, na impossibilidade de pôr-lhe um fim. Ao moderar a dominação masculina, sempre buscaram, ainda que desajeitadamente, impor uma forma de entendimento entre os pais. Seu projeto, que passa hoje por um movimento pendular, parece infelizmente mais irrealista que irrealizável. A genética nos ensina, contudo, que a biologia só visa a impor a complementaridade e o entendimento!

Isso pode ser verificado com base numa descoberta já antiga, porém pouco conhecida, mesmo nos meios profissionais[12]. Em um trabalho publicado em 1984[13], o biólogo alemão Davos Solter relatou ter implantado no útero de algumas fêmeas de camundongo zigotos obtidos a partir da substituição do núcleo do espermatozoide por um núcleo de óvulo, os quais chamou de "ginogenotas". Fez com que outras fêmeas gestassem zigotos obtidos a partir da substituição do núcleo do óvulo por um segundo núcleo de espermatozoide. Chamou estes de "androgenotas". Em seguida, observou a evolução dessas duas formas de gestação, que, é claro, desembocaram em abortos. Ao examinar os tecidos expelidos, Solter constatou que, no caso das gestações com ginogenotas, o desenvolvimento do embrião havia sido normal, mas o desenvolvimentos dos anexos (destinados a formar a placenta e o cordão) fora rudimentar e anormal. No caso das gestações com androgenotas, em contrapartida, o desenvolvimento dos anexos havia sido estritamente normal, enquanto o desenvolvimento do embrião fora, por sua vez, anormal. Concluiu daí que o desenvolvimento do embrião cabe aos genes maternos, ao passo que o desenvolvimento dos anexos, que garantem o abastecimento nutricional do embrião, cabe aos genes paternos.

---

12 Eu mesmo não sabia de nada antes que a informação que me foi dada em 2007 pelo dr. Vincent Dussol – a quem agradeço de passagem – me levasse a explorar essa pista.

13 McGrath, D. Solter, "Completion of embryogenesis requires both the maternal and paternal genomes", *Cell*, 1984, 37, pp. 179-83.

Foi o nascimento do que se chamou "genômica parental", que suscitou inúmeras perguntas e se desenvolveu de forma considerável. Em relação a esse ponto do qual acabo de tratar extensamente, ela poderia ter levado a destacar que homens e mulheres são obrigados a encontrar um terreno de entendimento para o bom desenrolar da evolução da espécie. Mas considerações desse tipo em princípio não entram no âmbito das publicações científicas. Outros autores[14] não hesitaram, contudo, em formular em 1991 uma teoria conhecida desde então como "teoria do conflito entre os sexos". E isso a partir do fato de que os genes paternos favorecem o crescimento fetal, a fim de que os recém-nascidos sejam tão grandes quanto possível, enquanto os genes maternos freariam esse crescimento, para não esgotar a mãe e permitir que ela guarde reservas para as gestações seguintes. Embora esse trabalho formule uma hipótese sobre a finalidade da biologia materna, não formula hipótese alguma sobre a biologia paterna. Não diz por que a genética dos pais visaria a tornar as crianças as maiores possíveis. Efeito dos novos tempos? Inscrição ideológica incorreta em plena época de recusa do patriarcado? Ou referência implícita às sociedades pré-industriais, quando se considerava que os homens queriam muitos filhos para somar novos braços ao trabalho dos campos?

Resisti em procurar algum tipo de explicação depois que encontrei, não sem alguma felicidade, o trabalho posterior de Claudine Junien[15], o qual demonstrou em 2000 que, para além do que aparecia como um conflito, os fenômenos, descritos e interpretados como uma guerra a partir de uma perspectiva que privilegiava apenas a estática, estariam a serviço de uma solidariedade entre gerações. Como eu poderia não ter reagido de modo tão entusiástico? Justo eu, que não parei de falar em "transmissão da história" e em "reparação", encontrava a tradução disso até em programas genéticos!

Era motivo para sonhar com uma reflexão focalizada neste surpreendente paradoxo: a biologia se empenha, até o nascimento da criança, na regulação dos equilíbrios entre os respectivos mecanismos biológi-

---

14 T. Moore, D. Haig, "Genomic imprinting in mammalian development: a parental tug-of-war", *Trends Genet*, 1991, 7. pp. 45-9.

15 Claudine Junien, "L'empreinte génétique. De la guerre des sexes à la solidarité entre générations", *Médecine/Sciences*, 2000, 16, pp. 336-44.

cos de ambos os sexos, a fim de que produzam a vida; ora, tão logo essa vida tenha sido produzida, seus autores intentam pôr-lhe um fim! Isso explicaria a pulsão de morte sobre a qual versa extensamente a psicanálise – o ser humano seria trabalhado por uma força destinada a fazê-lo retornar ao estado mineral de sua origem mais longínqua. Mas por que então não evidenciar mais essa pulsão de morte, para que não nos deixemos cegar por ela a ponto de submeter-nos a ela sem resistência?

Nessa perspectiva, mantendo-me no âmbito da biologia e extraindo as lições desses diversos trabalhos, pretendo ir além do que deixei que se vislumbrasse como um necessário embora impossível entendimento entre homens e mulheres.

Eu diria que esse entendimento, justamente em razão da profundidade das raízes sobre as quais ele pretende atuar, não pode em absoluto ser esperado como consensual. Ele deve ser sempre um entendimento "armado", isto é, que nunca exclui, num tom dissuasivo, nem o conflito nem mesmo a guerra, ao remeter cada um dos parceiros ao velho medo que lhes serviu de companheiro na época em que ele se debatia com a estatura dos pais. E isso porque não só o pai deve proteger a criança de um domínio grande demais por parte da mãe, como a mãe deve proteger a criança da influência total do pai. O que, no fim das contas, equivale para cada um a empregar sua própria pulsão de morte para neutralizar a do outro, em benefício exclusivo da vida da qual a criança é portadora.

Para que os pais de meus pacientes compreendessem isso, eu aludia primeiramente à lógica dinâmica das escadas duplas: cada uma delas opõe sua força à outra; e nenhuma delas poderia cumprir sua tarefa se a outra deixasse de desempenhar seu papel. As crianças sentem perfeitamente o perigo representado por essa deficiência, quando não pela primazia esmagadora de um dos pais. Por isso é tão frequente que as filhas se pareçam com o pai, e os filhos com a mãe. Por mimetismo, uns e outros tomam de empréstimo do genitor do sexo oposto as características físicas ou comportamentais destinadas a empatar uma projeção excessiva que ignorasse sua originalidade. Essa precaução é tomada, mas a sequência dos acontecimentos será diferente, como assinala Oscar Wilde num de seus paradoxos: "As mulheres acabam sempre parecidas com a mãe – esse é o drama delas. Os homens, nunca – esse é o drama deles."

Também nesse caso, a biologia oferece uma espécie de metáfora repleta de ensinamentos ao explicar por que, quando uma das duas escadas não desempenha seu papel, ela desaba sob o peso da criança, que tenta subir por ela e arrasta-a em sua queda!

Graças à genômica parental, demonstrou-se definitivamente que uma gravidez de tipo partenogenético é estritamente impossível: biologicamente, sem o recurso de um espermatozoide, a mulher não pode ter filho. A denegação dessa impossibilidade essencial corresponderia, no plano psíquico, ao caso da mãe que não conseguisse sequer pensar na existência de um terceiro intervindo em sua maternidade – é o que Lacan chama de "foraclusão do nome do pai". A criança de tal mãe será psicótica.

Graças ao estudo de uma forma anormal de gravidez, a mola hidatiforme, a biologia demonstra o perigo constituído por uma intervenção de apoderamento paterno na gravidez. O termo "mola hidatiforme" designa uma profunda alteração do zigoto que conduz, na maioria dos casos, a um aborto, mas que pode, em outros, provocar na mulher um câncer perigoso (coriocarcinoma), embora a criança não tenha sido nem mesmo concebida! Algumas formas dessas molas são atribuídas à fecundação de um óvulo por dois espermatozoides, e outras à fecundação, por um único espermatozoide, de um óvulo que não chega a sê-lo por ser desprovido de núcleo. Pesquisas recentes[16] demonstraram que essas ocorrências resultam de um defeito constitutivo do óvulo relacionado a uma alteração genética do cromossomo 19 materno. Um processo dessa ordem, transposto para o plano da relação, faz da criança, inteiramente entregue ao pai sem oposição nem interposição da mãe, uma paranoica. Pode-se observar a evolução dessa ocorrência num belíssimo filme[17], sobre o qual falei com frequência, porque ele vale um caso clínico perfeitamente descrito, no qual se vê o comportamento insuportável do pai destruidor do filho aliar-se a uma passividade no mínimo tão intolerável por parte da mãe!

Ao fim dessa incursão que associou, sem constrangimento nem precaução de tipo algum, a biologia, a genética, a dimensão da linguagem e a da relação, e destacou tanto a ideia da complementaridade

16 Rima Slim et al., *Nature Genetics*, mar. 2006.

17 *Shine – Brilhante*, filme de Scott Hicks, Austrália, 1996.

obrigatória dos pais quanto a profunda assimetria dos meios dos quais eles dispõem, eu proporia de bom grado uma visão de conjunto, capaz de explicar por que o lugar do "ofício" de pai ou de mãe está classificado entre os "ofícios impossíveis".

De fato, o que estaria em jogo em cada geração se relaciona em parte à possibilidade ou impossibilidade que o pai desejoso de transmitir sua história encontra, ao passo que a história da mãe, por sua vez, não depara com dificuldade alguma. Se levarmos em conta, nesse cenário, que tanto o pai como a mãe foram gestados por uma mãe e teceram com ela vínculos muito sólidos, poderíamos quase postular que o destino das crianças seria o objeto de uma luta travada, sem que elas o saibam, entre as linhagens maternas de suas duas avós. A hipótese que postulo pode parecer audaciosa, se não estapafúrdia. Parece reforçada, no entanto, pelo interesse bem menor que as avós geralmente demonstram pelos filhos de seus filhos, em comparação com o demonstrado pelos filhos de suas filhas[18]. Sabemos além disso que, no nível biológico, bastam dez segundos após a fecundação para que o DNA mitocondrial[19] – sempre de origem materna – do espermatozoide seja eliminado pelo óvulo. Dez segundos para que a nora elimine do corpo de sua progenitura os rastros específicos da sogra! Isso não daria o que pensar sobre a leitura da óbvia distribuição de poderes e dominações que resultaram disso?

Definição ou definições

Se eu voltar à definição de pais, tema deste capítulo – para fazer uma pausa no debate que foi amplamente aberto e que ainda não concluí –, poderei associar os elementos já encontrados com um elemento novo. Eu havia descoberto que um pai ou uma mãe serve para um filho

18 Para explicar-me o fato de eu ter flagrado a diferença que ela fazia entre os filhos de seus filhos e os de sua filha, uma avó mexicana aludiu a um provérbio de seu país cujo enunciado em espanhol me foge à memória, mas cujo conteúdo dizia essencialmente: "Os filhos de sua filha são seus, mas os de seu filho, como garantir?"

19 As mitocôndrias são organelas disseminadas no citoplasma da célula que servem como reservatório energético. Elas contêm um DNA diferente daquele do núcleo e cuja origem é exclusivamente materna.

e morre antes dele, não sem antes lhe haver confiado o cuidado de prorrogar a parte sã de sua história; acrescento que cada um encarrega essa criança, nos bons casos, de reparar a parte alterada dessa história graças à história do outro, reconhecido incondicionalmente como um dos pais.

É verdade que esse acúmulo de elementos poderia retirar a definição dos pais do âmbito do inventário. Mas embora não seja satisfatório no plano formal tem no entanto a vantagem que o inventário lhe proporciona, a de permanecer aberto e poder a qualquer momento ser complementado.

A biologia, conforme demonstrei, entrega aos pais um ser que ela conseguiu manter vivo graças aos equilíbrios que instaurou. Como transcorrem as coisas, e o que acontece quando esses pais se mostram incapazes de cultivar o equilíbrio de suas respectivas participações e preferem, em detrimento de um entendimento armado que sempre está a seu alcance, lançar-se numa guerra impiedosa e desigual, tanto no passado como no presente? A criança, concebida como uma leal reparadora potencial, torna-se imediatamente uma separadora, manipulada pelos parâmetros da história de cada um deles e os das sociedades nas quais se inserem.

Essas sociedades, quaisquer que tenham sido e sejam, julgaram indispensável lhe dar como primeira referência de sua história fora do ventre a fecundação, responsável por sua vinda ao mundo, ao conferir aos autores dessa fecundação a posição uniforme e indistinta de genitores – *gli genitori*, como a língua italiana normalmente designa os pais. Uma noção em que se apoiou e continua a se apoiar a maioria dos sistemas judiciários, conferindo-lhe uma importância que na realidade e na experiência dos seres ela está longe de ter, muito longe, se é que ela não é simplesmente negligenciável.

E no entanto!

Esse homem que veio do interior para me consultar é um agricultor dono de uma propriedade agrícola de médio porte. Está numa situação muito embaraçosa, pois acaba de receber do tribunal alemão de uma cidade cuja existência ele ignorava até então um julgamento que pronuncia o bloqueio temporário do conjunto de seus bens. Ele levou um bom tempo para entender que história era aquela, porque nada nos considerandos do julgamento, que ele leu como pôde, nem mesmo o nome do querelante, dava uma informação qualquer. Quando ele obteve uma tradução do documento e procurou um advogado, voltou a se lembrar dos fatos. Três anos antes, durante as férias, quando ficara sozinho para a colheita depois que a mulher e os filhos, com quem se encontraria depois, haviam viajado, viu chegar à fazenda uma jovem alemã que lhe pediu permissão para acampar na sua propriedade. Ele consentiu. Alguns dias depois, ele se tornou amante dessa jovem, que um dia partiu da mesma forma que havia chegado. Era essa jovem que o processava e lhe reclamava, além do reconhecimento da criança cuja paternidade lhe atribuía, o pagamento de uma confortável pensão para a criança e para si. O que o preocupava não era tanto a perspectiva aberta pela demanda, mas o problema grave que isso representava. Ele não tinha a menor ideia de como poderia contar a história para sua mulher sem alterar de modo imprevisível a relação de entendimento e confiança que sempre tivera com ela. Quanto a mim, confesso que foi o procedimento sumário do tribunal alemão que me deixou estupefato!

Em seu leito hospitalar, uma mulher declarava à equipe responsável por ela que não tinha a menor ideia do que a fazia chorar ininterruptamente. Isso levara seu bebê de dois dias a não mais se alimentar. Fui chamado para vê-lo, e encontrei-o em excelente estado. Fui falar com ela para dizer-lhe isso. Ao longo de nossa conversa, ela me confiou que acima de tudo estava aterrorizada com a visita, anunciada dois dias antes, que sua mãe, vinda do interior, lhe faria naquela mesma tarde. "Ela vai tirá-lo de mim!", disse-me tremendo e num tom assustado diante da simples evocação dessa perspectiva. Mesmo assim ela conseguiu fazer um longo relato daquela relação difícil na qual sentia que, para sua mãe, sob todos os aspectos, era desajeitada e incompetente em tudo, apesar de sua idade e de seu sucesso profissional. A mãe lhe diria isso uma vez mais e certamente não deixaria seu filho ficar ao seu lado, pensava. Quando chamei sua atenção para o fato de que ela havia concebido e parido a criança, e que por isso o filho era realmente seu, como nada jamais havia sido ou viria a ser, ela me respondeu que isso não seria argumento para sua mãe. "Posso ouvi-la daqui. Ela vai me dizer que as vacas, as gatas, as cadelas e até as ratas também põem bezerros, gatinhos, cachorrinhos e ratinhos no mundo..." Evoquei então a presen-

ça e o papel potencial do pai daquela criança, e ela replicou que a mãe praticamente não levava sua existência em consideração e sempre o achara um zero à esquerda. Mais um, pensei comigo, que acredita ter a obrigação de ser educado em quaisquer circunstâncias e que provavelmente não desempenhou junto à mulher o papel que, desde jovem, ela esperava que desempenhasse: o de se interpor entre ela e a mãe para neutralizar esta de modo eficaz.

Quando abri a porta naquela noite – era tarde e eu já não esperava ninguém –, ele caiu nos meus braços aos prantos. Era uma estranha sensação para mim segurar como um bebê aquele homem vigoroso e imponente de mais de cinquenta anos, que eu conhecia havia um bom tempo, pois cuidava de seus três filhos, dos quais a caçula era uma menina de doze anos. Além disso, fiquei razoavelmente apreensivo com o que poderia deixá-lo naquele estado e esperava a horrível notícia que ele visivelmente não conseguia me dar. Ele precisou de um bom tempo para acalmar-se. Levei-o para a sala, fiz com que se sentasse, o que fora impossível até aquele momento. Com um fraseado lento, pontuado de soluços incontroláveis, ele me contou então que havia assistido naquela tarde a uma violenta altercação entre seus pais, já idosos. E, enquanto ele tentava acalmar a mãe, ela lhe jogou na cara que ele ficava do lado de um pai que, na verdade, não era o dele. Depois disso, ela se voltou para o marido e se lançou, cheia de raiva e com riqueza de detalhes, no relato de seu adultério de outrora, a fim de demonstrar que ele não poderia ser o pai desse filho que acreditava ser. Já era terrível para ele, o filho, mas o que ele achava mais terrível ainda era imaginar a dor que o pai poderia ter sentido diante dessa revelação. Tive muita dificuldade em convencê-lo de que, por mais duro que tivesse sido tudo aquilo, ele não deveria ficar tão abalado porque, sem a menor dúvida, esse homem que ele sempre sentira como pai realmente o era, muito mais que o genitor sobre o qual a mãe tanto lhe falara. Precisei dar-lhe exemplos de fecundações artificiais e de casos de pacientes. Levou tempo, muito tempo...

Três histórias de genitores. Teria centenas de outras do mesmo gênero para contar!

Um primeiro que se descobre como tal, se é que realmente o é, de um modo no mínimo surpreendente, depois de três anos!

Uma mãe que, por sua vez, não pode duvidar um segundo de que o seja. Mas nem por isso se sente apta a ocupar o lugar que lhe cabe com toda a legitimidade. Isso porque, para ela, a mãe provavelmente permaneceu tão aterrorizante quanto o foi em sua primeira infância, pelo fato de ela, filha, não ter sido protegida pelo pai nem, mais tarde, por seu companheiro.

De outro lado, um pai que descobre aos oitenta e cinco anos, porque sua mulher de oitenta e dois o revela, que não é o genitor daquele que sempre foi seu filho!

Mater certissima, enunciava o direito romano, *pater semper incertus*.

Qual *mater*? A genitora? Em caso afirmativo, ela seria, no inventário que ofereci a meu parente do início do capítulo, a mulher que dá à luz anonimamente, mãe da criança *ad vitam aeternam*; de modo algum a mãe adotiva[20], que, no entanto, lhe dedicou a vida inteira. E o mesmo valeria para as mães de aluguel.

Qual *pater*? O genitor? Até a mais ínfima partícula de esperma anônimo, consequentemente?

Como é possível sustentar que essa característica contribua para a definição dos pais?

Se fosse assim, meu parente estaria certo ao falar de "união" e inserir tal critério na definição. Mas o que teria sido, então, esse senhor de idade a quem a mulher, também idosa, atirou uma história que ela poderia muito bem ter levado para a sepultura, sem que isso afetasse em nada sua descendência? Para a maior parte dos animais, essa característica de genitores é mais que suficiente – grande coisa para eles poderem valer-se de um *pedigree*! –, já que os processos biológicos descritos acima, os quais se servem da intervenção dos genes espermáticos, dizem respeito a todos os mamíferos. Sustentar a importância desse critério é privilegiar o *certissima* do aforismo do direito romano, é transformar exclusivamente a parte materna em modelo da

20 Dou-me conta de que o rumo tomado pelo desenvolvimento do meu tema não permitiu até agora que eu assinalasse – e isso é muito importante – que não existe diferença alguma entre os casais adotivos e os outros. Reina aí a mesma assimetria, e deve aí também existir um entendimento "armado". Em razão da proximidade das características femininas da voz, dos odores etc., a criança investe a mãe adotiva do mesmo modo intenso como o teria feito com a genitora. E esse investimento provoca em seu esteio todos os matizes do registro relacional, tanto do lado da mãe como do lado da criança.

função parental, é recusar a importância do *incertus* que está na própria base da condição paterna[21], é negar a radical diferença entre os sexos, é aplicar à dimensão humana a lógica carniceira[22] do animal, é aplaudir a prática dos nazistas que haviam intentado cruzar, no interior das *Lebensborn*[23], as belas arianas e os belos oficiais da SS a fim de produzir uma raça pura!

E pensar que, em nome do que qualifico como um verdadeiro terrorismo da transparência, existem psicanalistas – os únicos a se manifestarem sobre o assunto e que, por isso, conseguem se fazer ouvir – capazes de preconizar que é absolutamente indispensável que toda criança tenha acesso à identidade de seus genitores!

Os seres humanos, dotados de linguagem, pegos nessa linguagem e no desejo unívoco de prolongar sua história, não podem se contentar com essa noção de genitor e, ao que tudo indica, nunca puderam. Do contrário, o agricultor em apuros, a jovem mãe e aquele meu imponente cinquentão certamente não teriam caído no estado em que os encontrei.

E mais ainda porque, se continuarmos a exploração dessa condição parental, perceberemos que ela tem outro aspecto. Basta evocar, por exemplo, o infeliz Yves Montand, cujo caso andou nas páginas dos jornais. Em decorrência de uma decisão judicial, ele foi inutilmente exumado, porque uma mulher afirmava que ele era o pai de sua filha já adulta. O que poderia esperar essa mãe de um processo destinado a provar que aquele homem era o genitor da filha? Atrair para si um pouco de glória devido a sua relação com ele, ao passo que, durante a vida, ele se negara a admitir tal relação? Provocar um ganho identitário para a filha, que havia prescindido disso até então? Nenhuma das alter-

---

21 Por ser *incertus* o pai se empenha em deixar de sê-lo investindo os meios que permitiriam tal mudança de condição, mantendo-se num entendimento "armado" e intervindo na relação entre a mãe e a criança.

22 Pierre Legendre, op. cit.

23 Agradeço a Heinz Wismann pela informação de que a palavra em si mesma, que significa "fonte de vida", é forjada a partir de dois radicais arcaicos que já haviam caído em desuso. Ela poderia sugerir uma forma de retorno às origens para algo que deveria sê-lo, se não evocasse antes uma regressão para a primitiva animalidade do ser humano. O nazismo nunca escondeu seu fascínio pela natureza.

nativas. Mas antes, sem sombra de dúvida, uma parte da herança do defunto. Algo que a Justiça – que, como vimos, não se preocupa com nuanças e continua a resumir o pai ao genitor – certamente teria concedido se os testes biológicos não tivessem conduzido ao indeferimento. De fato, sempre pareceu bom para a paz social que cada um dos pais assumisse suas responsabilidades para com os filhos garantindo-lhes uma herança, assim como se considera que, em contrapartida, os filhos devem arcar com a subsistência dos pais necessitados.

Assim nos vemos, portanto – diante da definição da palavra "pais", que normalmente designa um ou outro dos protagonistas posicionados acima da criança –, com três subdefinições, de importância desigual para sua experiência e seu futuro.

Os três casos por mim relatados demonstram com toda a evidência que o genitor ou a genitora têm uma importância que se reduz à biologia. É óbvio que, quando esse pai ou essa mãe transmitem falhas genéticas, ocupam o primeiro plano. No entanto, fora esses casos relativamente excepcionais, foi sua dimensão insignificante que permitiu à medicina lançar-se em fecundações com doador sem perder tempo refletindo sobre as repercussões disso.

Fora os casos raros que costumam ser relatados pela mídia, o lugar do pai social ou da mãe social não suscita grandes problemas. Houve recentemente algumas discussões, é verdade, quanto ao segredo de identidade das mães que dão à luz no anomimato e entregam o bebê para adoção. Da mesma maneira, a atribuição automática à criança do nome do pai foi oficialmente colocada em questão – sem muita lógica, aliás! Mas nada disso abalou o futuro de gerações inteiras.

Tive razão, portanto, em fazer diante do meu "vigoroso cinquentão" o discurso que fiz. Durante mais de cinquenta anos, sua mãe foi a genitora que, tendo-o reconhecido como seu filho, foi também sua mãe social, cercou-o de cuidados e ajudou-o a crescer. Quanto a esse último ponto, ela ocupou a posição de mãe que, ao cumprir sua função, correspondeu à definição de mãe funcional. O fato é que, na experiência dos seres, é essa subdefinição, a de pai ou mãe funcional, que assume a maior importância. O que acontece, então, com o pai desse homem? Ele o reconheceu como filho e assumiu assim a parte parental que lhe cabia. Ao longo de toda a vida comum do casal, ele revestiu claramente uma grande importância para seu filho, como se pode deduzir da dor expressa por este quando descobriu que ele não era seu genitor e quando pensou no sofrimento dele, que inegavelmente desempenhou toda a vida sua função parental. E só pôde fazê-lo porque a mãe desse filho, por razões particulares sobre as quais nada sabemos, o convocou para esse lugar que ele aceitou ocupar[24]. Durante os primeiros anos e mais de cinquenta anos depois, ela desempenhou sem falhas sua função de tradutora das palavras dele. E então, ao fim desse longo período, ela o expulsa desse lugar durante uma briga. É tarde demais para que isso tenha consequências preocupantes para o filho deles. Já faz muito tempo que ele se construiu com base na relação – adequada, embora nada saibamos sobre sua natureza exata ou sobre o que a instaurou – que eles tiveram entre si e em torno dele. E fora a dor, que levará algum tempo para se dissipar, nenhum distúrbio pessoal resultará de tudo isso.

Se as duas subdefinições, a de pais genitores e a de pais sociais, apresentam-se como simétricas e inalienáveis tanto para as mães como para os pais, a terceira, de pais funcionais, não tem de modo algum o mesmo *status* para cada um dos sexos.

Diante da criança, a mãe não precisa ser designada como tal pelo pai. Ela tem tudo para sê-lo desde o início – basta nos lembrarmos daquele alfabeto elementar. O que poderia eventualmente lhe faltar para que ela se assumisse como tal lhe será transmitido de modo singular por sua mãe – nem todas são como a daquela jovem parturiente cujo caso relatei –, por outra mulher ou várias outras que ela terá investido. Em todo caso, uma vez assumida, sua função estará definitivamente conquistada e nunca poderá, exceto em casos raros entre os quais não se incluem nem mesmo os divórcios litigiosos, ser-lhe retirada pelo pai. Mas ela pode, a qualquer momento e conforme sua vontade, até o fim da vida, inclusive, retirar do pai de seu filho a função cujo exercício ela eventualmente lhe havia confiado. Esse pai continuará a ser, nesse caso, o genitor, se ele o foi, e o pai social. Mas já não poderá ser o pai funcional.

Isso não deixa de suscitar enormes problemas no cotidiano das famílias. Em primeiro lugar e particularmente para os pais de nossa época, em que o índice de divórcio chegou a tais proporções.

---

24 Ver *Une place pour le père*, op. cit.

Esses pais, cuja posição, como vimos, está hoje em equilíbrio instável, desejam com frequência fazer as coisas direitinho. E, por não serem corretamente orientados, costumam demonstrar uma falta de habilidade que só os desfavorece. Apegados à criança e convencidos de que ela precisa tanto do pai quanto da mãe, reivindicam nos tribunais, em caso de separação tempestuosa, medidas que lhes permitam continuar a exercer sua função, recusando-se a compreender que a mãe nunca mais se comportará para eles como tradutora fiel. O que eles obtêm é tão decepcionante – e não poderia deixar de sê-lo – que acabam por distanciar-se, quando não infundem às suas iniciativas uma violência que lhes será prejudicial por muito tempo.

Nessa conjuntura, e no interesse da criança, é melhor que um pai aceite a ideia de que conservará indefinidamente, faça a mãe o que fizer, a condição de genitor e de pai social, isto é, a condição de pai de grande parte da história da criança, mas de que já não poderá preencher em sua totalidade a função de que a criança necessita imperiosamente para se construir. Essa função poderá, contudo, ser corretamente assumida pelo eventual novo homem da mãe. Desde que esta não jogue um homem contra o outro, como costuma fazer, para continuar a pôr e dispor sobre a criança[25]. De acordo com essa perspectiva, e quando isso acontece, o melhor que ele pode fazer pelos filhos é entender-se diretamente com o novo homem da mãe das crianças, eventualmente diante dela e da criança, para delegar-lhe sua função, dizendo a ela que seu padrasto o representa plenamente em sua ausência. Assim as coisas ficam claras para todos. É evidente que esse procedimento só é viável se o interesse da criança for prioritário para todos, se o despeito tiver sido minimamente superado e se as feridas narcísicas de cada um estiverem mais ou menos cicatrizadas. Se um tal roteiro não puder ser seguido da maneira que indiquei, pode servir de inspiração para a elaboração de outros, mais adaptados às condições da situação. Um pai pode, num de seus encontros com os filhos, aconselhá-los diretamente a investir o novo parceiro da mãe. Assim permitirá que os filhos saiam do conflito de lealdade em que estavam. Com muita frequência, no

25 Ver Irène Théry (org.), *Recomposer une famille, des rôles et des sentiments*. Paris: Textuel, 1995; em particular o caso relatado em minha contribuição à obra, "Un homme qui divorce de sa femme divorce toujours de ses enfants".

entanto, será impossível tentar o que quer que seja diretamente com a ex-companheira: isso só reabriria inutilmente as feridas.

Administrar a guerra entre os sexos?

Talvez alguns se perguntem por que foi necessário realizar a desmontagem das posições parentais, inclusive com o auxílio da biologia, para chegar à conclusão de que um filho, reparador potencial de ambas as histórias que lhe tocam desde o nascimento, se revela instrumentalizado – embora desigualmente – pelos dois parceiros, a ponto de se tornar o separador que não deveria ter sido.

Foi provavelmente o que meu parente do início do capítulo quis me dizer com a segunda parte de sua definição, quando, ao falar sobre o "terceiro", afirmou que ele passa a vida tentando se "livrar" desses dois, que estão em sua origem. Livrar-se, na impossibilidade de ter ponto de vista próprio sobre o assunto, do dilema no qual deve ter caído tantas vezes ao ouvi-los, mesmo no melhor dos casos, defender a pertinência de suas respectivas atitudes. Essa também foi provavelmente a razão que levou meu parente a acusar-me de implicar com tudo.

Como tentei demonstrar, a vida de cada um se constrói com base numa infância que percebeu e registrou as posições parentais de um modo totalmente desencontrado em relação à realidade delas.

Salvo exceção – não cruzamos com Medeias em cada esquina! –, nenhuma mãe tem em perspectiva, como acredita a criança, matá-la, nenhum pai tem em perspectiva castrá-la, se for um menino, ou fazer dela uma parceira sexual, se for uma menina. É no entanto esse descompasso quase incompreensível que faz a subjetividade de cada um e que, ao proporcionar uma ideia, mesmo vaga, da lei da espécie, constitui cada um como um ser não apenas plenamente consciente de estar vivo, mas como sujeito: isto é, sujeito dessa lei e, para expressá-lo ainda melhor, sujeito a ela.

É aí que intervém, como no caso da oposição entre as duas partes da escada dupla, a oposição entre as funções parentais.

De fato, o que faz a mãe, portanto, quando cumpre sua função sem admitir o mínimo limite e se esmera em proceder de modo que "não falte nada" à criança? Comunica-lhe que, assim como seu corpo lhe havia fornecido instantaneamente tudo de que ela precisava durante a gestação, ela própria continuará a fazê-lo indefinidamente. A inegável vantagem que uma disposição tão tranquilizadora representa para a criança comporta, contudo, um inconveniente. Permite que a mãe teça em torno da criança um útero – virtual[26], é verdade, mas extensível ao infinito –, o que equivaleria a manter a criança para sempre dentro dela e a só admitir praticamente da boca para fora, se é que ela o faz, a vinda da criança ao mundo exterior. Isso é uma contravenção total aos termos da lei de proibição do incesto. Não é por acaso que o termo que expressa essa contravenção foi construído pelo latim como o foi. De fato, "incesto" deriva de *incestus*, ele próprio construído com o prefixo *in* de privação e *cestus*, supino do verbo *careo*, que significa "faltar", o que dá então à palavra o sentido de "que não carece". A criança – quando não padece dessa atitude materna – desenvolve a ideia do campo ao qual se aplica uma proibição, assim como uma placa de parada obrigatória sugere a existência de uma via de grande circulação que cruza o caminho em que estamos.

O que faz um pai, por sua vez, quando cumpre sua função? Ele diz à mãe que modere suas pretensões e afirma ter tantos direitos quanto ela sobre a criança que ela acredita dever ou poder guardar para si. Ele tem tantas razões quanto ela, inclusive no plano real, para sustentar que deu a vida a essa criança. Vai relembrá-la de que, se é inegável que ela forneceu instantaneamente ao filho os nutrientes dos quais ele precisava, foi também graças à placenta, para cuja formação ele contribuiu em grande medida. Uma placenta, aliás, que não apenas permitiu a passagem desses nutrientes, mas que os selecionou, separando-os cuidadosamente das inúmeras substâncias tóxicas que a mãe poderia ter transmitido à criança a ponto de matá-la. Ele acrescentaria que essa verdadeira barreira, interposta entre a criança e a mãe, também preservou a mãe das agressões que essa criança, por sua simples presença, poderia ter perpetrado contra sua pessoa[27]. Parte desses problemas foi resolvida, é verdade – continuaria ele –, graças ao fato de que essa

26 Ver *Les Pères et les Mères*, op. cit.

27 Quando, nos anos 1970, ao desenvolver a alergologia, os biólogos fizeram-se enfim a pergunta sobre o que permitia ao corpo materno suportar um corpo estranho por excelência como o de um filho, propiciaram progressos vertiginosos à sua ciência.

criança veio ao mundo exterior, mas a estreiteza da união que a mãe se esmera em manter com ela não permite que ele desarme sua vigilância. Ele continuará a impedi-la de satisfazer plenamente essa criança, assim como impedirá que esta elimine a mulher que existe nela. É exatamente essa atitude do pai que introduz a criança na lei da espécie.

Sabemos atualmente, mais do que no passado, que a mãe pode e tem todos os meios para tapar os ouvidos a essa argumentação, e que, nesse caso, o pai não poderá fazer nada.

Mas, se ela receber o discurso implícito do pai e aderir a ele, ainda que tenha de cultivar uma espécie de nostalgia de sua propensão natural, designará o pai como tal e, mesmo lamentando-o eventualmente, deixará passar para o filho uma mensagem do tipo: "Eu gostaria muito, querido, que nada lhe faltasse. Mas, veja você, isso não é possível. Seu pai tem toda razão em dizer o que diz. Você vai precisar se acostumar com essa verdade e considerá-la dita de uma vez por todas, uma verdade à qual eu também tenho de me submeter: não se pode ter tudo na vida!"

Essa atitude é a única chave que pode abrir o universo da frustração do qual a criança precisa tanto, porque é graças a ele que ela se constrói. Antes de mostrá-lo, permito-me um parêntese, a fim de diferenciar esse conceito da frustração, que é do âmbito do simbólico, da privação, que é do âmbito da realidade. Se a mãe sustenta o discurso que descrevi, a criança pode ser inundada de presentes de todos os tipos sem nunca sofrer com essa superabundância. No caso contrário, pode-se privá-la de tudo, inclusive de bebida ou comida, sem que nada se modifique na situação.

A frustração da criança lhe é comunicada, portanto, pela mensagem implícita que a mãe poderia expressar se fosse *good enough* ("boa o suficiente"), como diz Winnicott, e não "suficientemente boa", como frequentemente o fazem dizer. De fato, em inglês o termo sugere que ela "não deve sê-lo em demasia", como acredita que deve, ao passo que a tradução abusiva dá a entender que eventualmente ela talvez "não conseguisse sê-lo". O que a mãe dá a entender à criança por meio dessa mensagem é que ambas devem renunciar aos benefícios incomparáveis de sua ligação e ao estado edênico no qual ela as manteria; que ela própria fica frustrada com isso e que é em nome desse compartilhamento da frustração que ela a convida a suportar a sua, porque ela é a própria condição da vida em que ambas estão inseridos e na qual "não se pode, portanto, ter tudo".

Isso porque o famoso "tudo" da mensagem é antes de mais nada, e essencialmente, nem mais nem menos que a eternidade.

Tanto que essa mensagem, além de frustrar a criança em relação ao prazer primordial – matriz de todos os outros prazeres – da ligação e da continuação dessa ligação, com a qual a criança contava, lhe diz em substância que embora a morte seja seu quinhão, como o é para cada um, ela deixa um bom pedaço de vida para viver. "Que bela verdade!", a criança dirá. "Se minha mãe continua viva apesar de sua frustração, eu também continuarei viva aconteça o que acontecer. A carência com a qual começo meu caminho é constitutiva da vida que tenho diante de mim, durante a qual poderei manifestar meu desejo." Então veremos a criança atravessar as etapas cruciais descritas acima de modo muito mais sereno. Ela não será em nenhum momento como essas crianças diante das quais se cultivou a mensagem oposta à precedente, graças a uma profusão de prazeres, e que sentirão toda privação como uma ameaça de morte iminente. E isso a tal ponto que podem se transformar nas crianças tiranas, cujo número, como vimos, se multiplicou como uma epidemia, anunciadora de outra, mais preocupante ainda, de seus semelhantes hiperativos.

"Cansei." É o que me diz uma jovem mãe encantadora, que, conforme fui informado, é professora, para explicar-me o estado em que se encontra e com o qual me preocupo. "Sempre quis ter essa profissão, mas faz apenas dois anos que estou com uma turma de 2º ano do fundamental e já estou farta. Não tenho alunos. Tenho clientes! Quando lhes digo para pegar o livro de leitura, sempre há aqueles quatro ou cinco que não se mexem, e, quando repito a ordem, ouço uma que responde: 'Não tô com vontade. Prefiro desenhar', e outro que me pergunta quando vamos aprender um poema. O mais terrível é que, quando me queixo deles aos pais, eles retrucam que, se as crianças se comportam assim comigo, é porque tenho pouca experiência."

Ao tratar das condições que permitiram a uma criança investir o mais corretamente possível a vida que lhe foi transmitida, fui mais longe ainda em minha pesquisa sobre a definição de "pais". Até agora, foi-

-me impossível encontrá-la recorrendo apenas às inúmeras características que explorei. Essas características, por sua natureza e pela maneira como podem se combinar, são tão variáveis que fazem de cada pai ou mãe o que eles são, e outros não são, cujo modo de intervir no futuro dos filhos lhes é próprio e está sempre em descompasso com o que se esperaria deles. Por isso, Freud tinha razão em dizer que eles só podem "fazer mal". Não poderíamos então, afinal de contas, defini-los somente a partir disso e dizer que "pai ou mãe é alguém que deixa a desejar"[28]? Necessariamente, é claro. Eles não deveriam fazer outra coisa, aliás, senão isso: deixar a desejar.

Tudo isso evidentemente não explica por que as condições que acabo de descrever, não sem deixar de acompanhá-las com palavras que ressaltam sua coerência, não são tão fáceis de aplicar como imaginaríamos. E assistimos até à promoção triunfante de sua contestação.

Existem várias razões para isso.

A primeira relaciona-se ao que eu chamaria – com toda a deferência – a animalidade das mulheres, aquela "natureza" da definição lévi-straussiana do casamento. A relação delas com a criança é mais próxima do que imaginamos com a das fêmeas mamíferas. São suas vísceras que falam, e quando são as vísceras das mulheres que falam, sejam essas mulheres intelectuais[29] ou não, sua razão torna-se surda e silencia, a tal ponto que podemos vê-las usando de uma má-fé surpreendente, tanto mais quanto são capazes de negá-la, mesmo quando demonstrada diante delas. Se não fosse assim, teriam elas aceitado, ao longo de toda a sua história, arriscar a vida para procriar? Faz pouco mais de meio século que o espectro da morte desertou as salas de parto. As companhias de seguro, cuja ciência do risco nós conhecemos, passaram a assimilar a morte materna durante o parto a um erro profissional, mas nem por isso a psique das parturientes ficou livre dessa obsessão. Ora, quando se corre um risco de tal amplitude, considera-se

---

28 Não sou o autor dessa definição, cuja ambiguidade aprecio e à qual adiro sem reservas. Ouvi-a, nos termos exatos em que a reproduzi, enunciada por Pierre Marot, psicanalista de Tours, durante nosso encontro de 20 de novembro de 2007. Gostaria que ele soubesse que lhe sou tão grato por ela que me permito tomá-la de empréstimo.

29 As mães infanticidas cujos casos foram relatados pela mídia nos últimos anos eram todas, pelo que me lembro, de um nível intelectual elevado.

que isso dá direito a uma compensação. E já que é assim, melhor usufruir sem demora!

A segunda razão – sobre a qual já falei, mas que retomo nesta enumeração – deve-se às mudanças em nossas sociedades. Em um seminário recente sobre a criação de empresas, o responsável pela formação explicava que a única condição capaz de garantir atualmente a durabilidade de uma empresa não era, como havia sido até hoje, a identificação de uma necessidade, mas a de uma frustração[30] (*sic*). Nossas sociedades, que identificaram há muito tempo a frustração das mães, regalaram-se ao persuadi-las da validade de sua propensão natural. E pouco lhes importava se, ao fazê-lo, afrontavam a lei da espécie. Foram elas que tudo fizeram para alçar a criança ao ápice da pirâmide familiar e sujeitar seus pais a ela, dando a entender não só que ela estava sob ameaça de todos os lados (ah! os processos por pedofilia, os assassinatos, os desaparecimentos de crianças, os riscos domésticos, o princípio de precaução etc.!), como também que ela era genial. Ela seria, aliás, tão naturalmente dotada em todas as coisas que, mesmo quanto ao ensino que lhe deveria ser ministrado, bastaria acompanhá-la na descoberta de seu saber! Um meio admirável de estupidificá-la, a fim de torná-la ainda mais sensível aos sortilégios do que a publicidade lhe propõe.

A terceira deve-se ao fato de que nossos governantes, a quem todos se sentem autorizados a pedir tudo e de quem todos se sentem autorizados a exigir tudo, como fariam diante da mãe, aprovaram as escolhas da sociedade de consumo. Tanto é que, em nome de um ideal democrático que conseguiu fabricar, no plano do casal, uma estranha democracia a dois, retiraram todo o apoio ao pai. Quando, em maio de 1998, o juiz Brunel entregou a Lionel Jospin, em resposta a seu pedido, um relatório sobre a origem da violência nas periferias, seu diagnóstico foi claro e peremptório: carência de pai. Quando vemos a solução implementada para resolver essa carência – uma caderneta de paternidade e quinze dias de férias concedidos ao pai –, só podemos ficar pasmados e pensar que ou ninguém entendeu nada a respeito do problema, ou nada se quer fazer em relação a ele. O que, aliás, dá no mesmo!

---

30 Louis Dessaix, comunicação pessoal.

A quarta razão, enfim, apesar de menos determinante, embora temível, por vezes, em seus efeitos, enxerta-se nas três anteriores. Reside no prolongamento da duração da vida, o que faz com que muitas vezes os avós sejam vistos intervindo excessivamente na vida dos jovens pais. Como a relação da jovem mãe com sua própria mãe costuma servir-lhe de auxílio, são os avós maternos, como no caso da minha jovem parturiente, que vemos confiscar sem pudores da filha e de seu companheiro – e sempre em nome daquele amor evocado a propósito de tudo! – a posição de pais, o que provoca automaticamente uma alteração do equilíbrio já precário do casal e da transmissão à criança de suas respectivas histórias.

Não irei mais longe no desenvolvimento desses pontos, sobre os quais me estendi em obras anteriores[31]. Se me refiro a eles aqui, é para que se possa avaliar a extensão dos estragos e para que se compreenda como e por que se produziram. Não se deve imaginar, contudo, que eu me comprazeria com um papel de Cassandra ou que defendo um retorno ao patriarcado.

Já propus, para a resolução do problema, uma solução realista[32], bem fundamentada e muito simples, que levaria em conta o conjunto de parâmetros da situação. Ela equivaleria a propor uma mudança na palavra de ordem adotada atualmente por nossas sociedades: de "a criança primeiro" para "o casal primeiro". Mostrei como, ao investir a relação com sua mulher, um homem a tracionaria para uma feminilidade que sua condição de mãe põe em risco, se não de desvanecer-se, ao menos de ficar profundamente amortecida. O reinvestimento dessa feminilidade por parte da mãe recente, pelo fato de distraí-la da maternidade, em vez de permitir que ela seja fagocitada por essa condição, cria nela as condições de aplicação mínima e quase automática de uma frustração própria e de uma frustração da criança. Isso equivaleria a fazer com que essa mãe emitisse, para a criança, uma mensagem implícita segundo a qual ela não é apenas mãe e a criança deve se adaptar a isso: outra versão do "não se pode ter tudo". É exatamente o que profes-

31 *Une place pour le père*, op. cit.; *Parier sur l'enfant*. Paris: Seuil, 1987, e Odile Jacob, 2001; *Les Pères et les Mères*, op. cit.

32 *Les Pères et les Mères*, op. cit.

sava Michael Balint[33] quando ele nos dizia, por volta de 1970, que "a saúde das crianças se fabrica na cama dos pais". Do meu lado, adaptei essa formulação para oferecê-la aos pais que frequentavam meu consultório, dizendo-lhes de um modo igualmente figurado que "um filho está sempre sendo gerado".

Apesar do sucesso da obra na qual propunha minha solução e da quantidade considerável de reações que ela desencadeou – entre as quais algumas cartas de insulto –, não tenho ilusões quanto à difusão de minha proposta e menos ainda quanto a sua aplicação. E não apenas em razão da lentidão extrema das reações, mas porque a quantidade de interesses que ela ameaçaria é considerável e porque a preguiça que afeta as engrenagens de nossos corpos sociais é consternadora. Há mais de trinta anos, por exemplo, demonstrei o quanto a denominação "Proteção materna e infantil" era nociva, sob muitos aspectos, a uma instituição bastante louvável, que realiza um excelente trabalho de terreno. Todas as vezes em que toco no assunto, dão-me razão. Mas nada se altera.

É por isso que nesta obra, destinada a encorajar a correção dos graves defeitos de educação que prejudicam as crianças nos dias de hoje, trato longamente de elementos que poderiam ser considerados estranhos a elas, mas que não o são de modo algum. De fato, como poderia conferir a mínima credibilidade à minha iniciativa se não tivesse mostrado, como espero ter conseguido fazer, a extrema necessidade da frustração, pelo fato de ela constituir o substrato sem o qual ninguém pode se sentir plenamente vivo, e que a educação é o único meio – excelente, aliás – de reforçar essa opção.

Não sou ingênuo a ponto de imaginar, no entanto, que minha iniciativa será vencedora das urnas ou que não enfrentará resistências e denúncias. Não imagino de modo algum ser capaz de modificar as convicções daqueles cuja opinião é oposta à minha ou de influenciar a psique de quem quer que seja. Gostaria apenas de dar, àqueles a quem o discurso ambiente mergulhou na confusão ou na hesitação, referências capazes de ajudá-los. Essas referências são simples, elas existiram

33 Psicanalista de origem húngara, aluno de Ferenczi, que trabalhava em Londres e havia fundado os grupos que traziam seu nome. Ele dirigiu, diversas vezes, o grupo que eu frequentava nessa época no Hôpital des enfants malades.

e nunca deveriam ter desaparecido, sobretudo porque durante muito tempo surtiram efeito. Mesmo que tenham sido elaboradas de modo empírico, revelaram-se profundamente adaptadas aos recursos e ao destino do ser humano, que nasce na dimensão dispendiosa da pulsão e morre preocupado em economizar o mínimo suspiro, depois de uma vida dedicada à busca, junto a seus semelhantes, de respostas às perguntas suscitadas por sua condição.

Depois de ter exposto os princípios sobre os quais elas repousam, pretendo retomar essas referências do ponto de vista do nosso ambiente e explicitá-las a cada vez, para que não se pense que minha intenção é impô-las de uma maneira qualquer.

4. O QUE SE OPÕE ATUALMENTE À EDUCAÇÃO?

O que se opõe atualmente à educação?

Muitas coisas, poderíamos dizer, se não tudo!

A própria criança pequena não se presta a isso espontaneamente. Repleta de uma energia considerável e colocada a serviço exclusivo de suas pulsões, ela é dispendiosa, ferozmente centrada em si mesma, estritamente ignorante do outro, e tanto mais demoradamente renitente em aceitá-la ou investi-la quanto mais tempo ficar agarrada à mãe.

A mãe, que, sem dúvida alguma, concebe a necessidade da educação e concorda com ela, mas que não consegue deixar de adiar o momento de colocá-la em prática. Ela viveu a gestação de modo tão intenso que tem uma dificuldade enorme de aceitar seu fim[1]. E só sai de seu dilema quando, por sua tenacidade, consegue tecer em torno da criança um útero virtual perene extensível ao infinito.

A mensagem social que, faz algumas décadas, exalta esse engate duplo e estimula a mãe e a criança a permanecerem estreitamente ligadas e a considerarem-se mutuamente como única referência.

A aura da ciência e a da certeza que resultou dela. Ao oferecerem ao pai um papel secundário no futuro dos filhos e convidarem-no a calcar sua vivência, suas reações e até seu comportamento nos da mãe, elas o reduziram exclusivamente a sua condição de genitor.

---

1 Essa situação talvez tenha sido agravada pela prática sistemática da peridural. Foi uma hipótese que levantei uns vinte anos atrás, quando chamei a atenção para o fato de que, de todas as dores conhecidas, somente a dor do parto parecia não ter a mínima função. Ouvi muitas mães que haviam parido por cesariana com anestesia geral dizerem que, por vezes, precisaram de anos para perceber que de fato haviam posto a criança no mundo. Perguntei-me, então, se a dor do parto não se destinaria, como uma intermediária, a inscrever profundamente na psique da mãe a realidade da expulsão da criança.

Os progressos da medicina, que, ao inovarem no domínio da procriação, alteraram suficientemente as referências tradicionais para afrontar as noções de lugar, posição e hierarquia criados por elas.

A profunda mutação da paisagem social, que assiste à queda de popularidade do casamento, ao crescimento dos índices de divórcio, à multiplicação das famílias recompostas e àquela, ainda maior, das famílias monoparentais, um conjunto de elementos que assume a aparência de uma evolução considerada libertária, a qual, com o tempo, desqualifica e condena a instituição familiar.

Os efeitos colaterais da democracia, alguns dos quais eliminaram toda referência à verticalidade ou a uma escala qualquer de valores, e que sustentam que "tudo equivale a tudo e nada equivale a nada". "Educação, para quê?" é quase o que ouviríamos, no mesmo tom empregado por Goering quando declarava que a palavra "cultura" lhe fazia sacar o revólver! A infantolatria não ensina, afinal de contas, que a criança é perfeitamente capaz de encontrar sozinha seu caminho? E que não é necessário fazer a mínima diferença entre a "pessoa" que ela é e um adulto qualquer? Isso porque aceitar essa diferença equivaleria a apoiar, junto com a diferença entre gerações, a diferença entre os sexos, cuja inanidade foi demonstrada pela recente teoria dos gêneros[2]...

A banalização da perversão, que, no contexto que acaba de ser descrito, tornou-se comum[3]. A apologia do prazer, do "gozar sem entraves", que o movimento de Maio de 1968 colocou em órbita, continua de fato a dar frutos[4], estimulando cada um a instrumentalizar o outro e se deixar instrumentalizar igualmente por ele, a fim de que se enriqueçam mutuamente, nesta vida curta demais e reduzida exclusivamente a sua duração, com um gozo[5], isto é, com um *ter* que suplantou definitivamente o *ser*.

---

2 Ao reconhecer exclusivamente o aspecto social do sexo, essa teoria, elaborada nos Estados Unidos nos anos 1970, tem por objetivo repensar a organização da sociedade segundo os modelos homossexual, bissexual e transexual.

3 Uma breve referência ao título do livro esclarecedor de Jean-Pierre Lebrun, *La Perversion ordinaire*. Paris: Denoël, 2007.

4 "Gozar sem entraves" era um dos temas dos *Rencontres de Pétrarque* da rádio France Culture em julho de 2007. Pelo fato de ter dado um parecer cético e crítico sobre a questão, fui tratado como "homem de extrema direita" por um dos participantes do programa.

5 No sentido notarial do termo.

O lugar conferido ao próprio inconsciente – portanto, ao inalcançável – no comportamento dos sujeitos. Graças a ele, cada um sabe agora, quando isso lhe convém, como se eximir da responsabilidade, como absolver a si mesmo do pior de seus comportamentos e até como chegar ao ponto de recusar os argumentos da racionalidade, tanto quanto os da realidade mais objetiva.

O excesso de informações, fonte de uma tal confusão que já não permite atribuir valor maior a esta ou àquela opinião. A tal ponto que todos se sentem não somente autorizados, mas também justificados a agir como bem entendem, a ter uma opinião sobre tudo e mesmo a defendê-la, na impossibilidade de fundamentá-la, com base num direito imprescritível a ela, direito ao qual se aferram como a um centro nevrálgico de sua dignidade. Do lado dos bens de consumo, testes de todos os tipos disseminaram-se e garantem o sucesso de inúmeras revistas, e até de associações ou empresas. Apesar da multiplicação dos *sites* que lhes são dedicados, os *sites* voltados para o aconselhamento de pais ainda não surgiram. Mas isso não deve demorar. E é quase certo que serão as oficinas mais liberais e permissivas – exigências dos nossos tempos: neles todos são bons, todos são amáveis! – que receberão as melhores notas.

Enfim, o princípio do respeito absoluto dos direitos – que, como resultado desse conjunto de atitudes, desviaram até mesmo essa noção! – e em particular do direito de cada um de agir e se comportar como bem entende e de ter aquilo que, na sua opinião, lhe é devido. Houve, entre outros, o direito à informação, o direito à saúde, o direito à segurança, o direito à felicidade, e agora existe o direito de agir de acordo com o próprio desejo. Sem contar o recém-chegado direito de ter filhos, ao qual se aferra uma minoria ínfima, mas combativa, que chega a se fazer ouvir nesse ponto, recusando-se a assumir o fato de que sua orientação sexual possa privá-la disso.

Isso pode ir muito longe, como no caso da mulher que se descobre aidética depois de uma breve aventura. Ela não só decide não dizer nada ao marido, como pede a ele que lhe dê um filho. Sua atitude não muda por ocasião do nascimento do bebê, quando é preciso hospitalizá-lo imediatamente para que receba, por perfusão, o tratamento que sua condição exige. Ela exige dos médicos que eles não informem o ma-

rido sobre sua situação e que inventem uma história para ele. E obtém ganho de causa, porque o Comitê de Ética, apesar do auxílio de filósofos e juristas convocados para refletir sobre o caso, não foi capaz de encontrar outra solução para o impasse.

Em nome do respeito absoluto pelo segredo profissional ao qual ela efetivamente tem direito, essa mulher coagiu médicos a encobrir sua conduta e continuará a perpetrar com serenidade o que se assemelha estranhamente a uma tentativa de assassinato de seu marido. Mas com que direito, e em nome de que censura ou de que outra coisa, poderíamos nos ter autorizado a obrigá-la a mudar de atitude? Seu direito não prima sobre todos os outros?

Seu direito de deixar uma vida atrás de si? Como outra mulher, toxicodependente em alto grau, portadora de aids e hepatite C, a qual, sem nada esconder de seu estado de saúde – traído por seu aspecto cadavérico –, consegue ser beneficiada com um dom de óvulo e uma inseminação artificial que lhe permitem, antes de morrer no período de pós-parto, pôr no mundo um bebê prematuro em estado de desespero por falta da droga que ela se havia recusado a parar de consumir.

Ele insistia que a mulher deveria ter um segundo filho logo depois do primeiro, um menino. Mas, assim que ela pôs no mundo uma garotinha, ele lhe propôs um negócio equitativo: permitiria que ela cuidasse exclusivamente da menina, enquanto ele se encarregaria inteiramente do menino, ao qual já havia conseguido se tornar indispensável. A mãe teve de dar entrada num pedido de divórcio, cuja instrução levou algum tempo, que o pai utilizou para reforçar seu lugar junto ao filho, com o qual compartilhava sua cama havia alguns anos, a tal ponto que a criança não parava de repetir para os coleguinhas do maternal e as professoras que seu "papai" estava "muito triste e chateado" e que precisava "cuidar dele".

Quanto a este outro, não tinha talento para negócios. Foi mais sorrateiramente que ele agiu, comportando-se em todos os pontos como um pai modelo – em outras palavras, como uma perfeita mãe-bis –, não se recusando nem a compartilhar tarefas nem a permanecer na creche. Até a semana que se seguiu ao fim do desmame: certa manhã, ele desapareceu, levando o filho para um país longínquo onde a mãe nunca conseguiu reencontrá-lo.

Diante desses casos – os dois primeiros me foram contados recentemente, durante um encontro profissional –, fiz uma observação e uma pergunta para mim mesmo.

Minha observação dizia respeito ao primeiro em particular e à revolta unânime dos membros da equipe que teve de se encarregar dele. Fiquei surpreso que ninguém tenha pensado em enxergar ali uma ilustração – impressionante, é verdade, porque extrema – da guerra entre os sexos, cuja versão masculina pode ser encontrada nos dois últimos. O fato de essa mulher intentar à sua maneira assassinar o pai da criança seria tão diferente assim do que fazem tantas outras mães quando, cansadas de um amor que já não é alimentado pela paixão[6], demitem deliberadamente o pai de sua função e fecham-lhe os caminhos da transmissão de sua história? Caucionar essa diferença equivale a ignorar deliberadamente que a proibição do assassinato, que visa ao assassinato real, nem por isso desculpa o assassinato simbólico!

A pergunta que me propus foi que tipo de crianças foram essas duas mulheres e esses dois homens, que tipo de pais eles tiveram e como estes os educaram.

De fato, todas as vezes que pessoas agem assim, em detrimento do simples bom-senso e, mais ainda, em detrimento do direito do outro de existir por si, isso demonstra um estado de espírito cuja raiz, que permaneceu viva, se situa numa etapa da primeira infância que não foi resolvida, e muito menos superada. Nesse caso, trata-se muito precisamente da onipotência empunhada pela criança contra aquela que, de acordo com sua percepção, a mãe possui. As mães dessas duas mulheres devem ter sido perigosamente masoquistas, se as obrigaram a permanecer agarradas por toda a vida a essa onipotência e permitiram que

---

6 Quanto a esse ponto preciso, o discurso que esboço não pretende exonerar os pais quando eles se servem do mesmo argumento para se separar da companheira e da criança. O caso deles – que, se levarmos meu raciocínio adiante sem nuanças, equivaleria a um "suicídio" – não pode, contudo, ser sobreposto ao anterior. Em razão da assimetria das posições diante da criança, ele poderia equivaler, para o pai, a uma tentativa de encontrar outra via de transmissão de sua história e outra criança a quem transmiti-la.

acreditassem que nunca deveriam se desligar dela. Não irei mais longe, porque a hipótese me levaria à transmissão do comportamento agressivo entre mães e filhas – o que explorei suficientemente em outro lugar[7] e estimo que não preciso voltar ao assunto. Quanto às mães dos dois homens, por sua vez, podemos imaginar que atuaram a partir da vertente sádica da relação. Isso demonstra, nos dois casos, uma vida de criança em que a parte paterna não desempenhou sua função protetora.

De qualquer modo, a pergunta que formulei a mim mesmo diante desses casos não foi inoportuna.

No âmbito do catálogo, não exaustivo, que acabo de fazer para estabelecer a lista de obstáculos com os quais uma tentativa de educação pode atualmente deparar, achei-a inclusive pertinente. A tal ponto que me alegrei com o que vivi profissionalmente e me parabenizei por ter sempre procurado, e por vezes conseguido, ao longo de minha carreira, instruir os pais que frequentavam meu consultório a respeito das armadilhas de suas histórias e das armadilhas do mundo no qual haviam posto seus filhos.

Elogio da frustração

Aconteceu-me com frequência, nesses diálogos, de evocar algum dos diferentes pontos cuja lista acabo de fazer e de descobrir que os jovens casais com os quais conversava eram de uma ingenuidade que poderíamos considerar das mais comoventes, se não fosse motivo para preocupação. Afinal, por quais estreitos ângulos olhavam eles para si mesmos, e para a paisagem? Pelo ângulo de tudo que percebiam como tranquilizador – seu amor mútuo, sua felicidade recente, seus empregos mais ou menos satisfatórios, suas vantagens sociais, o enternecimento que sua condição inspirava, os benefícios que eles extraíam disso e a perspectiva que ela lhes abria. Aninhados como estavam, não imaginavam que seu casulo pudesse um dia ser parasitado pelo retorno de suas histórias ou abrir-se e arremessá-los, tanto eles quanto os filhos, na dura realidade do entorno. Todo o meu trabalho consistia en-

---

7 Aldo Naouri, *Les Filles et leurs mères*. Paris: Odile Jacob, 1998, e "Poches Odile Jacob", 2000.

tão em esboçar, com pinceladas sucessivas, por ocasião das etapas da evolução da criança e da descoberta de sua realidade, o longo prazo de seu empreendimento. E tinha consciência, ao fazê-lo, de que os levava a formular uma pergunta fundamental: o que fazer para que essa criança possa, sem muitas dificuldades, inserir-se e inscrever-se mais tarde no mundo adulto ao qual está destinada?

É uma questão com a qual me senti envolvido quando decidi me encarregar da pergunta que bem cedo ouvi despontar no discurso dos pais a respeito da educação da criança. Seria preciso empenhar-se para torná-la um ser bom e profundamente moral, com base no modelo de Rousseau? Ou será que valia mais fazer dela uma espécie de "simpática pilantra", capaz de se sair bem em qualquer circunstância? Fazer dela um carneirinho não seria, no longo prazo, um favor prestado a ela. Seria inclusive transformá-la em alimento para um ambiente social que seguramente não lhe daria nada. Um pilantra, mesmo "simpático", também não poderia consistir num objetivo em si! Isso equivaleria a agravar deliberadamente a situação já bastante deplorável para a qual, a meu ver, deveríamos prepará-la. A solução que se impunha tampouco poderia ser uma mistura de ambas as opções. Era preciso construir um ser que fosse o melhor possível, mas suficientemente sólido para inserir-se na humanidade sem se deixar destruir por aqueles entre seus semelhantes menos dispostos que ele a fazer o mesmo. Isso equivaleria efetivamente a prepará-lo, isto é, a mergulhá-lo o quanto antes, sem violência mas também sem hesitação, na realidade de seu entorno imediato, para permitir que adquirisse uma boa noção dele, se acostumasse com ele e se adaptasse a ele.

Ora, qual é a primeira realidade que a criança terá de enfrentar?

O fato, se isso não lhe tiver sido ensinado cedo, de que não está sozinha no mundo, de que está mais longe ainda de ser o centro do mundo, de que não tem direito algum a essa pretensão e de que nada, estritamente nada, lhe é devido.

Um horror! O pior de todos. Um horror contra o qual a criança pequena urra e se atira no chão, diante dos caixas dos supermercados, porque a mãe lhe recusou a chupeta ou o carrinho que o filho de repente quis. O horror combatido sem tréguas e com uma energia surpreendente pela criança tirana que reina, com seus caprichos e de modo absoluto, sobre as pessoas próximas.

E que horror é esse? Do que ele é feito, para gerar uma violência tão grande e ser a tal ponto resistente a qualquer garantia? Da pior coisa que existe! Da pior ameaça que se possa imaginar ou ainda experimentar: a da morte iminente!

Sentimos alguma dificuldade em acreditar nisso e é fácil imaginarmos que esse argumento não estaria totalmente isento de um componente manipulador.

No entanto, isso é simples de entender. A mensagem que foi transmitida de mil maneiras a essa criança tirana corresponde, de fato, ao contrário do que ela deveria ter ouvido. Foi-lhe dito, ou dado a entender, que ela era o centro do mundo, que nada deveria ou poderia atingi-la, que ela tinha direito a tudo e que tudo lhe era devido. Bem mais do que apenas transmitida, essa mensagem foi incessantemente renovada e reforçada pela concessão ininterrupta de prazeres gratuitos e sem número, todos vividos pela criança como provas concretas e verificáveis. Tanto que a mínima violação da aplicação das modalidades dessa mensagem equivale para ela, nem mais nem menos, a um desmentido. Ela se vê então brutalmente confrontada com o decurso do tempo, nunca antes percebido por ela, porque esse decurso foi sempre mascarado pelo prazer que lhe era oferecido. Ora, não existe nada de mais ameaçador que esse tempo ao qual ela já se havia defrontado, por volta do fim do primeiro ano, quando descobriu a morte e, como seu possível agente, a mãe! O transcurso do tempo traz essa morte de volta, instantânea e maciçamente: a morte está bem ali, sem disfarces; ela é perceptível, a criança sente-a, acha que vai se abater sobre ela! O que pode fazer contra isso, senão se debater e urrar com o terror que está sentindo?

É nesse ponto que intervém a noção essencial da frustração, sobre a qual já falei e à qual volto sem descanso e em todas as oportunidades ao longo desta obra.

Já disse que, quando ela é aplicada no âmbito simbólico, nada pode afetar seu efeito, nem mesmo a concessão de inúmeros prazeres. Mas essa aplicação no plano simbólico é hoje mais difícil do que nunca, pois só pode intervir pela emissão de uma mensagem inversa àquela que habitualmente se emite, e à qual ninguém parece disposto a renunciar. Essa mensagem, é preciso que se repita, consiste para a mãe em comunicar à criança que ela não é nem o centro do mundo nem o centro do seu mundo, porque o pai está presente, porque ela formou com ele um casal e porque esse casal virá sempre antes dela. Isso, diga--se de passagem, proporciona uma consciência ainda maior da importância do catálogo que fiz no início do capítulo.

Ora, a situação atual, tal como a descrevi, é realmente desesperadora. Concordo. E posso quase enxergar o sorriso divertido e compadecido que pairaria no rosto de meus colegas psicanalistas, dando-me a entender que até agora só consegui desmontar minuciosamente as condições reveladoras do fato de que os dados estão sempre viciados e de que tudo já está definido antecipadamente para cada um de nós. Se eu admitisse esse ponto de vista, não seria o médico a quem esses mesmos colegas pedem para vacinar seus filhos contra a poliomielite e contra tudo que possam contrair dessa natureza. Tampouco seria alguém que passou seu tempo aconselhando-os a cuidar tanto, se não mais, dos pais das crianças de quem cuidam! E isso se tornou uma urgência, porque se não permitirmos que os pais atuais "amadureçam, mesmo um pouquinho, mentalmente", decidindo-se a abandonar a infância na qual seus próprios pais os encerraram, é a uma infantilização mais radical ainda da sociedade inteira que vamos assistir.

Eu postulo que existe, entre a mensagem atual e a mensagem oposta, cuja transmissão se tornou impossível, uma via intermediária, a educação, que preserva um mínimo, se não o essencial; algo que os pais que admitem seu princípio sabem avaliar, que eles buscam e cujos resultados apreciam, pelo fato de descobri-la, por meio da função fundamental de seus filhos, como reparadora de suas próprias histórias.

Essa via teria todas as possibilidades de produzir os efeitos positivos em larga escala se fosse aceita como tal, e sobretudo mais bem transmitida e difundida a partir das verdades elementares fáceis de admitir, porque muito bem comprovadas.

Como, por exemplo, o fato de que, em nossas sociedades, uma criança não é um ser frágil que pode morrer por uma coisa à toa. Ela é, ao contrário, um ser formidavelmente sólido, que reage admiravelmente aos tratamentos que lhe são administrados quando lhe acontece de ficar doente. Essa verdade elementar dissiparia radicalmente o medo que sentem as mães, e lhes serve de álibi em sua empreitada de superproteção dos filhos. É verdade que ela se chocaria contra o princípio de precaução que, entre outros "parapeitos", já não permite que uma criança ocupe o banco traseiro de um veículo sem ser atada por um cinto de segurança, nem que ela circule, até mesmo num triciclo, sem usar capacete! Bastaria levar em conta o caráter tóxico desse tipo de atitude e zelar para diferenciar doença e acidente.

Outro exemplo consistiria em difundir amplamente[8] que uma criança, porque ela precisa disso, deve ser disciplinada, "contida", como diz Winnicott; devem ser-lhe fixados limites, porque ela suporta perfeitamente o teste da frustração que é obrigada a sentir nesses casos: esta lhe dá, repetidamente, a consciência de estar viva e de ser parceira, numa magnífica aventura de vida, de pais tranquilizadores que conhecem as coisas para ela.

É verdade que as campanhas publicitárias de tevê que promoveriam essas mensagens não teriam um impacto numérico imediato, tal como as que martelam "antibiótico, não é automático"*. Os seguros sociais deveriam, no entanto, pensar a respeito, porque, com o tempo, isso lhes faria economizar muito. É verdade que, para tanto, seria preciso que as autoridades não se perdessem no quebra-cabeça da linha orçamentária à qual teriam de atribuir essa despesa e que compreendessem, principalmente e antes de tudo, a que ponto o estado de saúde física de uma criança depende estreitamente da ansiedade ou da serenidade dos pais em geral, e da mãe em particular.

A educação, via intermediária da qual me faço o defensor, permitiria que a criança, na falta das condições ideais que a teriam preservado ainda mais, fosse distanciada dos estragos prometidos pelas condições em que foram colocadas atualmente.

Embora destinada a ter uma aplicação suave e gradual, como veremos a seguir, essa via depara, porém, com três obstáculos.

---

8 Estamos muito longe dessa perspectiva, a julgar pelo fato de que foi necessária uma intervenção ministerial para que um aluno do 6º ano do ensino fundamental, que chamou seu professor de "imbecil" e recebeu um tabefe como resposta, fosse suspenso da escola por três dias, enquanto o "educador" foi afastado de suas funções por um mês! O cúmulo da decisão complacente, sedutora e contraprodutiva – para não dizer outra coisa!

* O *slogan* "Les antibiotiques, c'est pas automatique" fez parte de uma campanha realizada na França, visando reduzir a prescrição indiscriminada de antibióticos. (N. da T.)

As invencíveis resistências maternas

O primeiro obstáculo reside na dificuldade manifestada pela mãe em aderir plenamente a esse caminho. Ora, como é a ela que a criança está ligada, nada, estritamente nada, pode ser feito sem seu consentimento. E como nada pode ser-lhe imposto de modo algum, uma grande parte do trabalho ao qual me dediquei durante minha prática consistiu em mostrar-lhe, repetidas vezes, como se pode perfeitamente estabelecer uma aliança entre o que ela sonha para os filhos no longo prazo e o que lhe é proposto para esses mesmos filhos na etapa em que se encontram no dia da consulta.

No entanto, mesmo quando preenchido e adornado por tudo que ele exige para ser convincente, esse discurso nunca consegue sê-lo de maneira total, e muito menos de uma vez por todas. Ele deve ser relembrado regularmente. Isso porque não são apenas as tendências naturais da mãe que explicam sua pusilanimidade, mas também a pressão dos diferentes fatores que assinalei: ela não pode ignorar os ecos desses fatores que chegam a seus ouvidos e que despertam suas resistências. Quando essas resistências estão enraizadas na sua própria história, com frequência constituem um obstáculo que nenhum discurso é capaz de vencer.

Ela sempre se recusou a entrar na sala de espera e permanecia na entrada do consultório, colocando sobre o filho as bordas do cobertor com o qual o havia agasalhado. Era-lhe indiferente ter de esperar, por vezes vários minutos, até que eu a recebesse em consulta. Estava simplesmente fora de cogitação para ela expor o filho aos miasmas presentes na atmosfera de uma sala em que talvez tivessem aguardado crianças contagiosas. Uma vez dentro do consultório, retirava metodicamente de sua bolsa uma série de panos que trouxera consigo. Estendia um sobre a balança de bebês, outro sobre a mesa de exames e o terceiro, dava-o para mim, para que eu secasse minhas mãos com ele depois de lavá-las. Ela me havia explicado que eram panos esterilizados, ao passo que os meus certamente não o eram, bastava ver a toalha de rosto que eu usava durante um dia inteiro. Por mais que eu lhe explicasse em detalhes o funcionamento da ecologia microbiana, nada mudava. Um dia, aproveitando a vinda de seu companheiro, tentei chamá-lo em meu socorro dando-lhe as mesmas explicações que dera a ela, mas tudo que obtive foi um levantar das sobrancelhas, como para indicar sua impotência. Mais um, pensei comigo, que se considera suficientemente feliz em ter a sua disposição um banquinho dobrável e provisório. Existem grandes chances de que, alguns meses ou alguns anos mais tarde, ela se queixe de que ele os abandonou, a ela e ao filho, por alguém que ela chamará de "gatinha"! Isso contribuirá para dar o retoque final em sua imagem de mãe exemplar e de mártir.

Outra se recusava obstinadamente a dar à criança a mínima gota de um leite que não fosse o seu. Eu não teria nenhum objeção a isso, não fosse o fato de que sua filha não bebia uma gota do seu leite. Nesse caso, o bebê estava perdendo peso, a tal ponto que, com seis semanas de vida, pesava menos do que quando nascera! Como eu a adverti sobre o perigo da situação, ela retornou na semana seguinte e me desafiou com um estratagema que lhe fora sugerido: de uma mamadeira, que ela pendurara no pescoço e na qual havia colocado cem gramas de leite de cabra fresco, saíam dois tubos finos de plástico cuja extremidade se juntava ao mamilo por um adesivo. O bebê sugava o mamilo, solicitando a lactação, e bebia um pouco de leite de cabra. Foi certamente o que lhe permitiu engordar trinta gramas em uma semana. Mas estávamos bem longe dos trezentos ou quatrocentos gramas necessários. Retomei então a questão, tocando também no estado de carência e de fadiga em que ela própria se encontrava, e insistindo novamente na gravidade da situação. Ela nunca mais voltou.

Retornamos uma vez mais ao problema do direito e da onipotência infantil sobre o qual falamos acima. Também nessa ocasião, discurso algum foi capaz de libertar o refém que a criança é. Quando digo "discurso algum", quero dizer que nenhuma dessas duas mães aderiu, por exemplo, à minha proposta de fazer uma visita a uma Maison verte*, e certamente nenhuma delas teria aceitado procurar um psicanalista. Eu mesmo, bem no início, tentei tratar da questão sob esse ângulo. Foi em

* "Casa verde", espaço criado pela psicanalista francesa Françoise Dolto, destinado a acolher pais e filhos e a propiciar ocasiões de socialização. O nome *Maison verte* foi dado pelas próprias crianças. (N. da T.)

vão. Isso demonstra, em todos os casos, sem que eu tenha feito disso um argumento ou um objetivo, que a preocupação que cultivo em relação à educação da criança não diz respeito apenas à criança e a sua inserção posterior no tecido social, mas também a sua descendência. É verdade que uma consideração desse tipo não tem grande importância quando se resume a vida exclusivamente à breve passagem sobre a Terra!

O círculo vicioso do medo

Ao lado de casos como esses, o medo que as mães costumam manifestar diante das perspectivas e das medidas que lhes são propostas tem como pretexto o medo que elas sentem pelos filhos. Um medo sem motivo preciso. Um medo incontrolável, conforme suas próprias palavras. Um medo que não trai nada de suspeito e nem sempre remete a um ponto particular da história delas. Podemos tranquilizá-las, tanto e como quisermos. Podemos afirmar-lhes e demonstrar-lhes que a criança, como já relembrei, é uma criatura sólida, maleável e dotada de uma faculdade de adaptação admirável. Não adianta muito. Seria preciso que a mensagem chegasse a elas na forma de um novo rumor – daí minha ideia de *spots* na tevê –, que apagariam aqueles que ainda circulam. De fato, trata-se de algo de outra natureza, situado em outro lugar.

O medo, com efeito, é contagioso. O medo engendra o medo e o alimenta. E o medo que se manifesta ainda hoje enraíza-se, a meu ver, no medo que, durante muito tempo, os altos índices de mortalidade infantil provocaram nas mães. Menos de um século atrás, um recém-nascido em cada três ou quatro corria o risco de morrer antes de um ano de idade. Nesse âmbito, as coisas se passam como em relação ao parto: o velho rumor, transmitido de geração em geração de mulheres, ainda não se extinguiu.

Tanto é assim que ele prepara o terreno para um medo onipresente na relação entre a mãe e a criança, e assume uma importância singular em dois grandes momentos da vida: os três primeiros anos e a puberdade.

A propensão para o medo é reforçada e legitimada pelo medo que a criança sente. Assim como, na puberdade, pelo medo que o adolescente experimenta. É esse medo na criança que dá medo, assim como o medo no adolescente o faz. E o medo que isso inspira no pai ou na mãe transpira por todos os seus poros e intensifica o da criança. E assim por diante, num círculo vicioso que se instala e se autoalimenta, produzindo um vaivém de lamentáveis efeitos sobre os parceiros.

Encontramos a prova disso no efeito imediato e quase miraculoso provocado pelo encontro de uma criança ou de um adolescente com um terapeuta. O que acontece num encontro desses, para que ele produza um tal resultado? Nada! Nada de extraordinário, em todo caso. Exceto que a criança ou o adolescente encontram alguém em quem o medo deles não provoca medo. E que o círculo vicioso é imediatamente rompido. Tanto é que eles conseguem colocar esse medo em palavras, sejam quais forem as deles. E, digam o que disserem, esse medo se esvazia, e acaba por desaparecer, graças à intrepidez do terapeuta.

Mas de que a criança e o adolescente têm medo?

Da única coisa que justifica que, em suas respectivas idades, ainda tenham medo dela: a morte! Ela de novo, e sempre ela!

A morte que eles nem mesmo conseguem nomear, tamanho é o temor que sentem de que, ao colocá-la rápido demais em palavras, ela se abata sobre eles!

Para o adolescente, esse velho medo que ele acreditava extinto, porque havia se esquecido dele, volta à tona em razão da etapa que está prestes a atravessar. Obrigado a abandonar uma infância que, de tanto desejar como eterna, acreditou que assim pudesse ser, ele se vê diante do dever de entrar nessa idade adulta da qual a morte é o quinhão! E vai se debater como pode, desenvolvendo por vezes alguns sintomas que desnorteiam e assustam seu entorno, o que desencadeia o famoso círculo vicioso. Em contrapartida, o encontro com a intrepidez do terapeuta que eventualmente vai consultar suscitará nele uma mensagem implícita, sugestiva de que se pode perfeitamente estar nessa faixa etária dos sujeitos destinados à morte e manter a serenidade; de que não há razão, em outras palavras, para ter tanto medo da morte. Observei, em minha experiência pessoal, que os pais dos adolescentes recebem muito bem esse tipo de explicação e conseguem, ao expulsar seu medo, cuja ausência de fundamento real eles compreendem, tirar proveito disso para si e para os filhos.

Já para a criança pequena, as coisas são diferentes. Para ela – basta retornar ao capítulo que lhe é dedicado –, o que desencadeia o medo é a descoberta, mesmo vaga, da existência da morte. Uma morte tanto mais aterrorizante quanto o universo ambiente é complexo e ameaçador. E também pelo fato de a mãe, até então admiravelmente prestativa, ter se mostrado mais de uma vez deficiente, a ponto de a criança imaginá-la como o próprio agente daquilo que parece ameaçá-la. A criança então decide, conforme expliquei, não entregar os pontos e empregar, contra a onipotência com a qual reveste a mãe, a sua própria.

Essa etapa de seu percurso tem uma importância considerável, e a atitude da mãe diante dela será determinante para o resto da vida da criança.

Se, encerrada em seu medo – inclusive o medo dos micróbios, como no caso da mãe fóbica que citei acima –, ela considerar que deve estar ao inteiro serviço da criança e se dobrar sem protestos aos seus menores caprichos, e até se deleitar com isso, instalará a criança definitivamente nessa convicção. Se ela pegar vinte vezes a colher que a criança não para de jogar no chão, ou acudir precipitadamente a cada um de seus gritos, a criança ficará convencida não apenas de ter percebido corretamente as coisas, de que a mãe realmente é quem ela pensava que fosse, mas também de ter toda razão em continuar a lançar mão de uma estratégia que considerará para sempre como a única conveniente para salvaguardar sua pessoa. Do quadro que acaba de ser retratado, pode-se inferir que as mães dessas duas mulheres que procriaram apesar de ter aids devem ter-se comportado, com um prazer transbordante, proveniente de um masoquismo perigoso, como mães... perfeitas e dedicadas!

Se, ao contrário, a mãe não se deixa levar pelo beiço e coloca de lado a colher assim que a criança a joga no chão pela segunda vez, se a mãe repreende a criança, mesmo um pouco, por sua conduta ou por seus gritos injustificados e destinados apenas a fazê-la desabalar, ela comunicará à criança, dia após dia, que ela está enganada a seu respeito, como está enganada quanto ao modo de agir que escolheu. De modo geral, ela saberá encontrar as palavras capazes de tranquilizar a criança e de fazê-la relativizar seu dilema.

Existem, é claro, inúmeras variantes intermediárias entre as atitudes extremas, e cada uma confere à criança sua coloração particular.

É também inegável que as inclinações das mães não são independentes dos dados da história individual de cada uma delas. Só se pode então lamentar o exílio do pai em seu banquinho dobrável e descartável e o convite que lhe é feito para ser uma mãe-bis ou, no máximo, um pai-José. De fato, isso priva a mãe da possibilidade que ela teria de questionar sua linha de conduta, de olhar dialeticamente para suas percepções e de mostrar implicitamente à criança o quanto ela se engana a seu respeito, já que existe o pai dela, esse terceiro ao qual ela se refere e cuja natureza não está propensa a permitir que ela faça o papel de mártir.

É, portanto, com a consciência da complexidade da paisagem das relações pais-filhos que aconselho todos os pais – se é que eles estão dispostos a me ouvir – a parar de ter medo dos filhos e a parar de ter medo de provocar medo nos filhos: os filhos não têm outros pais senão eles e saberão adaptar-se mais rapidamente às condições estabelecidas por eles se eles, pais, nunca puserem em causa essas condições.

Minhas palavras, mesmo que se dirijam a todos os pais, não têm em absoluto a intenção de convencer todos eles. Considero-as úteis, no entanto, àqueles, cujo número é crescente, que, desejosos de acertar, se mantêm numa hesitação que é prejudicial a eles e aos filhos.

"O senhor salvou minha vida", declarou-me à queima-roupa, ao fim da consulta, aquela mãe de um garotinho de catorze meses, enquanto eu escrevia a receita. Levantei a cabeça, espantado. De fato, nada, a meu ver, poderia explicar suas palavras: salvar uma vida já é tão raro, e uma vida adulta, salva por um pediatra! Como ela percebeu que eu esperava a continuação, logo disse: "Quando cheguei ao seu consultório, Clément tinha doze dias. E o senhor sabe qual ideia tinha passado pela minha cabeça enquanto eu atravessava a praça? Pensei em deixá-lo num cantinho da sala de espera e fugir para me jogar embaixo do primeiro carro que passasse ou do metrô." Era uma informação interessante, mas que chegava tarde, pensei comigo. Ela continuou: "Quando entrei no seu consultório, caí em prantos e lhe disse de cara que eu era imprestável, que não sabia por que tinha tido aquele filho, que não sabia nem como agir nem como me comportar em relação a ele, que eu era pior do que se podia imaginar. Quanto mais eu falava, mais tinha vontade de falar. E foi aí que o senhor me salvou a vida. O senhor se lembra?" Como não respondi, ela retomou: "O senhor me deixou falar até o fim e, num tom dos mais impassíveis, retrucou: 'De qualquer maneira, você é a única mãe que ele tem, e ele vai se virar com isso.'" Eu não lembrava de absolutamente nada dessa conversa, mas provavelmente foi assim que ela se desenrolou. Eu não havia dito nada de extraordinário. Dissera uma grande banalidade, que havia trazido de volta à realidade essa jovem mãe, perdida nos discursos imaginários provenientes de todas as direções.

O exercício da autoridade e a demanda de amor

Por mais banal que ele tenha sido, o tipo de discurso adotado diante dessa jovem mãe – e que ela reproduz depois de um ano – teria produzido um efeito determinante em seu comportamento.

Por que razão as coisas se passaram assim?

Não tanto por eu ser o pediatra que ela vinha consultar e que ela já investia a ponto de ter a fantasia de abandonar seu filho com ele. Mas porque eu disse, com palavras muito bem pesadas, uma verdade universal com a qual qualquer um poderia concordar.

Foi isso que "teve autoridade". Eu fui apenas o veículo de uma fala que a alcançou de maneira tal que ela pôde imediatamente fazê-la sua.

Ter autoridade diferencia-se de exercer a autoridade? Em caso afirmativo, de que maneira? Em caso negativo, em que residiria a diferença?

Ter autoridade é antes de mais nada ser autor reconhecido de um pensamento, de um discurso, de uma teoria, de um comportamento que se impõem por algumas qualidades. Mas o sentido vale também para uma informação ou uma fala que assumem o valor de verdade: durante muito tempo, foi esse o caso dos ditados, dos provérbios ou dos aforismos e com frequência também, e infelizmente, o do... boato! A tudo isso teríamos de acrescentar no dias de hoje a televisão, que parece conferir, ao que nela se vê e a quem nela se vê, uma confiabilidade e uma importância igualmente incontestáveis.

Exercer a autoridade é proferir palavras das quais se é inteiramente autor (o que estaria expresso em "autor"), uma palavra destinada a se impor a um interlocutor e que em geral se impõe a ele. Isso logo instaura entre os protagonistas uma hierarquia que um assume suficientemente para que o outro não tenha sequer a veleidade de discuti-la. É o que acontece entre o professor e o aluno, o patrão e os empregados, o chefe do departamento e seus subordinados, o policial e o automobilista que comete uma infração etc. Se não há sociedade que prescinda da autoridade em todos os níveis da organização, é porque foi graças a ela que a sociedade pôde se constituir e continua a se manter. Se a hierarquia decorrente disso é admitida por todos os seus membros, é porque cada um deles já vivenciou suas vantagens na relação aos próprios pais. É o que os anarquistas recusam quando atacam os fundamentos das sociedades em que vivem: investir contra a hierarquia aí reinante lhes permite, por tabela, investir contra a hierarquia dos pais, com a qual nunca acertaram as contas. Isso também explica o fato de a própria noção de autoridade ter fama tão ruim. Tanto num caso como no outro, trata-se pura e simplesmente de uma manifestação tardia da crença na onipotência infantil. Com que frequência os adultos a acusam por todos os males e condenam seu uso, preferindo-lhe, em nome de um comportamento civilizado e dos valores democráticos, as explicações e a negociação! Quando são encostados contra a parede, acabam mais cedo ou mais tarde por evocar os malefícios das ditaduras. Da parte deles, isso equivale a uma grave confusão entre autoridade e autoritarismo. Se o autoritarismo é condenável sem a mínima reserva, é porque ele abusa de uma autoridade que não tem razão de exercer sobre indivíduos maduros e detentores legítimos de livre-arbítrio. A autoridade que os pais devem exercer sobre os filhos se vê confrontada ao registro pulsional da criança: um registro estritamente impermeável à racionalidade e absolutamente inacessível às explicações e à negociação. Isso permite compreender que os anarquistas e outros paladinos da criança maravilhosa não defendem nada além deles próprios e do que neles resta dos velhos conflitos!

Ora, durante muito, muito tempo, os pais ocuparam seu lugar, exerceram sua autoridade e assumiram seu papel sem hesitação. Já não é o caso, ou quase não é o caso, mesmo com crianças pequenas. Por quê?

– Doutor, como posso fazê-la entender que chegou a hora de dormir quando ela me diz que quer continuar a ver televisão?

– É só desligar a televisão.

– Mas, doutor, ela mesma liga a tevê de novo!

Ao ler esse diálogo, poderíamos imaginar que essa mãe está diante de uma adolescente de 95 quilos, espinhenta e rebelde. Mas ela está falando de uma menininha de vinte e três meses que nem chega a pesar nove quilos!

Aquele pingo de gente já havia conseguido arrastar a caixa de brinquedos e colocá-la no centro da sala de espera. Depois disso, servindo-se de todas as almofadas das poltronas, fez uma pirâmide sobre a qual dispôs todos os brinquedos. Após o término da montagem, deu um grande pontapé. Tudo desmoronou num grande estrondo, que preocupou a secretária a ponto de ela ir ver o que estava acontecendo. Quando viu a bagunça em que a sala se havia transformado, falou firmemente com a criança, que foi se refugiar atrás da saia da mãe. Quanto a esta, que havia permanecido tão indiferente ao que o filho fizera quanto parecia sê-lo à bagunça, censurou a secretária argumentando que não se podia, afinal de contas, "impedir uma criança em todas as ocasiões de fazer o que lhe dá na telha".

No primeiro dos casos, a mãe que pede um conselho para que a filha passe a obedecer a ela não se serve espontaneamente de nenhum dos meios de que dispõe para alcançar seus objetivos. De fato, nada lhe seria mais fácil do que desligar a televisão, pegar a filha no colo e levá-la – com autoridade, eu ia escrever! – para seu quarto. Se ela não o faz, é provavelmente por várias razões: não está convencida de que é preciso que a filha vá dormir; tem medo de enfrentá-la e de... traumatizá-la; ela não fica brava com o fato de que sua filha tenha "gênio forte" (essa é a leitura, de graves consequências, que ela faz das manifestações de onipotência da filha); por fim, ela tem medo de desagradá-la e só tem um desejo: o de ser amada pela filha!

Esse desejo de agradar às crianças que praticamente todos os pais têm nos dias de hoje mina tanto mais o exercício de sua autoridade quanto eles se envolvem com frequência, repito, num verdadeiro concurso de sedução em relação a elas.

Quando eu tinha de explicar aos pais o erro que cometiam nesse aspecto, pegava uma folha de papel e a dobrava, para fazer uma espécie de ponte com parapeitos igualmente dobráveis. Eu lhes dizia que, para a criança, como foi o caso para cada um de nós, viver equivalia a atravessar com os olhos vendados uma ponte suspensa sobre um abismo. Eu dobrava então os parapeitos e representava diante deles a trajetória da criança nesse caso. Qualquer que fosse a direção tomada por ela, ela encontrava o abismo. E ficava tão assustada que voltava cautelosamente para a direção oposta a que havia tomado. E novamente encontrava o abismo. Como resultado, ela era invadida pelo mesmo pavor. Tanto que, uma vez mais, retrocedia. Depois de renovar suas tentativas algumas vezes, acabava por concluir que o melhor mesmo era ficar no lugar e parar de se mexer. Eu levantava então os parapeitos da minha dobradura e retomava as mesmas explicações. Mostrava que bastavam algumas tentativas para que a criança se sentisse segura de que, em quaisquer circunstâncias, seria preservada da queda no abismo. E isso lhe permitiria avançar sem hesitação no caminho da vida. Não se devem, portanto, eliminar os parapeitos de um lado ou de outro da ponte, mas, ao contrário, erigi-los e mantê-los firmes. Pode-se notar que essa explicação vale também para a atitude a adotar diante do exercício da onipotência por parte da criança.

O que, para a criança, dá fundamento à autoridade do pai ou da mãe é perceber a determinação deles em ir até o fim da confrontação e a sair dela vitoriosos. A metáfora do parapeito da minha dobradura representa a solidez que eles devem demonstrar.

Mas essa determinação pode apresentar falhas quando os pais duvidam da pertinência de sua ordem, isso quando não duvidam de si mesmos. Se é a ordem que está em causa, é melhor não dá-la e aceitar a situação tal como é. No entanto, os pais não devem jamais – jamais! – duvidar de si mesmos. A dúvida contra a qual lhes parece impossível defender-se provém de sua vivência da posição e do lugar ocupados outrora diante dos próprios pais e, mais tarde, diante dos outros. Em relação a isso, nada podem fazer. Podem, contudo, saber que, para a criança, eles são a referência suprema e que o lugar que ocupam é de suprema importância. São esses elementos que lhes permitirão exercer serenamente sua autoridade sem ser consumidos pela dúvida. O exemplo seguinte permitirá compreender isso.

Aquela mãe, professora de alemão, se debatia havia várias semanas com sua filha de aproximadamente trinta meses e não conseguia fazê-la usar o penico. Depois de esgotar os diferentes conselhos sobre o assunto, acabei por lhe perguntar se ela não percebia em sua maneira de agir uma hesitação que sua filha teria percebido e que a faria hesitar, ela também, em dar o passo que lhe era proposto. Ela me disse então, ruborizada, que efetivamente se sentia pouco à vontade no cumprimento de sua tarefa, porque ela mesma havia feito xixi na cama até os doze anos de idade. Chamei sua atenção para o fato de que, quando ensinava alemão a seus alunos, baseava-se em sua facilidade na expressão dessa língua e não ficava aturdida com a lembrança das lições que havia errado na época do ginásio. Sua enurese havia desaparecido e ela era perfeitamente capaz, no presente, de se controlar. Bastou estabelecer a relação entre os dois fatos para desfazer sua hesitação.

Sua filhinha adquiriu o controle esfincteriano nos dias seguintes, porque a mãe havia compreendido que não devia duvidar de si mesma em sua relação com a filha.

Resta saber quem é o agente dessa autoridade, quem a exerce e quem deve eventualmente estabelecer as proibições de que ela se serve.

A questão merece que nos estendamos um pouco, pois inúmeras ideias falsas circulam sobre o assunto. Para falar apenas de uma, a que pretende fazer do pai o enunciador constante de todas as proibições. Isso é correto em seu princípio, mas é falso na prática. É certo que o pai, faça o que fizer, é sentido como origem de todas as proibições, mas é falso que ele deva imperativamente decretá-las.

O recurso ao pai, o uso do pai e as intervenções dele devem ser empregados com parcimônia. Um pai é como uma pilha, ela se gasta e é melhor reservá-la para as grandes ocasiões. De fato, cabe à mãe estabelecer as proibições, enunciá-las e zelar para que sejam realmente respeitadas. Tarefa pesada e tarefa ingrata, como observavam aquelas a quem me aconteceu de dizer esse tipo de coisa. De modo algum, apesar das aparências, eu lhes respondia, e acrescentava que a tarefa era simples e, ainda por cima, eficaz. Explicava-lhes então que a comunicação imediata que elas tinham com a criança permitia-lhe compreender prontamente e sem ambiguidades a mensagem que lhe era dirigida, o que não aconteceria no caso da intervenção do pai; que elas não deviam esquecer que eram objeto de tamanho investimento por parte da criança que esta podia aceitar um desgosto com o único objetivo de continuar a agradar-lhes; que, se elas temiam, nesse aspecto, que o filho ou a filha deixassem de amá-las, deviam saber que o lugar delas na psique dos filhos é tão importante que eles estão condenados a amá-las façam elas o que fizerem, tornem-se elas o que se tornarem. Tanto é que, se eles tiverem de imputar seu dissabor a alguém, será sempre, e mesmo que ele não diga nada, ao pai.

Em decorrência da travessia da gestação, a mãe de fato constitui, para a criança, aquela que sempre satisfez suas necessidades e cuja vocação, por isso, é continuar a fazê-lo e a dizer "sim" a todos os seus pedidos. Tanto é que, quando lhe acontece dizer "não", não é sua natureza profunda que se expressa, mas algo que a obriga a fazê-lo e que provém seguramente de quem interveio entre elas desde que a mãe colocou a criança no mundo, aquele que foi designado como seu pai. Poderíamos resumir isso dizendo que todos os "nãos" que a criança ouve, seja qual for seu agente, lhe são comunicados em "nome" de seu pai. Essa atitude materna tem outra vantagem que se insere ainda mais profundamente no nível da psique: quando uma mãe diz "não" ao filho, emite implicitamente uma mensagem cujo conteúdo poderia ser escrito da seguinte forma: "Eu lhe digo 'não' em 'nome' de seu pai, a quem eu disse o 'sim' graças ao qual você existe." Isso contribui ainda mais para introduzir o pai entre elas.

Os pais nem sempre apreciam esse tipo de discurso, mesmo que ele os dispense de intervir, como são habitualmente aconselhados a fazer. Ficam até chocados de descobrir que são o alvo do ressentimento da criança. Eles também têm vontade de agradar a ela e de ser amados por ela. Eu os remeto então à sua experiência de filhos de seu pai, para que tomem consciência de que a raiva e o amor são o anverso e o reverso de uma única medalha; que o lugar deles foi feito para os expor ao ressentimento e à raiva cuja expressão por vezes percebem; que devem assumi-lo sem se deixar impressionar, porque, paradoxalmente, ele aumenta sua estatura e seu poder; e, por fim, que, se esperam ou mendigam amor, invertem a hierarquia de sua relação com a criança, comprometem seu futuro e se expõem, ainda por cima, a sua parcela de chantagem e de recusa.

Segunda Parte

OBSERVAÇÕES ÚTEIS

Talvez sejamos levados a constatar que as informações práticas contidas na sequência desta obra se inspiram uniformemente nas ideias apresentadas até agora. Nada de mais natural. Se, no entanto, tomei o cuidado de ilustrar essas ideias por diferentes aspectos do cotidiano da vida familiar aos quais elas se aplicam, foi para permitir que cada um encontrasse eventualmente as respostas precisas que procura e ficasse livre, assim, de suas hesitações.

O conjunto de conselhos propostos destina-se a instaurar na criança um mínimo de frustração, porque é isso que poderá entregá-la ao tempo, isto é, incluí-la na dinâmica implacável desse tempo, fazer com que ela o pressinta e depois, quando puder, que perceba seu transcurso, a fim de que se acostume a isso e de impedir que se apavore. Esses conselhos levam especialmente em conta o lugar dessa criança e sua fisiologia particular, mas sobretudo sua espantosa capacidade de adaptação: de fato, ela sempre sabe "lidar com" as condições que lhe são oferecidas e que para ela têm valor de verdade, pois não conhece outras.

É evidente que ninguém poderá receber esses conselhos, mesmo acompanhados de explicações, sem passá-los consciente ou inconscientemente pelo filtro que suas lembranças e sua história forjaram em seu interior. Em razão disso, alguns, se não muitos, poderão ser levados a rejeitá-los, a adaptá-los ou a adotá-los de modo relaxado, conforme respondam ou não às perguntas que permaneceram em suspenso. Mas devem saber que, seja qual for sua atitude, ela será sua e em nenhum momento o que eles farão ou aplicarão será sentido de outra maneira por seus filhos. Eu considero que me comportei como pediatra e adotei, em relação a eles, a mesma atitude adotada em relação aos pais dos meus pacientes durante minhas quatro décadas de exercício profissional: o mais profundo respeito por sua pessoa, acompanhado do respeito que me comprometi a ter pela pessoa da criança, com suas características próprias e expectativas que manifesta em relação a eles.

Neste caso, não tive a intenção de cobrir todo o campo da puericultura[1]. Meu propósito foi apenas intervir em aspectos nos quais as soluções consideradas pelos pais podem fortalecer a criança, como é desejável quando se tem a preocupação de educar, ou, ao contrário, contribuir para frear seu amadurecimento, que, no entanto, é declarado como aquilo que se deseja que ela alcance.

Dividi em três partes as questões recenseadas:

– questões que, por serem capazes de instaurar a frustração, merecem ser levadas em conta desde a primeira infância (zero a dois anos);

– questões que dizem respeito a outros problemas. Lidar com elas permite tanto compreender a linha de conduta que deve ser observada nessa etapa do desenvolvimento quanto saber como agir se a etapa anterior tiver provocado a manifestação de distúrbios que merecem ser levados em conta – porque tudo pode sempre ser recuperado;

– por fim, questões que dizem respeito aos pais quando eles por vezes se questionam quanto a suas atitudes diante de si mesmos, diante da criança ou do cotidiano.

É possível que o conjunto de questões, tal como se apresenta em cada parte, pareça surpreendente. Deixei-me guiar, de um lado, pela cronologia (o ritmo das mamadeiras vem antes da atitude a adotar diante dos caprichos...) e, de outro, pela incidência estatística prática dos pontos que analiso.

---

1 Foi o que fiz no livro *A criança saudável*, op. cit.

1. A EDUCAÇÃO COMEÇA NO BERÇO

Nunca é cedo demais para começar

A volta para casa

Se nos deixarmos levar pelas recomendações de todo tipo e pelas mensagens alarmantes semeadas por manuais, revistas e profissionais, a volta para casa se torna uma verdadeira provação, se não um pesadelo. Não se sabe no que pensar primeiro, entre fraldas, algodão, sabonete especial, produtos para o umbigo, termômetro, coleção eventual de mamadeiras e bicos de mamadeira, esterilizador, aquecedor de mamadeiras, balança para bebês, sabão em pó especial para roupas de bebês etc.

Essa é a primeira e a melhor oportunidade de tomar a direção certa, *pensando sem a mínima vergonha, e muito pelo contrário, primeiro em si, depois em si, depois ainda em si, e finalmente no próprio conforto pessoal*. De fato, essa é de longe a melhor maneira de começar a longa aventura. O simples bom-senso basta como guia, e a maior parte das instruções alarmantes dadas atualmente mostra-se então como deveria se mostrar quando se reconhecem seus contornos de *marketing*: como algo sem fundamentado e destinado apenas a cultivar o medo que torna nossos semelhantes mais fáceis de... manipular e, sobretudo, de governar.

Pode-se de imediato descartar a balança para bebês, que não serve para absolutamente nada, senão para angustiar, mesmo nos casos de aleitamento no seio.

Diga-se de passagem, é melhor nunca lavar os seios antes da mamada (como se recomenda) – sendo a ducha diária suficiente para garantir a higiene básica –, exceto se a intenção for provocar no bebê uma repulsa duradoura e sobrecarregar a prática do aleitamento. O bebê prefere de longe o delicioso odor natural dos seios, que ele sorveu durante todo o tempo em que foi banhado pelo líquido amniótico, ao cheiro horrível do álcool, que nunca matou nem um micróbio. Se lhe for oferecido um mamilo cheiroso, ele vai mamar vigorosamente e intensificará, assim, a secreção láctea!

Pode-se descartar também o esterilizador. A máquina de lavar louças é suficiente para lavar bem as mamadeiras, e duas ou três mamadeiras bastam. Se na casa não houver lavadora de louças, basta lavar as mamadeiras como se lavam pratos ou copos e enxaguar duas vezes, primeiro com água quente e depois com água fria. As prescrições hiper-higienistas já não convêm nos dias de hoje, quando os hábitos básicos de higiene se tornaram comuns. Os micróbios dos quais temos tanto medo combatem-se entre si e os do ambiente, inofensivos, são tão ciosos de seu território que o defendem admiravelmente contra invasores perigosos.

Quando não se é adepto fervoroso da água mineral, as mamadeiras podem simplesmente ser preparadas com água do filtro e aquecidas no micro-ondas – caso se faça questão de aquecê-las, porque podem muito bem ser dadas na temperatura ambiente. *Sai o aquecedor de mamadeiras!*

Idem para o termômetro, que é melhor não ser usado toda hora. O bebê não é um doente, é um ser sadio e, ainda por cima, particularmente forte. A ocorrência de febre será percebida pelo toque e só então será preciso medir a temperatura.

Quanto aos cuidados com o umbigo, eles não se justificam após a cicatrização, e até lá exigem apenas que o umbigo seja pincelado com eosina, sem nenhum curativo. O bumbum, lavado com água e sabão, enxaguado e bem secado, não requer outros cuidados quando se usam as fraldas modernas.

A roupa do bebê também não exige mais atenção do que a dos outros membros da casa e pode ser lavada na máquina de lavar.

É importante que tudo isso seja o mais leve possível, não exija um dispêndio excessivo de energia e tempo e possa ser, do início ao fim das tarefas, uma fonte inesgotável de prazer.

Os filhos e sua ordem

É o primeiro, uma descoberta. E uma quantidade insuspeitada de sentimentos vem à tona, uns mais violentos e confusos que os outros. Em seu topo, uma pergunta banal: como foi possível ser o que éramos antes? Sim, o que fica claro de imediato é que houve uma vida antes, e há a vida agora. E que a vida agora, por mais nova que seja, parece tão realizada e tão plena que chega a surgir a pergunta de como foi possível viver outra coisa antes, "outra coisa" que subitamente parece irreal, longínqua... é até o caso de se perguntar se realmente existiu! Eis o delicioso milagre realizado por esse amor de uma espécie tão nova que nunca poderia ter sido imaginado. É preciso entregar-se sem reservas a esse amor, vivê-lo plenamente e nunca perder de vista suas perspectivas distantes. É como o prazer que sentimos ao entrar no carro para começar uma longa e maravilhosa viagem: ela será tanto maior quanto pensarmos em tudo que vamos ver e viver e não ficarmos com os olhos fixos no capô.

Não é o primeiro, é o segundo, o terceiro... o enésimo. É também uma descoberta, a descoberta inesperada e tão surpreendente de que o amor não se divide, não se compartilha, ele se multiplica. É muito importante conscientizar-se disso imediatamente, porque assim se evita um erro frequente: o de pensar que o filho mais velho sofrerá com a nova presença e sentirá ciúmes. Ele não terá ciúmes se esse erro não for cometido e se compartilharem com ele sem reservas a felicidade sentida. O cúmulo da falta de tato – eu ia dizer do mau-trato – para com ele é o que acontece quando se acredita ser possível conquistar sua simpatia oferecendo-lhe um carrinho ou uma boneca ao chegar da maternidade e dizendo que aquilo é um presente do bebê. Como ele pode ser tudo menos estúpido, vai achar aquilo muito estranho, vai pensar que está sendo manipulado, que estão escondendo alguma coisa dele e que, com certeza, o bebê é o responsável por isso. Então o caminho estará aberto para o ciúme e a raiva.

A regra que não se deve infringir é a de que a chegada de um novo filho não deve mudar absolutamente nada nas atitudes adotadas até então em relação ao outro ou aos outros filho(s). Está fora de cogitação permitir nesse momento que o mais velho regrida e, muito menos, como já ouvi aconselharem, permitir que ele volte uma vez ou outra a mamar no seio ou a tomar mamadeira!

O ritmo das refeições

São necessárias aproximadamente seis semanas para que um bebê domine os mecanismos biológicos da alimentação e de sua regulação no tempo. A alimentação de acordo com a vontade do bebê deve dar lugar, desde o início do terceiro mês, a uma alimentação relativamente regrada, seja essa alimentação oferecida no seio ou na mamadeira.

Fiz o histórico[2] e a crítica bem argumentada desse modo de alimentação conforme a vontade do bebê, da qual eu mesmo já fui um adepto. O que se deve saber é que uma alimentação regrada não apresenta absolutamente nenhum inconveniente nem para o desenvolvimento do bebê, nem para a continuidade da alimentação no seio. No entanto, tem uma vantagem imensa: permite à criança – que pode sentir fome e até reclamar – esperar, o que é muito desagradável para ela, não discordo. Mas, além de não ser um incômodo muito grave e de não deixar traços em sua vivência, a criança acostuma-se a isso rapidamente. É uma maneira econômica e muito eficiente de começar a destilar a mensagem central de todo empreendimento educativo, a saber: "Não se pode ter tudo na vida." Desse modo, o bebê tem a experiência da espera, isto é, de um tempo vazio que passa, e que transcorre sem estar associado a nenhum prazer. A reiteração da experiência é uma das maneiras mais simples e mais eficazes de fortalecer a criança e de conferir-lhe o primeiro lampejo de consciência de sua condição de ser vivo. E ainda mais porque esse tempo, ao qual esteve até associado um incômodo, não prejudicou de modo algum seu estado. Essa maneira de proceder apresenta outra vantagem, mais importante ainda que a anterior, a de ser repetitivamente compartilhada pela mãe: ela acaba cedo ou tarde por se convencer da resistência de seu bebê e de sua capacidade de suportar uma provação, mesmo a que lhe pareceu difícil de aceitar, e mais ainda de colocar em prática.

Essa alimentação regrada não deve, contudo, ser seguida com precisão de minutos! Seu horário é fixado com uma tolerância de aproximadamente quinze minutos. Mas ela deve, com toda certeza, se afastar das regras da alimentação conforme a vontade do bebê. Quando acontecia, durante uma consulta, de eu ver um bebê de quatorze ou dezes-

---

2 Ver *Les Pères et les Méres*, op. cit.

seis meses levantar-se a cada cinco minutos nos joelhos da mãe, que imediatamente levantava sua malha para oferecer-lhe silenciosamente seu gole de leite, eu pensava com os meus botões que, ao usufruir com egoísmo de sua posição, ela não podia imaginar a desordem que estava semeando na vida futura desse bebê... e de sua descendência!

Intercorrências

Sob esse título eu reúno as manifestações do bebê que por vezes levam os pais a uma consulta. Pareceu-me importante permitir que se apreenda sua lógica, para ajudar os pais a compreendê-las e a não reagir a elas de modo contraproducente.

O medo

Esse tema esteve bastante presente nos capítulos anteriores. Quase sempre o relacionei ao medo da morte, e insisti no caráter contagioso e no círculo vicioso infernal que pode se instaurar se os pais não resistirem a esse contágio. É verdade, o que lhes peço para fazer – resistir ao medo que sentem em razão do medo que a criança sente – requer da parte deles um esforço inegável: o medo manifestado pela criança vem da noite dos tempos e nunca poupou ninguém, tanto que os pais o sentem voltar à tona dentro de si, tão vívido quanto o haviam experimentado na primeira infância. Convido-os simplesmente a notar a diferença entre a criança – tão dependente, tão pequena diante da imensidão dos adultos e do cenário adaptado ao tamanho deles – e eles, adultos autônomos e senhores de suas decisões. Se acrescentarem a essa evidência o fato de que a criança tem uma imensa confiança neles, mais do que em qualquer outra pessoa, compreenderão que detêm todos os meios para tranquilizá-la e encorajá-la a afastar o medo em nome da presença deles. Com muita frequência, nesse registro, a ação do pai é decisiva, e contitui para ele uma oportunidade de ver a criança investi-lo mais. Quantas vezes, infelizmente, não vemos os pais cederem preguiçosamente aos pedidos dos filhos e concordarem com os recursos que, segundo as crianças, os tranquilizam. Isso pode ir do "dormir com os pais" ao "deixar a luz acesa a noite inteira". Além dos inconvenientes específicos de cada uma das inúmeras soluções adotadas, o que a criança grava durante muitos anos, se não a vida inteira, é que as razões alegadas por ela para justificar o seu medo – por mais misteriosas que sejam – são legitimadas. Conforme o que se ouve de alguns pais, se eles deixam a criança dormir entre eles ou dormir com a luz acesa a noite inteira é porque foi assim que agiram com eles quando tinham essa idade.

Os rituais

Nossa época e nossas sociedades, ao colocar a criança no ápice da pirâmide familiar e empanturrá-la de amor até a indigestão, deram-lhe uma estrutura que os psicanalistas classificam sob o rótulo de "obsessiva". Nossas crianças passaram a ser, na esmagadora maioria dos casos, pequenos e perfeitos obsessivos. Qual é a principal característica dessa estrutura? O medo obsedante da morte e um dispêndio considerável de energia para construir contra ela o maior número possível de cerimônias, mesmo ilusórias. Os rituais fazem parte dessa estratégia cerimonial. Eles não apenas são frequentes, como estão inseridos no contexto muito mais vasto desses inúmeros outros rituais que compassam nossa vida em sociedade: o início da viagem de férias, os engarrafamentos nas estradas, o início do ano letivo, a época dos lançamentos literários, o pagamento da parcela do imposto de renda, a chegada do *Beaujolais nouveau*, o período das festas de fim de ano, a época de praticar esportes de inverno e mais uma vez os engarrafamentos, a primavera e, enfim, a parcela do imposto de renda antes da volta das férias, que desencadeia um novo ciclo estritamente idêntico ao anterior. É como uma partitura: tudo está repertoriado e predefinido. Estamos a salvo de qualquer surpresa e pouco importa que a criatividade seja trucidada. Assim fica tão mais fácil de administrar! Como imaginar que a criança não seja colonizada por isso? Já que é isso que lhe oferecemos: lavar os dentes, pôr o pijama, deitar na cama para ter direito a uma canção, a um conto e a um beijinho! Mais uma maneira de acalmar seu medo da morte! Quando pensamos em Jean-Jacques Rousseau, que professava: "Emílio não terá hábitos", temos uma percepção mais clara de como somos programados para dar uma forma rígida às coisas. Todos compreenderam o quanto lamento que os rituais tenham invadido o quarto das crianças. Eles enrijecem a criança, em vez de entregá-la ao tempo permitindo-lhe vivê-lo e desenvolver-se nele. Proponho que sejam substituídos por uma ordem firme, que consiste em dizer à criança que vá para o quarto porque está na hora de dormir. A partir daí, ela fará o que quiser: "enrolar", brincar, deitar na cama ou folhear um livro, pouco importa a maneira como ela organiza sua hora de dormir, que é sua, mesmo que ela se atrase: é preciso que as pessoas se livrem totalmente da obsessão quanto ao número de horas de sono supostamente necessárias para a saúde da criança. Antes de dormir, os pais podem eventualmente verificar se a criança apagou a luz e fazê-lo com autoridade se ela ainda não o fez.

O espasmo do soluço

Algumas crianças pequenas têm uma tendência a chorar tão intensamente que às vezes perdem o fôlego e desmaiam, interrompendo a respiração. Trata-se do espasmo do choro, do qual existem duas formas, a cianótica (a criança fica "azulada") e a não cianótica, na qual as coisas acontecem da mesma maneira, com a diferença de que o desvanecimento sobrevém mais cedo. Como se pode imaginar, essa forma de expressão da "raiva" do bebê deixa os pais apavorados. Eles pensam imediatamente que a criança morreu. Ora, não é nada disso. Façam os pais o que fizerem, a criança volta a si, simplesmente sob o efeito da acumulação sanguínea de gás carbônico, que têm a propriedade de estimular fortemente a retomada da respiração.

No entanto, essa expressão da raiva não deixa de ter consequências, porque o bebê se dá conta do estado de agitação em que coloca os pais e vai reincidir quando lhe der vontade, tornando-se assim um verdadeiro tirano. É um mau caminho, e não se deve permitir que o filho o siga, porque tal maneira de exercer sua onipotência sem encontrar limites constituirá para ele uma fonte de angústia considerável. Diante de uma manifestação como o espasmo do choro, portanto, que seria por parte da criança a comunicação do desejo de ficar onde está, o melhor mesmo é não apenas não se comover – esse é o mínimo recomendável! –, mas também comunicar à criança que ninguém vai cair no seu jogo e que, da próxima vez que ela recomeçar, os adultos vão sair do cômodo – o que deve ser feito sem o mínimo temor, porque é a garantia da cura.

A onipotência infantil

Essa é de longe a questão mais importante da qual este livro pretende tratar.

Levar uma criança a renunciar ao exercício de sua onipotência é não apenas estar seguro de ter realizado a parte essencial de sua educação, como também poder considerar de modo relativamente sereno o resto de sua infância, a sua adolescência, o seu acesso à idade adulta e mesmo o destino de sua descendência. Pode-se imaginar, pelo enunciado dos desafios e das vantagens, que o empreendimento não deve ser de fácil realização! De fato, não o é. Sobretudo se, de saída, os pais se colocaram a serviço da criança. Eu acrescentaria que o rumo tomado por essa etapa, sob o efeito dos muitos parâmetros que nela intervêm ou que a acompanham, contribui mais do que o rumo de qualquer outra para conferir à criança a maioria das características de personalidade que mais tarde ela terá. Em outras palavras, o adulto que ela será um dia é praticamente fabricado nesse período da vida.

A todo momento, fiz referência a essa etapa na explanação de alguns casos sobre os quais fui levado a falar, e também mostrei bem cedo que ela era uma passagem obrigatória do desenvolvimento da criança pequena.

É absolutamente imperativo, caso não se queira comprometer toda a continuação da aventura de vida dessa criança, que os pais não permitam, sem reagir, que a criança se instale nela a seu bel-prazer. Com efeito, quanto mais tardia a reação, mais a criança se ancora numa crença errônea e na visão de mundo correspondente. E, a partir de certo momento, levantar a âncora torna-se difícil, se não impossível, sem o recurso ao psicanalista – ao qual não se deve hesitar eventualmente em pedir ajuda desde essa idade. Uma criança pode aceitar que o Papai Noel não existe, pode finalmente admitir que até seus pais têm relações sexuais, pode chegar a sorrir ou a rir de ter sido ingênua a respeito dessas falsas crenças às quais acreditou que precisava se agarrar. Nunca, porém, estará pronta – sejam quais forem os argumentos empregados, a importância do que se lhe demonstra estar em jogo, as recompensas prometidas em troca – para renunciar mesmo por um curto instante ao uso desse instrumento sem consistência que ela fabricou para si desde pequenina, sem o qual e sem cuja proteção – conforme está convencida – morrerá no mesmo instante. Esse esforço é ainda mais difícil para ela do que o que exigiríamos de um supersticioso ao pedir-lhe para dispensar seus amuletos. Nesse âmbito, nada é negociável para ela. Basta lembrar do caso de Jacques-Henri e de como, por mais inteligente que fosse, essa fixação o levou a comprometer gravemente sua escolaridade. Basta lembrar das duas mulheres aidéticas que seguiram apenas a própria vontade e não hesitaram em arruinar algumas vidas pelo caminho, ou ainda daqueles dois homens que se apoderaram dos filhos e privaram-nos da mãe! Cada um de nós, a partir do que acaba de ser descrito, pode se sentir levado a evocar pessoas de seu entorno cuja conduta lhes parece interpretável sob essa luz.

De fato, a criança a quem não se abrem os olhos vai carregar durante toda a vida uma angústia considerável, da qual ninguém[3] conseguirá fazê-la reconhecer o conteúdo e a origem e, muito menos, desvencilhar-se. Ela nunca será capaz de chegar à etapa adulta da existência, essa etapa na qual a alteridade é vivida de modo relativamente sereno, na medida em que se percebe ao outro e a si mesmo como seres destinados a morrer um dia.

Teria eu a esperança de que esse conjunto de explicações pudesse levar todos os pais, e em particular todas as mães, a se comprometerem a seguir à risca as recomendações que vou lhes dar? Claro que não! Não sou ingênuo a esse ponto. Existe cegueira demais, mas sobretudo gozo, esperando no final! A maioria das mães, diante dos comportamentos dos filhos, está de fato convencida de assistir à manifestação de sua "personalidade forte", algo que as encanta e que elas não têm a intenção de refrear de modo algum. Aliás, é praticamente impossível abrir-lhes os olhos. Não que elas sejam racionalmente inacessíveis às minhas explicações, mas não querem de modo algum colocar em questão suas próprias convicções sobre o assunto. Convicções essas que lhes foram transmitidas como uma tradição adornada com todas as virtudes. As mães delas certamente agiram com elas como elas agem

---

3 A formulação parece exagerada, na medida em que se imagina que ao menos um psicanalista conseguiria produzir um tal resultado. Talvez – embora isso não seja garantido! –, mas ao fim de vinte, vinte e cinco ou trinta anos de divã, se não mais! Foi por isso que não hesitei, algumas linhas atrás, em preconizar um trabalho psicanalítico precoce para as crianças que correspondem a esse perfil.

com os filhos: haviam cumprido sua tarefa com paciência, dedicação, amor sem limites e senso superagudo de sacrifício! Extraíram dessas atitudes de essência masoquista – das mais femininas que existem, portanto – o sentimento tão meritório e tão nobre de se haverem comportado em todas as ocasiões como "mães contra a morte".

O que encontramos por trás dessa fachada comovente de exemplaridade? Nada menos que a eternização da relação que se havia instaurado entre a mãe e o produto de sua gravidez; em outras palavras, o que representei pela imagem de um útero virtual extensível ao infinito.

E o que mais existe, diante disso? O valor, para o futuro da criança, da existência de um pai como deve ser: isto é, não alguém que repete, na condição de mãe-bis, a ação supostamente protetora da mãe, mas alguém que se move sem reservas na dimensão ameaçadora e mortífera que é a sua quando, sob o efeito da incerteza de sua posição, ele se comporta de acordo com suas inclinações espontaneamente egoístas.

Enunciadas de modo tão lapidar, essas palavras podem parecer claras. E realmente o são, mas para que sejam mais bem compreendidas, vou enunciá-las de outro modo.

A mãe se aferra a sua maneira de ser, pensar e agir com base na certeza que lhe confere o fato de ter carregado a criança em seu ventre e lhe ter "dado a vida". Em suma, permanece fiel a sua maneira de ser e agir por não conseguir imaginar que um dia as coisas possam ser diferentes. O pai, que não dispõe de modo algum de elementos capazes de lhe conferir a mínima certeza de sua posição, cultiva com a criança uma relação muito diferente dessa, a qual se tecerá pouco a pouco com suas características próprias. No entanto, o que a gravidez e o parto não mudam para ele é o investimento sexual dessa mulher que a mãe da criança é e nunca deixou de ser, apesar de sua nova condição. Quando, obedecendo a sua pulsão sexual, ele impulsiona essa mãe repetitivamente para sua feminilidade e consegue fazer com que ela invista a relação entre eles, ele a distrai do mesmo modo repetitivo da preocupação com a criança. É como se, nesses momentos, ele conseguisse convencê-la de interromper a espécie de transfusão contínua de vida que ela havia estabelecido. É nesse sentido, por causa dessa interrupção, que sua ação é do âmbito do "mortífero". Ela lhe confere um potencial ameaçador: ele poderia, com efeito, prolongar sua ação tanto quanto quisesse, e até radicalizá-la. É como numa partitura musical:

o acompanhamento, quer se oponha à linha melódica, quer a enfatize, só a torna mais audível e mais fácil de memorizar. A partitura do pai, que cantaria o destino comum de todo mortal, inclusive dessa criança recém-chegada, pode tirar grande proveito do acompanhamento materno, desde que não se deixe submergir por ele. Quando esse resultado é obtido, damos graças ao que se chama, em linguagem musical, harmonia. Uma palavra bem bonita! Mas pouco se sabe que, originalmente, em grego, ela designava o perfeito estado de junção das duas partes do casco do navio. Uma junção perfeita que, ao evitar a entrada de água, anuncia uma navegação ininterrupta e sem problemas.

Tudo isso, porém, é uma descrição teórica, como as coisas deveriam, em princípio, acontecer. Sabemos que, na realidade, elas nunca acontecem assim. Seu desenrolar é sempre tão variável que não existem duas pessoas no mundo, mesmo gêmeas, sobre as quais se possa dizer que viveram situações idênticas. É por isso que nenhuma história se sobrepõe, como num decalque, a nenhuma outra. Podemos, no entanto, estabelecer certa distinção, mesmo grosseira, entre os destinos individuais, em função da maneira como as condições que os produziram foram mais ou menos próximas, ou mais ou menos distantes – condições teóricas.

As grandes transformações pelas quais nossas sociedades passaram recentemente, que transformaram em particular a mensagem implícita "não se pode ter tudo na vida", outrora transmitida à criança, em "você pode ter tudo e tem direito a tudo", tornaram as duas últimas gerações radicalmente diferentes das anteriores e provavelmente tornarão as próximas mais diferentes ainda daquelas que existem hoje.

Podemos nos contentar em registrar o fato e imputá-lo à evolução das sociedades, e em decidir que podemos fazer muito pouco a respeito. Cientes, no entanto, dos efeitos dessa evolução no *status* da criança, na maneira como ela é pensada e até em sua inserção no universo escolar, podemos escolher outra atitude, mesmo que seja apenas a de intervir individualmente na educação dos próprios filhos. Nesse caso, e seja qual for o destino hoje reservado ao pai e, consequentemente, ao casal, é por essa fase crucial em que a criança se exercita na onipotência que é preciso se interessar.

Essa fase, conforme expliquei no capítulo dedicado à criança, começa cedo. Desde o fim do primeiro ano. E continua praticamente durante os dois anos seguintes, para então desembocar na fase edipiana. É penosa e ainda mais difícil de viver pelos pais superinformados de hoje, quando eles não estão cientes de que ela põe em xeque as inclinações servis que acreditaram poder ou dever adotar para bem realizar sua tarefa. E nada os surpreende tanto – nem, com frequência, os revolta mais ainda – quanto a recomendação de reagir com firmeza e responder àquilo que deve imperativamente ser percebido como um comportamento agressivo. Na imagem que utilizei da ponte com parapeitos, a criança não apenas chacoalha o parapeito mas também lhe dá chutes e pontapés. Assim como a confiança que a criança espera investir nele, o parapeito não pode se dobrar nem ceder. Comportar-se do modo mais firme possível, portanto, é prestar-lhe o maior dos favores, no médio e no longo prazo. É anular nela o famoso "isso", ou seja, a insuportável pressão das pulsões, e nela instaurar o que se chama "supereu", que a ajudará durante toda a sua vida. É interpor outro medo entre ela e seu medo bruto da morte: o de infringir a autoridade dos pais, que poderiam, afinal, matá-la na hora. Na adolescência, brincávamos com os resquícios dessa etapa quando balbuciávamos nosso medo diante de uma prova (atravessar um braço de rio apesar da corrente, correr sobre a cumeeira dos telhados, andar de bicicleta numa descida muito íngreme etc.), e nos dizíamos: "Se eu fizer isso, eu morro. E se eu morrer, minha mãe me mata!"

Durante meses e meses, portanto, é uma vigilância permanente que se faz necessária.

Pegar dez ou quinze vezes seguidas a colher que o adorável pequerrucho de onze ou treze meses voltou a jogar no chão não é demonstrar amor ou enternecimento ou servilismo, é demonstrar uma inconsequência cujo preço será pago mais cedo do que se poderia imaginar. Não permitir que essa criança jogue a colher no chão tampouco é uma solução, porque isso a impediria de verificar a solidez dos parapeitos. Pode-se, portanto, deixá-la agir assim duas ou três vezes, e depois não permitir mais que ela o faça dizendo-lhe que não deve fazê-lo e que não se está ao seu dispor. Uma das minhas pacientes havia encontrado uma solução original e eficaz: ela colocava ao alcance da mão do bebê vários pequenos objetos sem importância que ele evidentemente se esmerava em jogar no chão e que ela não recolhia. O que a divertia na situação era constatar a regularidade com a qual o bebê se dirigia a ela cada vez que jogava um dos objetos, acabando, diante de sua indiferença, por jogar o seguinte, depois mais um, e ainda mais um, até se cansar. Os dois assim se expressaram. O bebê pôde lhe dizer que não a temia, por saber que era capaz de submetê-la a si, e ela, por sua vez, respondeu que lhe permitia expressar-se, "bancar o durão", que nem por isso o amava menos e que esperava que um dia ele já não precisasse dessa estúpida ilusão. Pode-se captar, nessa ocasião, uma vez mais, a importância conferida pela mãe ao lugar do pai de seu filho. Não se pode esquecer que é contra ela, que a criança considera assustadora porque dispensadora de morte, que esta ergue sua ilusória onipotência. O fato de a mãe parecer interessada, se não impressionada pelo pai, faz com que a criança relativize um pouco o próprio estado de perturbação. É isso que permite à menina evoluir mais rapidamente que o irmão e organizar um pouco mais tarde sua fase edipiana.

Nos meses seguintes, as manifestações vão variar, multiplicar e crescer em intensidade. Serão episódios injustificados de choro, inúmeros caprichos, recusas reiteradas de todos os tipos. A tudo isso se deve sempre responder com a mesma atitude: uma reação firme desprovida de qualquer compreensão, mas nunca desprovida de amor e eventualmente acompanhada dos comentários que se quiser fazer (comentários, mas não explicações, e muito menos justificativas), desde que nunca sejam humilhantes. De fato, a troça e a humilhação são expressões mortíferas: empregá-las com um ser que luta contra seu medo da morte é afundá-lo ainda mais em seu mal-estar. O uso do humor, no entanto, é soberano. E ele se oferece sem grande esforço a cada um nesse momento em que o bebê, que busca fazer com que seu empreendimento passe do registro da ação para o registro da linguagem, atravessa o que se designa habitualmente pelo termo "fase de oposição", porque ele se pôs subitamente a dizer "não" para tudo: não para o banho, não para o ato de pôr a roupa, não para o ato de pôr os sapatos, não para a hora de dormir etc. No âmbito da maturação do pensamento, o manejo e o domínio desse "não" têm tantos efeitos quanto os produzidos na matemática pela invenção do zero. Deve-se deixá-lo dizer esse "não", portanto, e, melhor ainda, pode-se acompanhá-lo nessa direção e ultrapassá-lo em suas palavras: "Não, eu não vou pôr os sapatos em você; não, eu não vou levá-lo para a cama; não, eu não vou lhe dar banho etc.", é o que se pode dizer, enquanto se põem os sapatos na criança, se leva a criança para o banheiro ou para a cama. Isso equivale a dizer-lhe implicitamente: "Está bem. Eu entendi que você é capaz de dizer 'não'. Isso é bom. Mesmo assim vamos fazer o que eu decidi."

Não vou dar mais detalhes aqui sobre tudo que pode ocorrer na travessia dessa idade. A maioria dos pontos de que tratarei mais abaixo faz parte dela. O que deve ser retido é que a criança leva tempo para se deixar convencer da inanidade da crença que forjou para si e que a leva a escolher essas condutas. O que está em jogo é grave demais e importante demais para que a criança renuncie à exploração do mínimo canto do terreno que se oferece a ela. Opor à sua obstinação uma atitude tão determinada quanto a sua é um dever para com a criança, e, na condição de pais, não devemos nos furtar a ele. O cumprimento desse dever não é apenas imprescindível para ela; significa garantir no futuro uma relação tão rica, afetuosa e confiável quanto lhe desejávamos. Por essas razões, cheguei a escrever que era preciso educar os filhos de modo ditatorial, "fascista", de certo modo, para fazer deles futuros democratas, porque podemos estar certos de fazer deles os piores fascistas no futuro se os criarmos, como se passou a fazer há duas gerações, de modo democrático. Afinal, o que é um fascista senão um indivíduo que, por mais adulto que seja, continua imerso em sua onipotência infantil? Espero ter demonstrado a pertinência da atitude à qual essa formulação remete, por mais chocante que ela possa ter parecido.

De fato, é a violência presente no comportamento da criança que justifica a coerção a ser empregada como resposta. O medo não se combate com argumentos racionais; ele se combate, como já assinalei, com um medo distinto. O medo que a criança sente da morte é combatido pelo medo que ela passa a sentir em razão da atitude dos pais – e não pelo fato de eles a terem ameaçado – de perder seu amor. Quando esse medo tiver atenuado o anterior, colocando nele uma surdina, e já não der aos pais motivos para reação, ela o verá desaparecer.

Resta saber se, ao adotar essa atitude coercitiva, não fazemos da criança o "cordeiro" que, conforme havíamos concordado, não era um objetivo de qualidade. Só correremos esse risco se não dermos à criança a possibilidade de se expressar antes de nossa reação. Se, no entanto, reagirmos a seus atos, permitiremos que ela reconheça mais tarde os traços deles nas pessoas que não tiveram a mesma vantagem que ela. Ela saberá então adotar a atitude correta para não se deixar impressionar.

É o que conta Jérôme, de onze anos, aluno do 6º ano do ensino fundamental: "Nicolas e eu fomos cercados num canto do parque, no caminho da escola, por três grandões que ameaçaram a gente com uma faca e mandaram a gente dar o que tinha no bolso. Eu tinha um euro, e o Nicolas tinha vinte centavos. Demos o dinheiro pra eles e eles deixaram a gente ir embora. Dois dias depois, começaram de novo. Mas a gente entendeu que eles não iam pegar nada se a gente não tivesse nada no bolso. Eles revistaram a gente e não encontraram nada. Depois de duas ou três vezes, deixaram a gente em paz. Até tratam a gente como amigo, porque não fomos denunciar."

2. ENSINAR-LHE O OUTRO

Ensinar o outro a essa criança autocentrada, cujo universo se resume ao imenso lugar ocupado pela mãe em seu entorno imediato, seria um empreendimento esgotante se não resultasse direta e automaticamente da luta que se trava contra as manifestações de sua ilusória onipotência. No entanto, para levar essa luta a bom termo, é importante, primeiramente e antes de mais nada – mesmo que se deva passar o tempo todo refreando o próprio comportamento –, ter um absoluto respeito por essa criança. Não se pode ensiná-la o outro, ensiná-la a levar o outro em consideração, a respeitar o outro se não lhe dermos a consciência de que ela própria é o outro para o outro; em outras palavras, se não a levarmos em consideração e se não a respeitarmos. Essa atitude não tem absolutamente nenhuma relação com o que a infantolatria preconiza, o que se resume a uma sujeição à criança. Isso equivale a renunciar à própria posição de outro perante ela. A atitude infantólatra é uma atitude de desistência, de irresponsabilidade, e transmissora de desrespeito, tanto quanto de raiva! Uma atitude respeitosa, e, consequentemente, afetuosa, implica reagir do modo mais adequado e mais proporcional aos atos da criança, ajudá-la a tomar uma espécie de medida e de consciência deles, sem que nunca nos transformemos numa espécie de pano de chão que não lhe servirá para nada, exceto para imaginar que tem todos os direitos.

Quando, ao fazê-lo, conseguirmos conferir-lhe uma ideia de seu lugar no espaço e no tempo, poderemos considerar que ela terá recebido o essencial desse ensinamento, que precisará, é claro, ser aperfeiçoado.

Respeitá-la

Os distúrbios do apetite

Os distúrbios do apetite na infância resultam quase sempre de um problema orgânico (intolerância às proteínas do leite de vaca, alergia, doença digestiva etc.), e nesse caso a consulta ao médico é importante. Quando ocorrem mais tarde, também podem resultar de um problema orgânico, ou ter outra causa (ver o próximo item). Os problemas dos quais as mães se queixam costumam se traduzir por um apetite caprichoso, insuficiente e até ausente.

É excepcional que uma mãe pergunte como frear o apetite excessivo de uma criança pequena. Quando lhe acontece de falar sobre isso, é antes para indicar como essa característica a encanta interiormente. Isso se compreende, já que seu intuito é que não "falte" nada à criança. Tanto é que essa criança, ao comer exageradamente, comunica-lhe que se deixa "satisfazer totalmente" por ela e que, graças a ela, criança, a mãe alcançou o objetivo que havia estabelecido para si: continuar o trabalho realizado por seu corpo durante a gravidez. Imagina-se de imediato, à luz dessa explicação, como pode se sentir, independentemente de sua preocupação com uma possível doença, a mãe de uma criança que se alimenta mal ou se recusa a comer.

A diminuição do apetite que acompanha todas as doenças da criança pequena não é um sinal grave; é uma medida inteligente de adaptação do corpo ao estado de saúde: um bebê não pode, de fato, dar-se ao luxo de desviar a energia absorvida pela digestão da soma de energia de que precisa para lutar contra a doença. Ele classifica os problemas e, para subsistir, serve-se de suas reservas, que serão reconstituídas por ele assim que seu estado melhorar. Se a mãe estiver atenta apenas a seu próprio empreendimento e registrar essa adaptação como algo que lhe inflige uma mágoa pessoal, forçará a criança a comer. Se tentarmos dissuadi-la disso, sempre encontrará um pretexto para justificar sua atitude e alegará, por exemplo, o medo de ver o bebê se enfraquecer; fechará os ouvidos, é claro, para todos os argumentos aos quais poderíamos recorrer ("ele precisa comer para lutar contra a doença..."; "se a coisa continuar assim, ele vai ficar fraquinho...", "ele já está doente, se ainda por cima não comer, as coisas vão piorar...", "mas onde ele vai conseguir forças para resistir?" etc.). A criança, que segue sua dinâmica própria, nem sempre compreende o que está acontecendo e a verdadeira tortura à qual está sendo assim submetida. Infelizmente ela não tem nenhum meio para escapar do acossamento e recebe-o como a expressão, por parte da mãe, do medo de vê-la morrer. Em consequência, passa a temer seriamente por sua vida e entra em depressão, o que não contribui em nada para melhorar seu estado de saúde e para despertar ou redespertar seu apetite. O círculo vicioso se instala insidiosamente e a anorexia, cuja mola propulsora é dessa vez psicológica, se manifesta e cria problemas particularmente difíceis de resolver. Houve ocasiões, quando eu era jovem, em que tentei chamar as mães à razão pedindo-lhes que imaginassem como reagiriam se fossem regularmente violentadas – o que não tem nada de exagerado, pois, no caso, é de um verdadeiro estupro que se trata. Nunca obtive o mínimo sucesso. Todos os pediatras do mundo podem se esfalfar repetindo ao longo de seus tratados que "nenhuma criança se deixa morrer de fome" e que nunca se deve, em circunstância alguma, obrigá-la a comer, isso não muda em nada o comportamento de algumas mães, diante das quais os médicos se veem por vezes obrigados a prescrever tonificantes na esperança de que essa concessão reduza minimamente a tensão. Conheço um colega que afirma obter resultados consideráveis dessa maneira, pois adverte a mãe de que se trata de um tonificante muito eficaz, e de "ação progressiva", acrescenta ele, mas que só tem efeito se a criança não for forçada de modo algum a comer. Seu estratagema funciona admiravelmente, ao que parece. Em todo caso, o recurso a um especialista em psicoterapia é sempre delicado nesse tipo de circunstância, dada a consciência tranquila e cega que não permite nem mesmo o despontar de uma demanda desse tipo. Talvez seja essa uma das razões para o aparecimento, já faz algum tempo, de uma nova especialidade, a dos psicoterapeutas de bebês, os quais, ao colocar o bebê no centro do dispositivo, esperam mascarar a parte principal de sua empreitada e contornar a extraordinária resistência que estão certos de encontrar nessa área.

As rejeições e as preferências alimentares

Como eu dizia, se existe uma coisa que, durante toda a minha carreira, nunca consegui fazer com que uma mãe entendesse, é que não se deve, de modo algum, em nenhuma circunstância, obrigar uma criança a comer.

A surdez que toda mãe manifesta nesse ponto demonstra como, obedecendo mais às suas pulsões que à sua razão, ela se comporta de acordo com uma onipotência cega e não pretende de modo algum negociar aquilo que considera um direito seu. Esse direito, por ela associado ao fato de ter carregado a criança dentro de si e de tê-la alimentado com seu próprio corpo durante nove meses, é um gesto nutriente que ela coloca no centro nevrálgico de sua função. A recusa da alimentação parece à mãe, assim, uma falta de reconhecimento dessa função, e ela não vai parar, invocando todos os argumentos, inclusive a má-fé, de relembrar que está presente! Isso a autoriza, a seu ver, a construir esse útero virtual extensível ao infinito, do qual ela não tem a intenção de deixar a criança sair. Esta, que busca tomar consciência de seu lugar, frequentemente não tem outro meio além daquele de que se serve para comunicar-lhe o quanto sua empreitada e sua teimosia lhe são nocivas.

Repito aqui, e pouco importa o que se faz com isso ou no que isso se transforma: *nunca se deve forçar uma criança a comer.*

É numa dimensão totalmente distinta que se inserem as rejeições ou as preferências alimentares que tantas crianças têm.

Se a questão for reduzida à simples necessidade alimentar, é flagrante que nunca se constatará a eclosão desse sintoma entre crianças de populações carentes. Surge então uma escolha entre duas atitudes: ou se respeitam os gostos da criança, mesmo que isso signifique servir-lhe todos os dias macarrão com frango ou purê de batatas com *nuggets*, ou se entra numa luta inútil. Caso se queira evitar a luta, que sempre acaba num impasse e compromete gravemente o resto da empreitada, pode-se adotar sem hesitação e com certa serenidade um cardápio uniforme: isso vai durar apenas um tempo e acabará por ceder à curiosidade alimentar que chega um dia ou outro, com a ajuda da cantina e dos colegas. Caso se escolha a luta, o que é bastante improvável, ela nunca deve se transformar em sadismo: a criança não pode ser deixada diante de seu prato por mais de dez minutos e tampouco se deve compensar o que ela recusou com uma dupla ração de queijo ou de sobremesa, e muito menos permitir que ela mate a fome em outros momentos com alimentos que aprecia.

Os problemas do sono

Esse é um motivo de consulta que se tornou muito mais frequente nas duas últimas décadas do que jamais chegou a sê-lo em épocas anteriores. A causa se deve essencialmente a tudo que foi dito sobre a posição da criança e o lugar que lhe é atribuído na célula familiar; não diretamente na forma de uma perturbação de natureza puramente psíquica, mas pela produção de um problema orgânico dos mais autênticos. A angústia das mães, suscitada pelo fato de que, ansiosas por agir bem, sabem no entanto que nunca conseguirão evitar os erros, contamina a criança desde sua tenra infância e nela provoca uma patologia de manifestação precoce, o refluxo gastroesofágico[1]. Essa patologia explodiu como uma epidemia e, desde então, só se alastrou. No início de minha carreira, quando encontrávamos um caso – o que acontecia uma vez por ano ou uma vez a cada dois anos –, nós o apresentávamos ao *staff* do hospital para que aprendêssemos com ele. Ao final da minha carreira, 9,5 bebês de 10 eram portadores da doença! Esse refluxo, como seu nome indica, faz com que o conteúdo muito ácido do estômago suba ao esôfago – que tem baixa tolerância a ele –, o que provoca as queimações intoleráveis que acordam o bebê. Como isso pode acontecer várias vezes durante a noite, imagina-se facilmente o estado no qual cada membro da família acaba por ficar. Essa doença tem um tratamento médico de rápida eficácia. Por isso, não hesito em afirmar que as perturbações do sono em bebês e crianças pequenas têm nove vezes em dez uma base orgânica, que merece ser reconhecida e tratada. Vi tantos desses casos esgotarem sem sucesso teorias de psicólogos de todo tipo e cessarem na própria noite em que o tratamento foi iniciado!

Acontece, é claro, que um bebê livre de tais problemas manifeste ainda assim certa dificuldade para adormecer, ou acordar várias vezes durante a noite, em caso de mudança de residência ou de contexto de vida. Mas isso em geral não perdura e entra rapidamente nos eixos quando algumas explicações lhe são rapidamente oferecidas por pais atentos que avaliaram o motivo de sua perturbação passageira.

---

1 Tratei extensamente do assunto em *Les Pères et les Mères*, op. cit.

A mãe de Virginie, dezesseis meses, me telefona, seriamente preocupada com os numerosos despertares noturnos da filha, que começaram uns dez dias antes e resistem aos supositórios e remédios que ela foi buscar no farmacêutico. As noites são difíceis e a falta de sono repercute consideravelmente no humor e nas trocas durante o dia. O que eu sei sobre a família e sobre os antecedentes de saúde da criança não me permite evocar o mínimo fator preocupante e suponho que apenas uma mudança ocorrida na atmosfera habitual da vida estaria na origem do problema. Pergunto à mãe de Virginie se ela está grávida. Ela me responde que, de fato, está, mas apenas de seis semanas. Ela não falou sobre isso com a filha. Eu a aconselho a inteirá-la disso, o que é feito. Na mesma noite, Virginie dorme de uma assentada.

Essa criança simplesmente havia percebido na atitude da mãe uma mudança cuja natureza não compreendia, e isso perturbava a ordem habitual de sua percepção e a preocupava o bastante para persegui-la até em seu sono.

Não se deve concluir daí que é preciso inteirar rapidamente todas as crianças de uma gravidez em andamento. Não existe regra nessa área: cada caso é um caso.

As perturbações duradouras de origem psicológica só se manifestarão de fato quando o bebê tiver tomado consciência e aceitado que é ele próprio, isto é, está separado e independente de ambos os pais, e particularmente da mãe; em outras palavras, a partir do fim do primeiro ano. No entanto, sua relação anterior de essência ligeiramente fusional não terá sido inútil ou passiva. Ele terá se apoiado nela para forjar o sistema de segurança que lhe permitirá enfrentar o mundo e que é totalmente independente da relação alimentar cujos impasses possíveis vimos acima. Alguns etólogos demonstraram notavelmente o fato com a criação de um filhote recém-nascido de macaco na presença de duas falsas mães, uma feita de fios de ferro que trazia uma mamadeira e outra revestida de feltro, mas destituída de mamadeira. O filhote de macaco aprendeu rapidamente a se pôr nos braços da mãe-metal-mamadeira para se alimentar e a correr para os braços da mãe-feltro assim que sentia o mínimo receio ou uma violenta emoção, em particular quando o colocavam diante de um urso de pelúcia que tocava tambor. Quando retiravam a mãe-feltro da jaula e faziam funcionar o urso de pelúcia, o bebê se agitava, corria para todos os lados e ignorava completamente a presença da mãe-metal-mamadeira, que ele considerava incapaz de tranquilizá-lo, e manifestava diversas perturbações. Só conseguia acalmar-se quando a mãe-feltro era colocada no lugar costumeiro. Munido de seu engodo tranquilizador, ele chegou até, ao final de algumas experiências, a distanciar-se dela e aproximar-se do urso, a encostar nele e a maltratá-lo, acabando por desmontá-lo.

Preocupado com a identificação dos elementos que garantem sua segurança, o bebê humano, antes do fim do primeiro ano, em regra, não é sensível às outras dimensões da relação que o ligam a seus pais e que ligam os pais entre si. É como se, num primeiro momento, ele estivesse preocupado demais em fazer o inventário do conteúdo do invólucro para se preocupar com a própria qualidade desse invólucro. Quando, graças a sua coletânea, ele tiver acumulado elementos suficientes de segurança, descobrirá sua individualidade e manifestará algum grau de exigência diante da célula parental. Será então sensível a tudo que poderá, a partir daí, vir perturbar seu sono. Sem contar que esse sono, mais leve em razão do intenso trabalho de organização do que foi recolhido durante o dia, não deixa de evocar para ele algo de irresistível que lembra a morte. Ele só poderá se abandonar ao sono, portanto, se estiver seguro de poder enfrentá-lo tendo como bagagem a ternura e o amor dos pais. Se ele duvida, por pouco que seja, desse amor, pedirá a prova dele na forma dos inúmeros rituais de adormecimento que, do beijinho ao copo de água, passando pelo xixi na última hora, pela canção de ninar ou pela história, não têm outra função.

Quando os distúrbios atingem um estado mais avançado, os despertares vão se repetir durante a noite inteira. A experiência demonstra então que a questão que preocupa a criança a ponto de "perturbar seu sono" é a da identificação precisa da função de cada um dos pais. Ela não faz nada além de se perguntar quem é sua mãe, quem é seu pai, e o que é uma mãe, o que é um pai. É provável que a confusão atual dos papéis, dos lugares e das funções parentais esteja na raiz da maior frequência dos problemas constatados nesse âmbito. Prova disso é o fato de que esses problemas podem levar semanas, meses e até anos para se resolverem e de que resistem obstinadamente aos diferentes remédios sempre passíveis de serem prescritos. De fato, os tranquilizantes e os soníferos utilizados em doses habituais não têm praticamente nenhuma eficácia em crianças muito pequenas. Se forem utilizados em doses mais fortes, obtém-se um resultado não satisfatório, pois os dias se tornam com frequência mais agitados que de costume. É como se a única escolha da criança para continuar a formular suas perguntas fosse a desse sintoma. Essa leitura do desenrolar dos acontecimentos pode parecer exagerada; sua validade se comprova, no entanto, pelo fato de que a criança insone, quando confiada aos avós ou a amigos, por exemplo, dormirá a noite inteira de uma assentada. E quantos sucessos imediatos não obtive pedindo à mãe que dissesse à criança, ao colocá-la na cama: "Durante a noite você pode dormir, eu não preciso de você." E, como ela seguia escrupulosamente a prescrição, não se dava conta de dizer, ao mesmo tempo, a si mesma: "À noite eu não preciso do meu bebê", e recuperar, sem o saber, uma disposição para reinvestir sua feminilidade.

Não se deve acreditar que esse problema não traz nenhum benefício. É um privilégio dessa idade conseguir resistir durante muito tempo sem deixar de maltratar os pais, que já não aguentam e são frequentemente levados a tais limites que acabam por se confrontar violentamente, saindo de certo modo da passividade e da conivência e sendo conduzidos, por vezes à custa de revisões dilacerantes de suas posições, a redefinir sem o saber seus respectivos papéis.

É esse, aliás, o funcionamento do trabalho terapêutico que busca alcançar um resultado nessa área. Ele permite apenas evitar a fase dolorosa do questionamento ao confrontar cada um dos pais com o que eles imaginam ser seus papéis, em relação aos papéis que cada um conheceu no casal de seus próprios pais; em outras palavras, confrontando cada um deles com os determinantes de uma história da qual acreditam poder escapar, mas que sempre os reencontra, façam o que fizerem.

Os cuidados com os órgãos genitais

Essa rubrica certamente não mereceria figurar entre as outras se a região genital do bebê e da criança pequena fosse tratada como qualquer outra parte de seu corpo. No entanto, as coisas não se passam assim e mesmo no interior da comunidade médica as opiniões continuam a ser apaixonadas e apaixonadamente opostas.

Não tanto do lado do destino da vulva da menininha, cujas dobras são, no entanto, tão difíceis de limpar. É um pouco como se a mãe já soubesse o suficiente sobre o assunto para que nela se pudesse depositar uma confiança total. É verdade que, há aproximadamente vinte anos, houve uma psicanalista que tentou converter as mães à prática de acariciar regularmente o clitóris das filhas, mas isso não teve repercussão, pois ficou rapidamente claro que suas palavras se inseriam no âmbito das inúmeras inépcias proferidas por outras quérulas feministas de sua espécie.

Em contrapartida, e somente na França (!), continua-se a prescrever a dilatação manual e regular do prepúcio do menininho desde o nascimento, a fim de evitar-lhe uma fimose. Essa prática é estritamente inútil e, além disso, bárbara, por ser muito dolorosa para o bebê e angustiante para o pai ou a mãe que a executa. Inúmeras pesquisas muito sérias demonstram não apenas a sua estupidez, mas também o seu perigo, uma vez que ela constitui a melhor e mais completa maneira de provocar uma fimose num órgão que se teria desenvolvido naturalmente sem problema algum: o pênis é um órgão cujo desenvolvimento se desenrola ao longo de toda a infância e da pré-adolescência. O prepúcio, naturalmente longo e estreito no nascimento, se encurta e se torna espontaneamente permeável entre dez e doze anos, o mais tardar. Esse é, portanto, um ponto em relação ao qual é inútil nos estendermos, exceto para lembrar que nunca se deve dilatar manualmente o prepúcio de um bebê ou de uma criança.

A mamadeira, o seio, a chupeta e o objeto de estimação

Já tratei de passagem desse problema quando relatei e analisei o caso do pequeno Jack. Insisti então na necessidade de acompanhar a criança em sua evolução, e até encorajá-la. A mamadeira é cômoda de usar, mas seu uso não deve durar indefinidamente, a menos que se queira frear a evolução da criança. Sendo assim, pode-se e deve-se substituí-la pelo copo ou pela xícara logo que a fisiologia de deglutição se houver modificado para adquirir as características adultas, isto é, em torno dos dezoito ou vinte meses. Em todo caso, não se pode continuar com a mamadeira depois dos dois anos, mesmo que essa supressão provoque a ingestão de uma quantidade menor de leite – argumento invocado pelas mães. É preferível que a criança não tome sua pretensa quantidade teórica de leite, e até que não beba leite algum, a continuar a tomar mamadeira. O déficit de cálcio que afirmam temer é preenchido mais cedo ou mais tarde. Já a não aquisição da deglutição adulta exigirá uma longa reeducação, para que não provoque mais tarde problemas dentários sérios (descarnações, periodontopatia). O mesmo é válido para o argumento do tempo que a criança gasta para tomar mamadeira ou para tomar um café da manhã com xícara: algumas mães se servem desse pretexto para ainda servir mamadeira a seus filhos de seis, sete e até oito anos de idade! Assumo minha responsabilidade de médico para afirmar que é melhor para uma criança não beber nada pela manhã do que beber o que quer que seja numa mamadeira. Certamente haverá quem oponha a isso argumentos de outros pediatras, e até da maioria dos pediatras. Isso não modificará em nada minhas palavras, pois sei o quanto a formação de meus colegas não lhes permitiu interessar-se por esse aspecto das coisas que analiso ao vincular o fisiológico ao psicológico. Minhas afirmações poderão ser confirmadas, no entanto, ao menos no plano orgânico, por fonoaudiólogos, ortodontistas e pelos próprios dentistas.

É lamentável que o aleitamento no seio tenha se tornado tão impopular entre nós. É um modo de alimentação tão perfeito que nunca conseguiríamos elogiar suficientemente seus inúmeros méritos. Foi talvez por essa razão que se multiplicaram as associações cujo objetivo é promovê-lo, e que são bem-sucedidas. No entanto, como sempre nesses casos, passa-se da promoção à militância, ainda que isso redunde em alguns excessos. É indubitável que os seios de uma mãe podem nutrir uma criança durante dois, três, quatro anos e até mais. Mas isso que foi previsto pela natureza para combater uma eventual escassez de alimentos não tem razão de ser em nossas sociedades de abundância. Assim, parece-me razoável desmamar um bebê aproximadamente aos nove meses (idade em que ele tem consciência de poder pôr uma coisa de lado, abandoná-la) e, para a mãe, não dar largas à manifestação narcísica tóxica de sua própria onipotência (ressurgimento de sua onipotência infantil!), transformando-se em posto de abastecimento de uma criança de dois ou três anos de idade que vem dar um gole como quem para num bar para bebericar uma taça de vinho branco!

Faço ainda o mesmo discurso em relação à chupeta e aos grandes debates que ela suscita. Isso porque dizem que há bebês chupadores, bebês menos chupadores e até bebês não chupadores, e, por fim, que se dá à criança uma chupeta para evitar que ela chupe o polegar. O fato de que os bebês tenham mais ou menos necessidade de chupar não se deve a uma pretensa natureza, mas a seu conforto digestivo: aqueles que têm refluxo sentem essa necessidade, que a chupeta ou o dedo satisfaz, porque a sucção lhes permite engolir mais ativamente sua saliva e produzir contrações do esôfago que lutam dessa maneira contra o refluxo. Como já indiquei que a incidência do refluxo se tornou quase geral, praticamente todos os bebês estão nessa mesma situação difícil. Mas os inconvenientes digestivos se corrigem quando a criança fica de pé durante a maior parte do dia. Sendo assim, como no caso da mamadeira, a chupeta deve ser suprimida o mais tardar no fim do segundo ano.

Idem, eu acrescentaria, para o "objeto de estimação", que teve um grande destino desde que Winnicott o ornamentou com o rótulo de "objeto transicional" e explicou que ele permite à criança pequena "alucinar" sua mãe na ausência dela. Não existe mãe que, lisonjeada em ver nesse hábito um emblema de sua importância, não estimule seu uso. Podemos nos perguntar como os bebês das gerações anteriores se viraram! Isso evidentemente dá margem a excessos, que algumas caricaturas, por vezes hilariantes, tentaram corrigir (Charlie Brown e o personagem do contador no filme *Os produtores* de Mel Brooks[2]!). Também nesse caso, está fora de cogitação permitir um objeto de estimação depois do fim do segundo ano de vida.

É provável que minhas análises e as atitudes que preconizo sejam consideradas excessivas. No entanto, eu as mantenho e afirmo que os bebês toleram admiravelmente tanto a supressão radical dos hábitos como os limites que lhes são dados, desde que tudo isso seja assumido pela determinação dos pais, e particularmente da mãe.

O compartilhamento dos cuidados

Os cuidados dedicados ao bebê podem ser, e frequentemente o são nos dias de hoje, compartilhados entre os pais. É assunto deles, que o organizarão como bem entendem. O que importa saber, no caso, é que

2 Mel Brooks, *Os produtores*, 1971.

o bebê sente qualquer pessoa que cuide dele, seja ela o pai, a avó, a babá, a tia ou qualquer outra, como uma substituta da mãe, e esta, para ele, não se confunde com ninguém.

Esse compartilhamento dos cuidados entre os pais pode provocar tensões, pois acontece de o pai se cansar ou cumprir de má vontade a parte que lhe cabia até então, mesmo tendo concordado com ela. Isso não deve chocar, e sim fazer com que o debate seja retomado em outra escala: o pai pode, por exemplo, trocar a sua parte de cuidados com o bebê por uma parte das tarefas domésticas que era até então realizada pela mãe; assim a repartição da carga total de trabalho continua a ser distribuída de acordo com a cota fixada anteriormente. Essa modificação do contrato inicial não deve, porém, levar à conclusão de que o pai se revelou menos apegado à criança do que a mãe. A única coisa que se pode dizer, sem risco de enganos, é que ele não extrai tanto prazer dessas tarefas, que sempre são uma fonte de prazer para a mãe. Esse é um efeito da diferença entre os sexos. Mesmo que isso pareça chocante, é preciso saber que o ser masculino é profundamente egoísta e só investe um registro à medida que pode esperar dele... uma satisfação sexual! Isso porque, para a secreção da oxitocina, o hormônio do apego e do bem-estar, é a atividade sexual que serve de estímulo ao lobo posterior da sua hipófise. O ser feminino, em compensação, sempre extrai um prazer próprio da satisfação que proporciona às necessidades de um terceiro. A mulher dispõe nesse aspecto de dois estímulos para a secreção da oxitocina: a atividade sexual, como seu parceiro, e a criança, a quem seu parceiro é mais indiferente. Eu diria, para representar o fato, que o motor do homem funciona apenas com uma bateria, que ele precisa recarregar de vez em quando na rede elétrica, e que o motor feminino funciona com uma bateria, igualmente recarregável na rede, mas dotada também de um dínamo que, por si só, já a recarrega em grande parte.

A atmosfera da doença

A primeira regra a ser observada diante da doença dos filhos, seja qual for sua natureza, seu desenvolvimento, suas circunstâncias, o lugar onde ela se desenrola e seja qual for a idade deles, é manter a calma. Primeiramente porque temos todas as razões para mantê-la, dados os progressos da medicina, e em segundo porque assim se consegue ser tranquilizador.

Evidentemente esse é o tipo de coisa que nem sempre se consegue controlar. Mas pode-se de qualquer modo tentar dominar os próprios impulsos, compreender como as coisas se passam e procurar gerir de modo sensato como se é afetado pelos eventos que sobrevêm. Ainda mais porque as crianças têm a extraordinária propensão de ficar doentes exatamente no momento em que precisaríamos que elas não ficassem! Ao longo de minha vida profissional, observei por exemplo a frequência singular das febres de sexta-feira à noite em crianças que ficam em creches durante a semana. Perguntava a mim mesmo que explicação isso poderia ter. De fato, estamos diante de crianças que passam a semana convivendo com miasmas e resistindo sem parar, e que cedem a eles justamente quando termina a confrontação. São tratadas durante o fim de semana e na manhã de segunda-feira voltam a "pegar no batente" como se nada tivesse acontecido! Examinados sob esse ângulo, os fatos têm o mérito de dizer mais do que se recorremos a explicações que levam em conta fenômenos de incubação e de dinâmica de replicação viral ou microbiana (explicações exatas, mas que não têm o caráter preciso e imutável a elas atribuído). Muitas vezes eu disse a pais tão surpresos quanto eu que, no fim das contas, seus filhos eram bastante "camaradas": continham-se durante todo o tempo em que sabiam que os pais não poderiam se dedicar a eles e se entregavam, arriavam, "expressavam-se" tão logo achavam que poderiam fazê-lo sem provocar problemas insuperáveis demais. Sem contar que o gênero de problema que apresentam é quase sempre de natureza bastante benigna e destinado a ter uma rápida solução.

De fato, esta é a nova dimensão da medicina infantil: há algum tempo, ela logrou livrar a patologia comum do risco de ocorrência de certas doenças assustadoras. Isso não significa que tenha conseguido colocar a criança totalmente a salvo – felizmente. Em tais condições, de fato não há razão objetiva para pânico! E a serenidade que se demonstra nesses casos constitui por si só a metade, e até três quartos do tratamento, pois o estado do adulto é percebido de maneira particularmente aguda pela criança, cuja preocupação com o que lhe acontece já é natural e espontânea. Em outras palavras, ele intervém diretamente em seu sistema de segurança – é o famoso efeito contagioso do medo!

Quando o adulto se desespera e alimenta uma preocupação excessiva, transmite à criança uma mensagem que reforça a preocupação dela. De certa maneira, isso significa comunicar-lhe que ela tem alguma razão em temer a morte. Se, ao contrário, mantém-se a calma, permite-se que a criança se livre desse temor; ela é estimulada e autorizada a extrair de suas reservas os recursos para combater a provação que está atravessando. Eis a razão para todo esse discurso.

Seu lugar no espaço

Falar com a criança

Os pais sempre falaram com os filhos. E nunca compreendi como a mensagem de Françoise Dolto foi deturpada, a tal ponto que inúmeros pais se sentem obrigados, em todas as circunstâncias e em todos os lugares, a falar sem parar com os filhos.

Uma mãe, escandalizada com o fato de eu não respeitar esse tipo de ordem, empenha-se em preencher minha lacuna: "O doutor está segurando você por baixo dos braços, está deitando você na mesa de exames, desabotoou seu macacãozinho, tirou sua perna direita, agora passou pra esquerda, colocou você de bruços, está desabotoando sua blusinha..." A coisa continuou assim, sem a mínima interrupção, durante os vinte minutos da consulta! Insuportável. Eu disse isso à mãe, e tentei explicar-lhe o sentido profundo da recomendação. É claro que nunca mais a revi. Para meu grande alívio, confesso.

O conselho de falar com a criança não visa às trocas cotidianas, em relação às quais, felizmente, ninguém precisa receber autorização para agir como bem entende, desde que não deixe a criança tonta com sua verborragia. Ele incita a colocar em palavras as emoções fortes, os conflitos, as situações graves. Seja qual for sua idade, a criança, mesmo muito pequena, revela-se surpreendentemente sensível a essa maneira de proceder. De fato, ela é sensível à voz, à linguagem falada, à entonação e à musicalidade das frases. Assim, ela fica atenta à mensagem que lhe é transmitida, cujo sentido ela compreende por um bom tempo, mesmo sem compreender as palavras antes de haver dominado a língua. Não há absolutamente nada de milagroso nisso. Deve-se ao fato, repito, de que a mensagem passa por outros caminhos que não as palavras que a veiculam. Quando falo com uma mãe que tem no colo seu bebê de três, seis, dezesseis ou vinte e seis meses, esse bebê "compreende", de alguma maneira, tudo que dizemos pelo simples contato de seu corpo com o de sua mãe. De fato, nosso diálogo terá afetado em maior ou menor grau essa mãe e modificado, sem que ela o saiba, seu tônus muscular em diferentes lugares de seu corpo. É a essas modificações do tônus que o bebê é particularmente sensível. Esse fenômeno, que conservamos em grande parte mesmo na idade adulta (basta pensar em tudo que se pode dizer sem palavras quando estamos em contato durante uma dança ou durante o amor), fazia com que Jean-Jacques Rousseau dissesse que, antes de ter inventado a linguagem articulada, os seres humanos provavelmente haviam se comunicado entre si encostando uns nos outros.

É por esse motivo que sempre aconselho os pais a colocarem seus filhos de até três anos no colo da mãe quando quiserem falar com eles, seja o falante a própria mãe, o pai ou qualquer outra pessoa.

Mamãe, papai: objetivação e subjetivação

Essa questão poderia ter sido tratada junto com a mamadeira, a chupeta e o objeto de estimação, emblemas da infância que devem ser abandonados em sua devida hora. Quantas vezes não tive de repreender pais que, ao se dirigirem aos filhos de três, cinco, oito, dez anos ou mais, falam de si na terceira pessoa, isto é, como objetos, e não como sujeitos. Assim: "Repita para o doutor o que você disse ontem para a mamãe... Você entende agora o que papai lhe dizia no carro..." Frases corretas, certamente, se a primeira não fosse dita pela mãe e a segunda, pelo pai! A primeira deveria ser "... o que você me disse ontem", a segunda, "... o que eu lhe dizia no carro". Alguns dirão que prestar atenção em tais nuanças é preocupar-se com picuinhas. Mas como levar a criança a pensar "eu" se não nos apresentamos a ela como "eu"? Se o próprio trabalho de educação visa a fazer com que apareça o "eu" onde havia o "isso", expressar-se evitando designar a si mesmo como "eu" significa adiar indefinidamente o acesso da criança a esse "eu" e não incitá-la a resistir à força do "isso" pulsional. Se algum conforto na linguagem da ternura permite sem perigo ao pai objetivar-se como o faz, essa objetivação deve desaparecer totalmente de sua fala antes do fim do primeiro ano. É melhor, e de longe, prescindir disso totalmente e assumir a si mesmo desde o início da vida da criança. O "eu" não freia de modo algum a ternura, ele manifesta o respeito (cuja importância acentuei) que o falante sente por aquele a quem se dirige.

A cortesia

Um dia eu disse ao Tom, um dos meus netos, um menino adorável de doze anos, aluno do 7º ano do fundamental na escola do bairro burguês onde mora:

– Vou lhe contar um segredo: graças a ele você pode esperar as melhores relações com todo o mundo e o sucesso em tudo que fizer. Esse segredo é a cortesia.

Ele olhou para mim de um jeito que me emocionou na hora. Havia nos seus olhos um terno divertimento, ao qual se mesclava um grande espanto, e para continuar nosso diálogo eu lhe perguntei:

– Você não acredita? Acha que é simples demais?

Ele logo me respondeu:

– Mas, vovô, você está sonhando! Ou então está brincando, como de costume! Todo mundo acha a cortesia a coisa mais cafona do mundo. O negócio agora é o contrário, é a grosseria! Quanto mais grosso você for, mais popular você vai ser.

– Entre as meninas também? – perguntei, depois de compreender o divertimento que havia em seu olhar.

– Também. Elas conseguem às vezes ser mais grossas que os meninos. Então, pelo jeito, ainda não é agora que o seu segredo vai funcionar. Quando vejo meus pais com os amigos deles, acabo fazendo um pouco como eles. E por isso não consigo bater nenhum recorde de grosseria. Resultado: não sou popular.

Isso me deu o que pensar.

Esse diálogo me mostrou a desorientação na qual se viram as crianças desta geração, em que a concorrência, no fim das contas, é entre os mais bem-ornamentados com o ouropel de sua ilusória onipotência infantil e de sua recusa de atribuir importância ao outro.

A cortesia, sobre a qual conversei longamente com meu neto, por mais inadaptado que ele pudesse se sentir, deve ser uma prioridade em todo empreendimento educativo. Ela é a melhor maneira de ensinar a existência do outro, porque é a chave das trocas que não se deixará de ter com ele mais cedo ou mais tarde. Não é por acaso que ela obedece a regras precisas, e que variam em função das culturas. O termo "salamaleque", de conotação pejorativa, designa por exemplo uma maneira de agir e se expressar suspeita, que frisa a obsequiosidade. A palavra deriva do árabe "*salam halek*", que significa "a paz esteja contigo" e que um indivíduo dirige ao outro quando o encontra, e obtém como resposta "*ualek essalam*", "e que esteja contigo a paz". Compreende-se bem, em tal diálogo, o recurso à palavra "paz", que sugere um acordo destinado a evitar o contrário da paz, isto é, o "confronto". Mas a invocação consensual da paz não basta, pois cada um dos interlocutores vai se lançar numa verificação da boa disposição do outro perguntando-lhe: "Você vai bem?", "Bem, obrigado, e você?", "Muito bem, obrigado. E seus pais, como vão?" etc. E tudo será incluído: pais, filhos, aliados, trabalho etc. Essa maneira de agir é a da língua dos nômades, entregues à incerteza do deserto e desconfiados *a priori* das intenções dos desconhecidos que encontram nas proximidades de uma fonte. Se por um lado ela deixa transparecer a desconfiança, nem por isso deixa de invocar a ideia de um possível entendimento. Isso está muito distante do que foi secretado pelo individualismo com o famoso *it's your problem* e todas as suas variantes.

Seja qual for o método – convite para imitar, estímulo, explicações, injunções, ordens repetidas, punições –, é absolutamente necessário ensinar a criança o quanto antes a dizer "bom dia" e "tchau" às pessoas próximas ou desconhecidas que estão em sua presença, assim como "por favor" quando ela pede alguma coisa e "obrigada" a quem lhe oferece alguma coisa e lhe faz um elogio. É uma maneira de tirá-la de seu autocentramento e de fazer com que tome consciência da existência do outro, para quem ela própria também é outro. E que não venham arranjar-lhe a desculpa da timidez. A timidez não é uma desculpa, é um sintoma: que traduz, seja qual for a idade em consideração, o estado de receio em que se encontra um indivíduo que tem a impressão de que o outro vai forçá-lo a sair do ventre da mãe, onde ele continua a se esconder!

Explicações e justificações

Uma ordem é uma ordem. Ponto. São palavras que emanam da vontade daquele que as profere na direção daquele a quem se dirigem e que a elas deve obedecer. Desse modo, elas instauram uma hierarquia cuja importância e cujo valor expliquei longamente.

Uma ordem não deve ser explicada, deve ser executada.

Caso se considere em certas circunstâncias que seja preciso explicar, isso só deve ser feito após a execução. Pede-se a David que ponha a mesa. Ele pergunta a razão dessa ordem, já que, de costume, é sua irmã Sophie quem põe a mesa, e ele quem tira. Primeiro se diz a ele que faça o que lhe foi pedido – o que preserva a hierarquia –, e, depois disso, a explicação será dada. Uma vez executada a ordem, pode ser-lhe dada a explicação de que Sophie vai dormir na casa da avó ou... A explicação dada junto com a ordem apaga a hierarquia e procede sempre em maior ou menor grau da sedução. Um de seus equivalentes reside na concordância que se espera, quando não na solicitação dessa concordância: "Não mexa na minha bolsa, combinado?", "Fique sentado, o.k.?", "Você poderia devolver meu celular?" Nesses casos, não são apenas tiques de linguagem que se manifestam, mas um estado de espírito terrivelmente contraprodutivo e, sobretudo, nocivo: o desejo de ser simpático, o medo de não ser amado, a crença nas virtudes de uma pseudodemocracia que desdenha a diferença entre as gerações e as responsabilidades. Basta lembrar do caso do pai idoso que explicava tudo!

Uma ordem, portanto, é uma ordem. Ponto.

Além disso, não se pode contar com o fato de que a criança vá se contentar com a explicação. A criança, cuja necessidade de testar a solidez dos parapeitos eu já assinalei, irá mais longe ainda, na esperança – não obstante sua atitude renitente – de ser colocada em seu lugar. Ela radicalizará a atitude que lhe valeu a explicação, levando o pai ou a mãe a se justificar, naquele mesmo estado de espírito, por sua atitude. Os estragos serão ainda maiores. Isso porque o pai ou a mãe que se justifica faz da criança seu juiz, invertendo assim a hierarquia das relações. Ora, essa hierarquia tem um efeito tranquilizador para a criança:

os pais, por estarem acima dela, deverão morrer antes dela; enquanto estiverem vivos, a criança não precisa temer a morte; quando a hierarquia é invertida, é como se os pais lhe retirassem a proteção que constituíam contra a morte e colocassem a criança diretamente diante dela.

Seja qual for a circunstância, o pai ou a mãe não devem jamais, em tempo algum, justificar-se diante dos filhos. Expliquei isso a um homem, pai de um criança da minha clientela, furioso por ter ouvido seu pai dizer a seus irmãos e a ele próprio, que tinham vindo lhe pedir satisfações por ele ter se separado da mãe deles: "Não tenho a intenção de comparecer ao tribunal dos meus filhos." Eu o convidei a inspirar-se nesse comportamento para ocupar seu próprio lugar no interior de sua família.

Os caprichos

Não existe bebê que não seja caprichoso, no sentido estrito dessa palavra. Nada de mais natural. O bebê é um explorador que, com uma ausência total de ordem ou de objetivo definido, faz a experiência do mundo em que se encontra e que pensa ter a faculdade de reger a seu gosto, com a sensação da onipotência que imagina ter. Não foi essa a mensagem que recebeu desde seu nascimento? Bastou ter uma sensação de fome para que sua refeição lhe fosse trazida. Bastou ter necessidade de dormir ou de ter suas fraldas trocadas para que visse criadas as condições de satisfação de seu desejo.

Com base nessa experiência, como poderia imaginar o mínimo limite a seu poder ou a mínima necessidade de pôr ordem nas suas ações? Portanto, os supostos "caprichos" não são caprichos para ele. Aliás, ele não tem caprichos, no sentido estrito dessa palavra. São os adultos que percebem assim seu comportamento desordenado e se arriscam a fixá-lo nele. Durante uma viagem de avião, observei por muito tempo, com imenso prazer, como uma mãe se comportava com um bebê de aproximadamente treze ou quatorze meses. É fácil imaginar a que ponto essa situação podia provocar impaciência e agitação. Essa mãe tinha o dom de conter sem angústia nem violência os "caprichos" do filho: quando ele estendia o braço e gritava para pegar algo que ela não queria lhe dar, ela deixava que se aproximasse e colocava dissimuladamente em sua mão, no último instante, outro objeto, ao mesmo tempo que escondia de sua vista o anterior. Pensei comigo que essa atitude carinhosa, firme e inteligente era exemplar, pois estabelecia uma certa ordem, sem reprimir a curiosidade da criança, ao mesmo tempo que a impedia de se entregar à expressão e ao exercício de sua onipotência. Pensei também que, se essa mãe era capaz de agir dessa maneira, certamente não era por acaso. De fato, com frequência a mãe que reage de outro modo recebe o golpe direto do comportamento do filho, e isso a remete sem que ela o saiba a um estágio que ela mesma necessariamente conheceu e que ela não deve ter vivenciado bem. Afloram então, malgrado seu, todos os ressentimentos acumulados diante das inúmeras pequenas frustrações que lhe foram impostas outrora. Ela considerará normal agir da mesma maneira com o filho e querer impor-lhe de uma só vez o que imagina ser a norma do mundo ao seu redor. Agirá de maneira sádica com a criança, assim como foi tratada de modo sádico em seu tempo. Infelizmente, quando se educa uma criança, essa é uma lei que jamais evita totalmente os erros de que se foi vítima. Talvez também seja essa a razão pela qual nunca é demais que duas pessoas eduquem uma criança, mesmo que seja apenas para evitar-lhe esse tipo de armadilha.

Embora os caprichos da criança maior procedam da mesma curiosidade natural que os do bebê, eles devem ser tratados com a firmeza e o espírito de dissuasão exigidos, visto que ceder a eles significa uma vez mais reforçar o sentimento de onipotência do qual, como dissemos, é tão importante livrá-la.

A fase da oposição, as proibições e o "não"

Essa é uma rubrica que não teria razão de ser, uma vez que cada uma das noções por ela anunciadas foi analisada em detalhes em outras partes desta obra.

A fase de oposição é aquela em que, na tentativa de exercer sua onipotência, a criança pequena mais ou menos hábil no uso da linguagem se esmera em dizer "não" a todas as ordens que lhe são dadas e em tentar desafiar todos os "nãos" associados às proibições que lhe são formuladas.

Expliquei o *status* do "não" que ela profere, e indiquei além disso a importância do "não" proferido pelos pais, e particularmente pela mãe. Também nesse caso, é a determinação que se mostra soberana. De fato, se a pessoa não está determinada a fazer com que a proibição seja respeitada, é melhor não proibir. Isso porque proibir sem convicção pode comprometer a autoridade: "Meu pai grita, mas ele para por aí...", é o que por vezes ouvimos as crianças dizerem! Quando acontece o contrário, um olhar ou uma presença são suficientes. E não se deve acreditar que o responsável pelo olhar ou pela presença seja aterrorizante: ele é simplesmente dotado de uma autoridade que emana da totalidade de sua pessoa e que lhe garante, por mais paradoxal que isso possa parecer, mais respeito que hostilidade ou medo.

A propósito de autoridade, recebi quando era um jovem pediatra uma lição magnífica de uma jovem mãe, num encontro em que nosso diálogo tomou, sem que o percebêssemos, uma aparência surrealista.

Eu não a conhecia e ela me havia chamado para uma consulta particular. Toquei a campainha e ela abriu a porta do apartamento, que dava diretamente para uma sala grande, cujas paredes, conforme notei de imediato, estavam sujas e rabiscadas na altura das crianças – havia quatro ou cinco atrás dela, e a última engatinhava. Eu me apresentei e, em vez de responder ao meu bom dia, ela me perguntou: "Doutor, como fazer para sermos obedecidos?" Isso me fez compreender que ela havia percebido meu olhar e o havia registrado. Tanto é que, indicando-lhe uma estante que ia do chão ao teto e que imperava bem no meio do recinto, retruquei sem outro comentário: "Mas ali está limpo". Ao que ela respondeu: "Mas ali, doutor, eles sabem que é proibido."

Ela disse isso enfatizando a palavra "sabem". O que isso significa, senão que as crianças haviam compreendido desde o início, sem que ela precisasse fazer um grande discurso, que ela não faria a mínima concessão quanto à conservação daquela estante? Que ela estava determinada?

Às vezes acontece de os pais, cada qual com argumentos bem fundamentados, não estarem de acordo entre si, e até de se oporem quanto a uma medida a ser tomada, uma ordem a ser dada ou uma proibição a ser estabelecida. A solução que deve sempre prevalecer – e pouco importa quem seja seu agente – é a que se situa do lado da educação, e, portanto, da frustração, e não a que vai no sentido da sedução.

As punições

Essa palavra é capaz de criar dificuldades por si só. De fato, basta escrevê-la ou pronunciá-la para que tenhamos a sensação de querer voltar a uma educação coercitiva de tipo vitoriano, que ignora a especificidade da criança e o respeito que ela merece.

É evidente que o melhor é não precisar punir, porque isso mostra o conflito que provocou a punição. E os conflitos são sempre desagradáveis. Não é de forma alguma impossível educar sem precisar punir: basta para isso ter uma consciência clara da importância da hierarquia das relações e uma determinação que dá consistência tanto às proibições como às ordens.

Mas, caso se permaneça na hesitação, ou quando se tem de corrigir uma linha de conduta que foi até então permissiva, não se deve hesitar em punir. Primeiramente porque a punição, pelo dissabor que proporciona à criança, permite-lhe corrigir o comportamento que a provocou. Em seguida porque, ao fazer com que a criança pague de certa maneira o preço de seu erro, evita-lhe um sentimento de culpa do qual, de outro modo, ela não saberia como se livrar.

A punição não deve em hipótese alguma ser adiada. Seja ela qual for, e sendo tanto quanto possível proporcional à sua causa, deve ser imediatamente implementada. Ela não teria nem o mesmo efeito nem o mesmo sentido se fosse aplicada em outro momento: se o incidente for recoberto por uma boa conduta, será quase esquecido pela criança, que não consegue compreender antes de certa idade o vínculo existente entre a sanção que lhe é imposta e o que ela fez algum tempo antes. Os pais correm então o risco de ser percebidos, na melhor das hipóteses, como maus, e, na pior, como injustos.

Dado o enorme prazer que a criança pequena extrai da companhia dos pais, a punição mais eficaz consiste em privá-la dessa companhia isolando-a em seu quarto ou num lugar no qual estamos certos de que ela não ficará assustada nem se machucará, o que exclui – será preciso dizê-lo? – todos os lugares escuros e armários! Ela é isolada, portanto, com a explicação de que isso permitirá que reflita, e de que virão buscá-la quando for julgado apropriado. Isso permite, caso ela proteste batendo na porta, ameaçá-la com o adiamento da volta. A punição será suspensa quando o adulto se sentir mais calmo e pronto para retomar um diálogo estruturado com a criança.

O primeiro erro a evitar, depois que a punição foi suspensa, é comentar o desgosto provocado por ela: a criança "purgou sua pena", está fora de cogitação voltar a ela e prolongá-la por sua evocação.

O segundo erro é viver o reencontro muito afetuosamente: uma certa gravidade é mais condizente com esse momento.

O terceiro, e o pior, é desculpar-se de uma maneira ou de outra por ter precisado chegar a esse ponto: isso arruína tudo que acaba de ser feito e significa entregar-se a uma sedução que penaliza em primeiro lugar a criança, que além de ter então sofrido a provação inutilmente, não saberá como se situar em relação a seus atos – uma boa maneira de enlouquecê-la!

Os castigos físicos

É lamentável que não possamos silenciar sobre esta questão: os castigos físicos mereceriam, no máximo, e apenas a título histórico, uma breve menção destinada a mostrar esse lado horroroso da educação quando os adultos ainda não haviam compreendido a complexidade do mundo interior no qual a criança pequena se debate. Eles perduram, contudo, mesmo em nossas sociedades infantólatras, já que nelas se discute a utilidade ou inutilidade das palmadas e se silencia sobre outras formas mais violentas de maus-tratos. Os castigos físicos não se justificam de modo algum. É preciso condená-los sem distinções. São procedimentos de brutos e covardes, que agiriam melhor se indagassem sobre a própria saúde mental em vez de resolver seus problemas a baixo custo vingando-se numa criança indefesa. De fato, eles constituem a solução adotada pelos indivíduos que, por hesitarem entre educar e seduzir, sofrem de uma ausência total de determinação. A atitude deles é tão pouco clara e legível que a criança nunca consegue compreender nada a seu respeito. A criança transita naturalmente na dimensão da curiosidade que a caracteriza. Assim, o que nela poderia ser um capricho, merecedor, no máximo, de um comentário ou de uma proibição claramente formulada, recebe como resposta o capricho brutal do pai ou da mãe: a surra, pois é isso que ela costuma ser, pega a criança totalmente de surpresa. Mas o pior é quando o pai ou a mãe, comovidos com as lágrimas da criança, frequentes nesses casos, logo a tomam nos braços e se põem a acariciá-la e consolá-la – um jeito ideal de enlouquecê-la e de lhe dar boas razões para uma consulta com o psicólogo!

Recorre-se a vários tipos de desculpas para o pai ou a mãe que bate, e particularmente a de que se comportam assim por terem eles próprios apanhado. Se a gravidade de um erro ou de um sentimento de urgência e de impotência leva por vezes um dos pais de uma criança mais velha ou de um adolescente a tais extremos, nenhuma desculpa é admissível quando se trata de uma criança pequena que se pode, em último caso, quando se está tomado pela irritação e pela raiva, levantar pela cintura e isolar.

Como imaginar que se pode ensinar essa criança a estabelecer uma relação estruturada com o outro quando o primeiro outro que se é para ela, na condição de pai ou mãe, abusa a tal ponto da confiança que ela estava prestes a depositar nele ou nela?

Não é, portanto, apenas a tarefa de educar essa criança que fica comprometida em razão dos castigos corporais, mas uma parte de seu futuro. E digo-o enfaticamente, sem exonerar da condenação desse processo nem o tapa na mão nem as palmadas!

Encorajar, parabenizar

Vejamos algumas manifestações com as quais é menos fácil lidar do que se imagina. Isso porque, se por um lado os estímulos podem ser oferecidos a todo momento e sem perigo de cair no excesso, por outro os parabéns devem ser distribuídos com discernimento e de modo parcimonioso.

Estimular é, por meio da própria palavra – muito investida pela criança –, incitá-la a vencer seus medos e inibições, garantindo-lhe que se está lá para prestar-lhe socorro em caso de dificuldades. É incitá-la a abandonar uma posição e, eventualmente, sacrificar um pequeno prazer para obter outro maior ao assumir uma posição nova. Não se deve esquecer que a criança adora aprender e progredir, ao mesmo tempo que teme fazê-lo, particularmente para ser leal à mãe, a qual, na imaginação da criança – e ela nem sempre se engana! –, quer mantê-la no estado em que está. O fato foi admiravelmente demonstrado num filme do pesquisador Hubert Montagner[3], rodado numa creche: dois grupos de crianças e seus respectivos pais, um deles vestido de azul, o outro de vermelho, são filmados separadamente; na presença dos pais vestidos de vermelho, vemos as crianças vestidas de vermelho envolvidas com as atividades mais banais, ao passo que as crianças vestidas de azul se aventuram nos tobogãs, nas escadas e nas piscinas de bolas; basta substituir os pais vestidos de vermelho pelos pais vestidos de azul para ver as atividades inverterem-se; quando todos os pais estão presentes, as crianças já não se aventuram em lugar algum.

Parabenizar representa algo muito diferente para a criança. Isso a lisonjeia, reforça seu narcisismo e, mais ainda, seu autocentramento. Não se deve fazê-lo, portanto, no caso da realização das atividades que se inserem no curso normal da vida, mesmo que para a criança seja uma primeira realização; extasiar-se diante de um "cocô bonito" dentro do penico não tem sentido algum: é conferir a esse coco um valor que ele não tem em absoluto; por acaso fazemos isso diante do nosso? Pode-se no entanto dizer à criança que é assim que ela deve fazer a partir daquele momento, sem por isso falar de "bem" ou "mal". Os parabéns só devem intervir em caso de iniciativa da criança ou de circunstâncias excepcionais: se, por exemplo, ela ajuda espontaneamente uma criança menor que caiu, ou se pega do chão, para devolver-lhe, o brinquedo que ela deixou cair, se diz "obrigado" sem que isso lhe tenha sido pedido. Em suma, para tudo que se refere à instauração de uma relação positiva e construtiva com o outro.

A recusa do banho

Crianças pequenas adoram a água. O meio aquoso não deixa de evocar os traços que guardam em si de sua estada no líquido amniótico. De modo geral elas adoram o banho. É um momento importante de seu dia. Gostam de prolongá-lo, derramando água sobre si mesmas e brincando com os objetos que foram autorizadas a pegar. Transformam-no facilmente numa espécie de ritual que as descontrai e prepara para o sono. Por isso, a recusa que elas por vezes manifestam nunca deve ser tomada como um capricho ou um efeito do exercício de sua

3 Autor de *L'Arbre enfant*. Paris: Odile Jacob, 2006.

onipotência. Essa recusa pode ter inúmeras causas, nem sempre fáceis de identificar. Isso pode ir do desconforto causado por uma água quente ou fria demais na ocasião anterior à ardência produzida pelo xampu, passando pela percepção de um estado inabitual de tensão na mãe. Como o banho diz respeito ao corpo da criança e às sensações que ela acumula em si, não se deve em todo o caso forçá-la a tomá-lo se ela se recusa. E não deve haver preocupação se essa recusa durar vários dias seguidos. Mesmo os fanáticos por higiene devem saber que a pele de uma criança pequena não funciona como a de um adulto e que não existe risco de que ela exale um odor repugnante. Ainda mais porque uma criança que recusa o banho não resiste de modo algum a uma limpeza com uma luva de banho.

Pode-se acelerar o retorno ao hábito propondo à criança brincar com água, algo que ela aprecia tanto que pode se deleitar com isso mesmo quando recusa o banho. Coloca-se a criança na banheira vazia – mostrando-lhe que está vazia e garantindo-lhe que não será preenchida com água –, depois coloca-se na frente dela ou entre suas pernas uma bacia cheia de água e de brinquedos com os quais ela costuma gostar de brincar em seu banho.

A recusa quando chega a hora de dormir

Eis algo que se tornou uma causa frequente de consultas independentemente da idade da criança. Tanto o bebê de onze meses quanto a criança de dois ou três anos podem, cada um com seu estilo, recusar-se a ir dormir. Isso vai das lágrimas que se derramam tão logo se fala de cama àquelas acompanhadas da estratégia de fuga ou do retorno à sala ou ao quarto dos pais depois que se conseguiu afinal colocá-las na cama. Esse problema também pode ter diversas causas, sempre difíceis de identificar. Mas, se, no caso da recusa do banho, aconselho o respeito até que a atitude desapareça por si mesma, insisto em dizer que, quando se trata de ir dormir, deve-se ser intratável e, quaisquer que sejam as palavras da criança, não deixar espaço para nenhuma possibilidade de negociação. Nesse caso, não se trata de sensações corporais, mas de seu humor do momento e de seu universo relacional. Por isso, toda simpatia manifestada em relação à negociata na qual a criança se lança equivaleria, por um lado, a reconhecer-lhe sua onipotência e, por outro, a dar crédito ao motivo do medo alegado por ela. Se compreendermos as coisas dessa maneira, estaremos mais determinados a ordenar-lhe que permaneça em seu quarto, dizendo-lhe que pode, se quiser, brincar, folhear livros ou cantar, mas que está fora de cogitação sair de lá. Se ela não obedecer e voltar para a sala, é preciso reconduzi-la ao quarto firmemente, ameaçando, em caso de recidiva, fechar a porta à chave – e não se deve hesitar em fazê-lo.

O que frequentemente impede a linha de conduta que descrevo, como de costume, são as divergências de opinião entre os pais. Um ou outro, indiferentemente, reluta em empregar esse método porque sente emergirem dentro de si os eflúvios de seus antigos medos, quando não tem a impressão de que a companhia da criança lhe seria mais prazerosa que a do cônjuge. É dessa reticência parcial que a criança se aproveita. Também nesse caso, é a posição mais severa e a mais frustrante para a criança, seja ela a da mãe ou a do pai, que deve prevalecer. Isso permitiria, aliás, que ambos conversassem sobre o estado no qual esse conflito os coloca e avançassem um pouco mais na fabricação, sempre inacabada, de seu casal.

Seu lugar no tempo

O tempo

Essa é uma das noções mais difíceis de apreender e, sobretudo, compreender. Isso porque o tempo não é apenas o do relógio, e se o reduzimos exclusivamente a essa dimensão, nós o amputamos de sua parte mais importante, à qual chamamos "tempo vivido".

Para compreender do que se trata, bastaria que nos reportássemos à epígrafe do capítulo "O que é uma criança?" e meditássemos sobre as palavras da criança que nela se expressa. Mas, no caso de isso não ser suficiente, é possível ir um pouco mais longe. A duração das férias de verão, que parece muito longa, por exemplo, para uma criança em idade escolar, é muito menor para um universitário; um idoso ativo diria que elas passaram com uma rapidez inacreditável, mas, se estivesse só, doente ou à espera do retorno de seus parentes, ele as teria percebido como algo que se arrasta.

Em regra, o tempo cronológico, sempre idêntico, parece durar cada vez menos à medida que se avança em idade e, paradoxalmente, durar muito mais, seja qual for a idade, tão logo o contexto e, sobretudo, o ambiente linguístico se modificam. Dois dias em Blois parecem durar mais que dois dias em nossa própria casa; parecem durar menos, porém, que dois dias em Londres, e menos ainda que dois dias em Copenhague ou em Moscou. O exotismo e a mudança de contexto, pelo fato de produzirem uma coletânea de impressões até então desconhecidas, são responsáveis por esse fenômeno. Pode-se compreender, a partir daí, a maneira como o tempo é vivido pela criança pequena, que descobre a cada dia uma quantidade considerável de coisas do mundo tão diversificado que a cerca. De fato, pela lógica, o tempo lhe parece algo que transcorre de modo lento e que, consequentemente, tem uma duração muito extensa. Poderíamos dizer que o instante, longe de ser lábil, sempre tem para ela uma certa duração. O presente não se reduziria a essa simples passagem entre o passado imediato e o "que-virá", ele teria uma verdadeira consistência. E isso pelo fato de ela ter vindo ao mundo somente com a memória das aferências sensoriais provenientes do corpo de sua mãe e por estar construindo uma memória deste mundo novo. Ela precisa, portanto, decifrar cada uma de suas coletâneas, analisar seu conteúdo, dotá-lo de diferentes entradas, assim como de palavras-chave, passá-lo pelo crivo prazer-desprazer a ele associado, antes de classificá-lo e até de arquivá-lo. Tudo isso passa pelo estabelecimento daquela multidão de circuitos neurológicos fabricados pela criança (relembrando: 3 bilhões de sinapses estabelecidas a cada segundo de sua vida entre zero e doze meses), entre os quais será tricotada uma quantidade infinita de conexões.

Como se trata de um verdadeiro trabalho de construção, concebe-se que esse trabalho possa levar tempo – desta vez, cronológico – e que apenas progressivamente a construção se torne operacional. O banco de dados assim constituído, com seu estoque de elementos aferidos e identificáveis, será enriquecido até o fim da vida e servirá de base de avaliação do que é ou será vivido. Lemos o presente e percebemos o futuro tanto mais facilmente quanto maior a quantidade acumulada de experiências no passado.

É fácil compreender que, se a integração de novos dados se acelera com a idade, ela é lenta no início da vida. Nada é mais simples do que inserir uma nova informação no prontuário apropriado que já constituíamos com esse intuito. Mas primeiro foi preciso formar prontuários, dar-lhes títulos e classificá-los de acordo com critérios eficazes. Podemos assim conceber que uma estimulação incessante do bebê possa a um só tempo trazer-lhe uma grande quantidade de informações simultâneas e não lhe dar tempo suficiente para classificá-las e arquivá-las, a ponto de torná-lo por vezes irritável. Por isso é importante fazer com que o bebê tenha a experiência do que chamo "tempo vazio", que lhe serviria para viver o que os psicanalistas denominam períodos de "paraexcitação".

Assim, a vivência do tempo por um bebê costuma ser ritmada pela sucessão dos períodos de sono e vigília, e pelos momentos das refeições. Ela abarcará, depois, as saídas. E é apenas de modo muito, muito lento que será apreendida a sucessão dos dias; a identificação deles só virá depois do início da frequentação escolar: durante muitos meses, haverá apenas dias com escola e sem escola, antes de o domingo e a quarta* serem identificados como tais, o que abre caminho para a identificação progressiva dos outros dias.

Não se deve acreditar, porém, que tempo cronológico e tempo vivido estejam totalmente desligados. Expliquei em detalhes como, ao fim do primeiro ano, surge uma consciência brumosa da vetorização do tempo, concomitante com a eclosão da angústia de morte. A proximidade desses afetos explica que os sujeitos, ao envelhecer, tenham a sensação de que o tempo passa rápido demais: é sua maneira de traduzir o fato de que, ao sentirem esgotar-se o tempo que lhes é concedido, gostariam de poder frear seu curso. É como a presença da ideia angustiante da morte acompanha o ser humano ao longo de toda a sua existência. É o que faz sua especificidade, já que os animais não têm consciência alguma de seu destino de mortais. Essa consciência de nosso destino mortal é tanto mais bem suportada quanto for acompanhada de uma consciência similar de que estamos mergulhados na vida, isto é, de uma consciência do tempo em que estamos plenamente vivos. A proximidade e o equilíbrio entre essas duas consciências nos incitam a ocupar sem reservas nosso tempo de vida e a propulsionarmo-nos sem reservas nesta vida. Mas para isso é preciso que tenhamos

* A quarta-feira costuma ser dia de folga parcial ou total nas escolas francesas. (N. da T.)

tido a experiência de nossa "sobrevida", isto é, que tenha sido inteiramente possível para nós sentir o tempo transcorrer sem a mínima interposição entre esse decurso do tempo e a percepção que dele tivemos.

É nesse ponto exato que se situam tanto o tempo vazio – as paraexcitações – quanto a frustração. Se em vez de usufruir uma tal experiência tivermos sido incessantemente mimados com presentes de todo tipo, com ímpetos de solicitude, não poderemos estabelecer o equilíbrio de que precisamos e passaremos cada segundo de nossa vida a temer a morte no segundo seguinte. E não teremos outra saída para combater nosso medo senão a de instaurar rituais complicados e extenuantes ou a de explorar todas as fontes possíveis de prazer.

É por levar em conta esse efeito da indispensável percepção do transcurso do tempo que defendo processos educativos que devolvam a criança ao tempo que intervém em seu futuro a ponto de transformá-la em quem será.

Esses processos educativos existiram. Foram descobertos de maneira empírica e serviram-se de diferentes meios para produzir os efeitos patentes e dignos de elogios que devemos reconhecer-lhes. Como explicar, por exemplo, a genialidade de um Pascal, para citar apenas ele no século XVII, que viu outros gênios? Tudo que ele faz, diz e escreve se situa sob o signo da razão. E pode-se revirar sua obra inteira sem nunca encontrar o mínimo traço de parasitação por um resíduo de onipotência infantil. Se a razão pôde ser investida dessa maneira, foi porque o equilíbrio, cuja necessidade enfatizei, entre a consciência da vida e a consciência do destino humano mortal foi perfeitamente alcançado, em particular pelo recurso à fé cristã e pela relação com ela.

Mas, se nos arriscarmos a extrapolar a partir dessa constatação, seremos obrigados a enxergar nela o problema que nossa espécie inteira tentou resolver nas centenas de milhares de anos de aquisição da linguagem e do pensamento. Como viver, portanto, depois de descobrir rapidamente que a vida de cada um é limitada por sua morte? Esse é precisamente o problema que se apresenta para toda criança desde sua mais tenra idade. E lhe é pedido, num lapso de tempo que, afinal, é extremamente breve na escala paleontológica, que o resolva. O que ela pode fazer? Não tem escolha: está contra a parede e se agarra loucamente ao único instrumento de que dispõe e cuja inanidade desconhece: a ilusão de sua onipotência. Como eu disse, ou se deixa a criança nessa ilusão – que ela arrastará por toda a vida e que comprometerá sua inserção na vida –, de tanto compreender, explicar, ser solícito e superproteger; ou se ajuda a criança a livrar-se disso defendendo a verdade, o que só pode ser feito com uma determinação e uma força proporcionais à violência na qual sua angústia a coloca.

Os prazos

Por que essa noção é importante? Pelo fato de ser frequentemente utilizada, mas sem levar em conta a percepção específica que a criança tem do transcurso do tempo. Dizer a uma criança de três anos que ela faz aniversário dali a uma semana não significa nada para ela. Não será surpreendente que ela passe o resto da semana perguntando a cada instante quando será seu aniversário. Se os pais dizem a uma criança que vão viajar depois de amanhã e que ela ficará aos cuidados da vovó, isso não será registrado de modo algum como se quis dizê-lo. A criança não tem um grande poder de previsão e leva tempo para adquiri-lo. Só começará a se aproximar dele quando tiver aprendido a ler as horas. Não se deve estranhar que ela pergunte a cada dez minutos se falta muito para chegar à casa da tia Germaine, mesmo depois de terem explicado que a viagem vai durar cinco horas, e até que vão parar para comer no caminho.

É com excelentes intenções que, de modo geral, se procede assim: não se deseja colocar a criança no último instante diante do fato consumado. Ter-se-ia a sensação de não haver respeitado a criança como pessoa. Pode-se tomar como regra que até dezoito ou vinte meses, ela seja advertida apenas no último instante do que vai viver (a saída ou a ausência dos pais, a noite que ela vai passar na casa dos avós etc.), depois esses prazos serão progressivamente prolongados, começando com um "daqui a pouco", até que ele vire um par de horas, mas não mais do que isso, ao fim do terceiro ano. Se por volta dessa idade for necessário avisá-la com antecedência maior (por exemplo, sobre a mudança de domicílio em caso de guarda alternada), isso pode ser explicado pelo "nanar": "Você vai nanar aqui, depois a gente vai acordar, você vai nanar de novo, a gente vai acordar mais uma vez e à noite, papai (ou mamãe) vem lhe buscar."

As ameaças

Quando se demonstra determinação, as ameaças raramente são necessárias. Elas só o são para anunciar à criança a punição que ela poderá sofrer se não obedecer ao que lhe foi dito. Por isso, são capazes de evitar o acirramento da situação. Também nesse caso, é importante levar em conta a relação da criança com o tempo: é no tempo do conflito que o conflito deve ser resolvido, portanto a ameaça não deve anunciar uma punição que será adiada. Isso não tem alcance nenhum e poderá até desestabilizar a criança. Está fora de cogitação, caso se esteja no carro, ameaçar proibi-la de brincar com a priminha que a espera, é melhor ameaçar retirar-lhe o brinquedo da mão!

A ausência dos pais

A criança valoriza e aprecia muito estar na presença dos pais, que por vezes a privam de sua presença, felizmente. Isso porque eles têm sua vida – e é seu dever, relembro, privilegiá-la –, porque têm vontade de sair para ir ao teatro ou ao cinema, de jantar a sós ou na casa dos amigos, ou até de viajar por uma semana para tomar sol ou esquiar. Como foi dito a propósito dos prazos, a criança só será inteirada das decisões deles no último minuto. Isso será, por um lado, respeitar a relação dela com o tempo e, por outro, comunicar-lhe que eles têm vida própria, independente dela, e sobre a qual não têm de prestar contas. É imperativo, porém, que ela seja avisada. Quando se trata de uma simples saída, a mãe (de preferência) pega a criança no colo para lhe comunicar o fato, tranquilizando-a sobre a importância da pessoa a quem será confiada e dizendo-lhe que, quando ela acordar, já estará de volta. Deve-se evitar, sempre que possível, deixar que a criança adormeça antes da saída dos pais ou aproveitar seu sono para escapulir: de fato, ela ficará perturbada se acordar de repente e não ver os pais acorrendo a seu chamado, mas sim um rosto estranho. Se a ausência for prolongada, num momento sempre próximo da partida, deve-se dizer que ela vai nanar e despertar várias vezes – pouco lhe importa o número de vezes, ela não tem esse conhecimento – e, até seus dezoito ou vinte meses, sua mãe lhe entregará uma camiseta, se possível de cor bem viva, que a criança a viu vestir naquele dia ou no dia anterior, e que terá seu cheiro, dizendo-lhe que deixa a camiseta com ela e que a pegará de volta quando retornar – e deve fazê-lo. Tudo isso assumiu agora uma dimensão nova, com as webcams e os celulares. Pode-se telefonar, falar ao telefone, ver e se mostrar. Não que o bebê precise disso: ele sempre digerirá a ausência sem grande dificuldade, mais isso tranquilizará talvez os próprios pais e a pessoa a quem confiaram a criança.

A creche, as babás[4*], *as* baby-sitters

Vejamos algumas circunstâncias e personagens cuja intervenção, cada vez mais frequente na vida das crianças, participa de seu processo de localização no tempo. De fato, elas dão ritmo ao cotidiano, a tal ponto que os encontros com elas chegam a se organizar, por vezes, como verdadeiros rituais: algumas vezes é a mãe, outras, é o pai que acompanha a criança até a creche ou à casa da "tia"; depois, no fim da tarde também, chega o momento do reencontro, às vezes quando já anoiteceu, ou ainda de dia. Depois, é a volta para casa, para os beijos, para o banho, as boas comidas e a hora de nanar. E tudo recomeça. É uma ampliação do horizonte familiar.

É extremamente importante que os pais manifestem diante da criança a confiança que sentem na pessoa a quem a confiam. Se acontecer, quando as crianças aprenderam a falar, de elas se queixarem da babá pessoal ou da que trabalha na creche dizendo que ela foi "malvada", é preciso sistematicamente, exceto em casos excepcionais, tomar o partido da babá e não o da criança, ainda que seja necessário consolá-la. É uma maneira de mantê-la dentro da hierarquia das relações. Está fora de cogitação, pelo fato de se pagar a essas pessoas, retirar-lhes suas prerrogativas educativas. Seria trair a confiança investida nelas e prejudicar a criança, acreditando favorecê-la.

A mesma atitude deve ser observada em relação à ou ao *baby-sitter*, mesmo que sua presença não seja tão regular e mesmo que, pela força das circunstâncias, intervenham várias pessoas diferentes. Uma

---

4 Eu deveria designar essas pessoas pelo nome oficial de "assistentes maternas", como passaram a ser chamadas. Mas sinto dificuldade de retirar-lhes o nome próximo da onomatopeia pelo qual tantas vezes vi as criancinhas as chamarem.

* Em francês, *nounou* [pronuncia-se "nunu"]. (N. da T.)

vez feitas as apresentações, é importante dizer como se quiser à criança, seja qual for sua idade, que o poder de proteção e a autoridade estão sendo delegados à pessoa em questão.

Em viagem

A mudança de contexto, inerente a qualquer viagem, mesmo de apenas alguns quilômetros, vai provocar, como expliquei acima, sobretudo na criança pequena, um aumento da coletânea de impressões e um dispêndio energético maior destinado a integrá-las. Não devemos nos surpreender, portanto, que à viagem se sigam algumas manifestações de irritação ou desconforto. O importante, então, é tranquilizá-las e convidá-las a investir os objetos familiares que tiverem sido levados para ela. No caso de uma criança mais velha, pode acontecer de ela manifestar ora entusiasmo, ora impaciência. Neste caso, que só incomoda porque costumamos ficar contentes com a manifestação de seu prazer, ouvimos a criança perguntar repetidamente: "Quando a gente vai chegar?" ou "Vai demorar muito pra gente chegar?" É inútil querer que ela mude de comportamento. O melhor a fazer, nessa circunstância, é mostrar-lhe, em função da duração da viagem, o ponteiro pequeno ou o ponteiro grande do relógio e dizer-lhe que, quando o ponteiro pequeno ou o grande estiverem em tal lugar, será o momento da chegada. Esse procedimento é uma maneira de apresentar a criança à sujeição – que é a condição de todos nós – ao transcurso do tempo. Felizmente, elas costumam adormecer com o balanço dos meios de transporte.

Quando se chega ao local de destino, a criança tem o direito, como qualquer um, de visitar o espaço no qual vai passar algum tempo, para se familiarizar com ele e identificar o cantinho em que se sentirá melhor. Da mesma maneira, deve-se apresentá-la às pessoas com quem se encontra se a viagem leva à casa de parentes ou amigos. Uma boa oportunidade, depois que a cortesia lhe foi ensinada, para exercitar-se nela.

A vida cotidiana

A refeição em família

Esse é um momento de importância considerável na vida de todas as crianças, e isso desde que elas entram na troca. De fato, nada lhes dá uma ideia melhor de seu lugar na hierarquia, no espaço, na sociedade e no tempo. Por isso, quando possível, o melhor é fazer com que a criança participe o quanto antes da reunião para se alimentar. Mesmo que ela já tenha comido, pode-se arrumar um lugar para ela, quando ela é pequena – as cadeiras de refeição, altas e com pés ou presas na mesa, servem maravilhosamente bem para essa operação. Além de assistir à reunião dos pais, e até dos irmãos, ela se impregna com o espírito do que se chama "convivência". O compartilhar dos alimentos é um rito universal dos mais antigos e dos mais civilizadores. O que é o compartilhamento do pão e do sal, presente em todas as culturas desde tempos imemoriais? Não foi o compartilhamento do pão que originou a palavra "companheiro"? E qual é o significado dos convites para jantar que fazemos ou dos convites para o restaurante que marcam as relações de todo tipo, inclusive as de negócios? Seja qual for a qualidade da refeição para que se foi convidado, o conviva teria meios para oferecê-la a si mesmo. Não é, portanto, o fato de o anfitrião oferecê-la que intervém na relação, é o compartilhamento da alimentação que desarma automaticamente a agressividade e instaura uma forma de cumplicidade elementar. De fato, mesmo sem palavras a afetividade circula consideravelmente nessa ocasião em que cada um, ao se encontrar nas condições de necessidade alimentar vividas desde que chegou ao mundo, atesta a importância que teve o outro e que continua a ter, a partir da satisfação dessa necessidade elementar. Com a diferença de que o primeiro pode e deve ser substituído por qualquer outro. É esse o efeito do que nos ensinam as boas maneiras à mesa, cujas implicações educativas são de primeira grandeza: de fato, o prato, o garfo, a faca, a colher têm em nossas sociedades a função de mediadores entre nós e o alimento absorvido, o qual é assim nitidamente diferenciado do alimento proveniente do corpo da mãe, com o qual nos saciamos desde a aurora da vida. A participação no café da manhã, por um efeito de imitação e pelo prazer de bicar na comida alheia, é um excelente estímulo ao abandono da mamadeira.

A importância da refeição em família por acaso implica que os pais devam renunciar à vida pessoal? Em absoluto. Mas, quando sua vida pessoal ou social lhes permite, devem investir esse ritual, tanto no caso de uma refeição amorosamente cozinhada quanto ao compartilhar um prato congelado ou uma lata de sardinhas.

As roupas

As roupas para bebês e para crianças já têm estilistas, linhas de moda e lojas. Esse mercado tem florescido, não apenas porque a criança suja e gasta roupa, mas também porque cresce e precisa, portanto, renovar periodicamente seu guarda-roupa. Ao longo de minha carreira, vi essas roupas se modificarem de um modo dos mais agradáveis, sobretudo porque a riqueza dos novos materiais e a invenção estilística contribuíram para forjar uma estética que, mesmo quando desenvolve produtos baratos, faz justiça à beleza dessa idade. Deploro, no entanto, que menininhas de pouco mais de um ano até um ano e meio – para não falar das maiores – usem com tanta frequência calcinhas com babados e rendas, como se devêssemos, desde essa tenra idade, prepará-las para serem *sexy*! Parece-me igualmente lamentável ver menininhos disfarçados de pseudoadultos. Se esse procedimento se destina a produzir algum efeito, ele consegue. Mas não podemos, ainda mais quando alardeamos nosso respeito pela criança, embaralhar a esse ponto as referências que suas roupas constituem para ela. As roupas só precisam ser confortáveis e fáceis de pôr e tirar. Em suas memórias[5], o prêmio Nobel de literatura Elias Canetti conta um episódio de incontinência vivido na infância, o qual lhe valeu a ameaça materna de voltar a vesti-lo com macacãozinho, justo quando acabara de receber sua primeira calça curta. A ameaça por si só fez com que ele recuperasse o controle dos esfíncteres.

Para concluir este assunto, eu acrescentaria que, mesmo que isso provenha de um sentimento nobre, é melhor, durante muitos anos, escolher as roupas que a criança vai vestir e não lhe perguntar o que ela quer vestir. Caso contrário, pode haver decepções e mal-entendidos capazes de perturbar mais a própria criança do que a relação dela com

---

5 Elias Canetti, *La Langue sauvée. Histoire d'une jeunesse*. Paris: Le Livre de Poche, 1984.

os pais. De fato, o que fazer se ela escolhe colocar uma roupa de verão quando faz muito frio? Pode-se sempre explicar-lhe a situação. Talvez ela entenda, mas o que ela não vai entender é ter sido autorizada a escolher e, logo depois, proibida de fazê-lo. Isso se chama "injunção paradoxal" e tem a propriedade de desequilibrar. É considerada pelos "psis"* uma excelente maneira de "enlouquecer".

Os presentes

Eles são trocados em todas as ocasiões. E oferecê-los é tão agradável quanto recebê-los. Isso faz parte de uma linguagem sutil em que cada um diz ao outro a importância que ele tem para si, e a ambiguidade dessa enunciação ilustra o caráter interativo do gesto e sua intervenção na subjetividade dos sujeitos presentes. É bom que seja assim. De fato, tentar lançar alguma luz sobre o que esse tipo de troca veicula expõe à descoberta de sua lógica, menos gratificante do que se imagina, como o mostra Marcel Mauss[6] em seu estudo tão sagaz sobre o *potlach*. Ao contrário do que se imagina, oferecer um presente nunca é um gesto inocente ou insignificante, tanto para quem oferece quanto para quem recebe. Quem oferece na realidade compra. Compra o quê? – já estou quase ouvindo os protestos. Pouco importa: ele compra. Tanto é que quem recebe, se não quiser ser comprado, deve oferecer o equivalente do que recebeu, um jeito de "quitar a dívida" – o que o primeiro pode ter feito por diversas razões, inclusive simbólicas! Como se devesse existir imperativamente uma contabilidade, zelosa do equilíbrio entre os protagonistas. A experiência o demonstra no fato de que os que dão muito acabam sempre por colher a raiva em troca de sua generosidade.

A criança se situa, nesse aspecto, numa situação singular. Ela não sabe que o presente que recebe constitui uma forma de mensagem dirigida a seus pais. E não entra em consideração, para ela, que eles possam um dia saldá-lo por um gesto equivalente para com a criança do autor desse primeiro presente. Ela permanece "comprada". O presente terá sido para ela um gesto de sedução que a fortalece na ideia de sua

---

* Em francês, *psy*, abreviatura informal para psiquiatras e psicoterapeutas. (N. da T.)

6 Marcel Mauss, "Essai sur le don. Forme et raison de l'échange dans les sociétés archaïques", in M. Mauss, *Sociologie et Anthropologie*. Paris: PUF, "Quadrige", 2007, pp. 145-279.

onipotência. "Eu gosto muito da vovó Maria", uma criança às vezes diz, "ela sempre me dá um presente; ela não é como a vovó Joana, que só me dá presente no meu aniversário!" Será difícil saber qual das duas avós é a mais amorosa e a mais preocupada com o futuro dessa criança, quando uma privilegia o instante, em benefício próprio, e a outra, por trás de sua relativa secura, trabalha no longo prazo.

Assim, pode parecer desagradável concluir que não se deve, seja qual for o motivo para isso, inundar as crianças de mimos e de presentes, e que se deve reservar uns e outros para as circunstâncias – aniversários e celebrações – nas quais eles podem se inserir e se integrar.

A televisão

É o instrumento de maior potencial educativo de que nossas sociedades dispõem. Mas esse potencial é tão pouco explorado que ela se tornou o instrumento mais embrutecedor e mais pernicioso que se poderia imaginar.

Por que lhe conferir esse lugar e estigmatizar a tal ponto o uso que se faz dela?

Porque, ao contrário do que acontece com as outras mídias, como o rádio ou a leitura, que exigem uma e outra um pouco da atenção que solicita a atividade do sujeito, a televisão pode invadir um sujeito perfeitamente passivo e colonizá-lo sem que ele o saiba por meio de imagens que ela imprime nele, até mesmo de modo subliminar. O cinismo do presidente de um canal privado, que declarou ser seu único objetivo esvaziar a cabeça do telespectador para fazê-lo comprar os produtos cujas propagandas ele veicula, não chocou muita gente nem provocou reprovação. Esse homem não disse nenhuma novidade a ninguém, uma vez que suas palavras se revestiam de um sentido que admitia a deturpação da qual ele se valia. A iniciativa, lançada pelo novo presidente da República, de suprimir a publicidade dos canais públicos é um grande progresso, embora, em razão do caráter relativamente suspeito da sua finalidade real[7], ainda fique por elogiar. Infe-

7 Basta ver o aumento prodigioso, na Bolsa, dos títulos dos canais privados, que se viram assim livres de uma concorrência e que poderão majorar seus preços. Ora, os vínculos entre o presidente e os presidentes desses canais não são segredo para ninguém.

lizmente, porém, chegou muito tarde: gerações inteiras de crianças padeceram esse estado de coisas e a multiplicação dos canais privados não permitirá que a medida tenha a eficácia que se esperaria dela alguns anos atrás. Sem falar nos canais infantis que contêm propagandas e jogos telefônicos pagos! A televisão é e continuará a ser um instrumento pernicioso[8].

Pernicioso porque a televisão atua na dimensão da sedução, privilegiando apenas o prazer – a audiência de um canal como Arte, que tem uma ambição inteiramente distinta, é uma das mais baixas do PAF![*] –, ao qual todos estão mais ou menos prontos para sucumbir, e as crianças em primeiro lugar.

Pernicioso porque ela sacrifica a essa orientação o extraordinário potencial pedagógico do qual poderia se servir para empreender uma educação de massa.

Pernicioso porque as crianças, ao verem televisão com frequência na companhia dos pais, não dispõem dos mesmos filtros que eles para não se deixarem impressionar pelas imagens que armazenam. Quando se mede a violência veiculada por essas imagens[9] e se constata que praticamente já não existe nenhum telefilme que não recorra à cena erótica a qual, supostamente, lhe conferiria um pouco de originalidade, é forçoso admitir que ela só pode ser nociva para as crianças. Uma resposta conveniente afirmaria que incumbe aos pais manter o controle e permitir que os filhos vejam apenas desenhos animados e programas destinados a eles. Argumentar-se-á também que existem atualmente indicações sobre os limites de idade dos programas. Grande coisa! Isso significa não ter a mínima ideia do que é a vida familiar e da centralidade do lugar que essa mídia assumiu nessa vida!

Evidentemente, e eu também o digo aqui, é fundamental exercer um controle severo sobre o acesso das crianças, sobretudo das peque-

---

8 Fiz disso uma crítica muito detalhada em *Parler sur l'enfant*. Paris: Odile Jacob, "Poches Odile Jacob", 2001.

* Paysage Audiovisuel Français [Paisagem Audiovisual Francesa]. (N. da T.)

9 Na França, na faixa etária de quatro a quatorze anos, uma criança passa 850 horas por ano em sala de aula, 52 horas conversando com os pais e 1400 horas diante das telas! Nos Estados Unidos, aos dezesseis anos, ela assistiu a 20 mil homicídios! (fonte: Jacques Henno, *Les Enfants face aux écrans. Pornographie, la vraie violence?* Paris : SW-Télémaque, 2004).

nas[10], à televisão. Isso não significa apenas instaurar um pouco mais de frustração, é uma medida de proteção absolutamente indispensável. Mas advirto também quanto à extrema dificuldade com que cada um se defrontará.

Por que essa dificuldade?

Porque se trata de imagens. E a criança é louca por imagens. Tão louca quanto nós, que continuamos a sê-lo por toda a vida! Lembremo-nos de que, desde o nascimento da criança, a visão, sentido que não fora solicitado antes de sua vinda ao mundo, recebeu as informações oriundas de todas as outras áreas sensoriais e se revelou o sentido integrador por excelência. Isso não apenas redunda numa equação implícita do tipo "a vista é a vida", mas também em outra equação, tão importante quanto ela: "Acredito naquilo que vejo", de que deriva um grupo de afirmações como "é preciso ver para crer". Nosso anseio pela verdade, em particular no que diz respeito a nosso destino de mortais, acredita encontrar nisso algo que lhe sirva de alimento. E é assim embora saibamos que "não se deve confiar nas aparências". Os publicitários souberam extrair o ensinamento dessa propensão quando acrescentaram nas etiquetas de seus produtos um "visto na tevê".

Nossa sociedade tornou-se a sociedade da imagem, a ponto de cada um se preocupar com a sua. Não acho que seria útil prosseguir nessa direção, pois sabemos muito bem como as coisas funcionam, depois de tê-lo aprendido sem querer pelo teor dos programas que compassam regularmente as campanhas políticas. Gostaria apenas de insistir num último ponto, o da extrema toxicidade das imagens, cuja profusão exige, por parte da criança, um dispêndio energético considerável destinado a classificá-las e arquivá-las. De tanto insistir na questão do tabagismo passivo, conquistou-se a proibição de fumar em todos os lugares públicos. Por que não inserir uma breve mensagem antes de cada programa de televisão para relembrar os pais de que a televisão não é boa para as crianças? Isso evitaria que elas ingurgitassem passivamente imagens cuja toxicidade não é de forma alguma apenas uma teoria.

---

10 Para as quais – o cúmulo da desumanidade – foram concebidos canais destinados à faixa etária de seis a doze meses!

Os amigos

Mathieu estava triste com a perspectiva de transferir-se de escola depois de começar o 7º ano do fundamental, em razão da mudança de domicílio de sua família. Embora não fosse perder os amigos, pois sua mãe lhe dissera que poderia continuar a vê-los, passaria menos tempo com eles. Mas, quando o encontrei no mês seguinte, ele estava perfeitamente adaptado a sua nova turma:

– O legal – disse-me ele – foi a surpresa que eu tive. Encontrei um amigo que eu não via há um tempão!

– Ah! – respondi. – Um amigo do primário ou do maternal?

– Não, um amigo da creche!

As amizades se tecem muito cedo. E os vínculos tecidos são tão sutis e tão fortes quanto nas outras idades, repletos de olhares, atitudes, gestos comoventes, mas também de mal-entendidos, atritos, dramas e dores. Mais do que enternecer-se, é preciso estar atento a como a criança tenta desajeitadamente colocá-las em palavras e estimulá-la a fazê-lo. O que ela está tecendo, no caso, é a experiência crucial de outro semelhante a ela, constituído como referência, e que poderá lhe proporcionar um acesso maior ao outro mais estranho e aos outros em geral, em sua variedade.

Provavelmente em razão dos traços de suas próprias experiências, quase todos os pais cultivam e favorecem esse tipo de trocas, que lhes permite por vezes ampliar o círculo de suas relações. Haverá, portanto, encontros, saídas, passeios e até férias em comum. Existe em tudo isso um precioso fio do vínculo social em construção.

Os parentes

Essa é uma categoria diferente de "outros", que, embora mais "próximos", são bem mais distantes que o coleguinha ou o amigo que se escolheu para si. Em primeiro lugar, eles são numerosos, e são vistos com menos frequência. Além disso, têm um jeito estranho e maneiras estranhas de falar e reagir. Alguns cochicham, outros gritam. Uns têm cheiro, outros têm perfume. Alguns pegam no colo e dão um monte de beijos, outros beliscam, outros apertam a bochecha ou estendem a mão. Com uns a mamãe se comporta assim, com outros, assado. Alguns, conforme me dizem, devo chamar de avó, avô, vovó, vovô, vozinha, vozinho, tatá, tia, como a tia da creche, e outros Jacquot, Isabelle, Guillaume, Fred, Virginie...

A criança vai levar tempo para identificar quem é quem e a natureza do vínculo dos pais com esses diferentes personagens, assim como levará tempo para compreender por que alguns vêm à sua casa, enquanto outros é ela que tem de visitar. Nem sempre compreenderá a complexidade das trocas afetivas que presencia e cuja natureza só consegue vislumbrar ligeiramente ao olhar esses seres com os olhos de sua mãe.

Seu leque de experiências do outro se enriquece, de fato, e se estrutura, seja qual for a atitude desse outro, com base na relação que sua mãe tem com ele. Será descontraído e sociável se ela o for, mas tão hesitante, reservado ou tímido quanto ela puder ser. É justamente para mascarar essas diferenças, por vezes indelicadas, que serve o ensino da cortesia: ela garante, por si só, a concessão de uma consideração básica que poupará as suscetibilidades. Isso desarma a agressividade de alguns membros da família, que poderiam se sentir menos apreciados que outros.

Além disso, é pelo contato com esses parentes que a criança pequena chegará a perceber mais claramente seu lugar em sua história: se a vovó é a mãe da minha mamãe e a vozinha é a mãe do meu papai, isso quer dizer que a mamãe e o papai foram pequenos um dia – os álbuns de fotos podem completar as impressões – e que eu, um dia, serei grande; se o papai conhece o Gustave, seu amigo de futebol, desde a escola, eu também, mais tarde, terei amigos...

Os animais de estimação

Às vezes eles já estavam presentes desde antes do nascimento: um gato, um cachorro, um mainá, um peixinho vermelho, dois colibris. Eles fazem parte da casa. É preciso cuidar deles, zelar por sua segurança, alimentá-los, cuidar de suas casinhas. Eles podem adoecer. São levados ao veterinário. Falamos com eles, observamos seu desenvolvimento, fazemos carinho neles. Há cachorros e gatos com os quais se estabelecem trocas verdadeiras, muito fortes e singulares. Eles são seres vivos, evidentemente mais vivos que as plantas. São fontes de apego. Crescemos entre eles, às vezes junto com eles. Eles se tornam testemunhas do cotidiano, e deixam seus traços na lembrança, nas fotos de família.

Acontece de eles morrerem. E é um drama, uma tristeza imensa que se deve respeitar, cuja importância é preciso saber avaliar e cujo andamento é preciso acompanhar, sem hesitar em comover-se e compartilhar a tristeza, sem esconder a lágrima no canto do olho. Sejam quais forem as palavras ditas, elas precisam ser um modo de compartilhar essa confrontação com a realidade da morte. Não devemos nos surpreender se a criança não aceitar o consolo que esperamos lhe proporcionar prometendo um animal de substituição: ela sabe que cada ser vivo é único e não pode ser substituído, senão teria de aceitar a ideia de que ela própria seria substituída se viesse a morrer. É inútil, portanto, lançar-se nesse caminho. Isso não significa que não se deva adotar outro animal. Mas não se deve fazê-lo antes de alguns dias ou algumas semanas, depois que se vê a criança recuperar seu humor habitual. Pode-se tanto evocar o projeto com ela quanto fazer-lhe uma surpresa. E, conforme se verá, a criança investe rapidamente o novo animal; e assim como, ao sair da fase aguda de sua doença, recupera uma saúde esplêndida, reinveste a alegria assim que acaba sua dor.

Os aniversários

Os aniversários não são festejados em todas as culturas. Não se pode imaginar, evidentemente, como isso seria possível nas sociedades sem registro civil, ainda que elas tenham se tornado raras. Eles também permanecem ignorados em algumas sociedades com registro civil nas quais, em razão do receio do "mau olhado", nunca se diz a idade dos indivíduos, e muito menos das crianças. É curioso saber que eles adquiriram a força de rituais nos países latinos católicos, nos quais prevalece o dia dos santos, apenas por volta dos anos 1960-70. Até então, eram festejados somente nos países anglo-saxões, onde foram reintroduzidos pela Reforma. Foi em meados do século XIX que se exportou a tradição da festa e do bolo da Inglaterra, onde o ritual era reservado aos nobres, às personalidades importantes e às crianças. O mundo comercial, o cinema americano e a busca por acontecimentos espetaculares, em particular por parte da mídia, bastaram para difundir seu uso.

São as ocasiões das festas familiares que permitem à criança tomar consciência da geografia de sua família e do seu lugar no meio em que vive. Isso porque eles são por vezes festejados várias vezes, nos diferentes círculos das famílias recompostas, por exemplo, e na casa da babá, na creche, às vezes até na escola.

Se por um lado os aniversários participam da construção da consciência identitária da criança, por outro fazem por vezes com que ela corra o risco de se estabelecer num narcisismo hipertrofiado. Um aniversário que reúne inúmeros convidados – e seus respectivos presentes! –, e realçado pela intervenção de palhaços, músicos e fogos de artifício assemelha-se mais a uma sagração sem fundamento do que a uma maneira de contar o bom tempo de vida! E isso não deixará de influenciar a relativização, se não a supressão do sentimento de onipotência. Por isso, parece preferível, exceto no caso de algumas datas simbólicas que só surgirão muito mais tarde, preservar a criança desse tipo de deturpação.

Outro erro, cometido frequentemente e que deve ser evitado a qualquer custo, consiste em oferecer presentes nessa ocasião também aos irmãos e às irmãs do herói. Ao usar como pretexto o desejo de evitar que eles fiquem frustrados e enciumados, obtém-se exatamente o resultado inverso. Isso porque os presentes que lhes são oferecidos serão necessariamente menos vistosos que os oferecidos ao herói da festa; e, se forem equivalentes, já não haverá herói! Por um lado, a frustração que eles poderiam sentir com a ausência de presentes, se é que a sentem, é, como sempre, bem-vinda, e eles sabem, por outro lado, que um dia serão festejados da mesma maneira, o que contribui para seu aprendizado do transcurso do tempo e da paciência.

O pudor

Se tomarmos como grandes eixos da educação o fato de ajudar uma criança a encontrar seu lugar na sua história e no espaço, assim como a apreender sem terror o transcurso do tempo – tudo isso no intuito de livrá-la do sentimento ilusório de sua onipotência –, compreenderemos então a importância do pudor, injustamente atacado porque confundido com muita frequência com o puritanismo, característica insuportável, em geral reativa, de alguns adultos.

O pudor não é inato na criança pequena e demonstrou-se que ela, submetida à violência de suas pulsões, não tem a mínima ideia de um limite qualquer. A criança pequena integra o pudor e o transforma em algo de seu por imitação e pelo lugar que os adultos à sua volta conferem a ele.

Lembro-me de um dia ter provocado a indignação de uma família inteira ao defender certo ponto de vista. Eu havia chegado na hora do almoço para ver uma criança doente. O avô me recebeu e me acompanhou até a copa, onde a família estava reunida à mesa. E o que logo me chamou a atenção foi ver, bem no meio da mesa, como num trono, entre o prato, a cesta de pão e a garrafa de vinho, a criança que eu devia examinar sentada em seu penico! Quando perguntei a essas pessoas se elas eram capazes de se imaginar numa situação idêntica, elas retrucaram que a criança era apenas uma criança. E deram a mesma resposta quando lhes perguntei se não achavam que ela tinha direito, tanto quanto cada um de nós, ao respeito de sua intimidade, sentando-se no penico dentro de um banheiro cuja porta seria encostada. No fim das contas, a situação revelava a existência, na mente dessas pessoas, de um corte radical entre a criança e o adulto que ela seria mais tarde; o que, de fato, só poderia despertar a nostalgia da própria infância e incitar a criança que tinham sob sua responsabilidade a ficar presa aí e, sobretudo, a não se livrar de maneira alguma da onipotência que lhe era reconhecida!

É um erro não ensinar à criança o quanto antes o pudor que certas situações exigem.

Assim como o fato de colocar o penico no banheiro lhe dará uma ideia adequada da serventia desse lugar e da fisiologia trivial das funções excretoras, das quais ninguém pode escapar, é importante demonstrar-lhe o respeito que se tem por sua intimidade e oferecer-lhe, com a utilização do banheiro, uma nova referência espacial. É verdade que ela já é lavada ali, mas não será admitida no banheiro quando os pais fazem sua toalete, assim como não é admitida no banheiro quando eles ocupam o sanitário. Como um estímulo para que se torne autônoma, diz-se à criança nessa ocasião que ela mesma poderá tomar banho sozinha assim que souber fazê-lo.

Essas considerações introduzem, como decorrência natural, a questão da nudez dos pais, cujo debate toma acentos passionais. Não deveria haver discussão alguma! Colar nas relações dessa idade os argumentos em torno da nudez em geral é recusar-se obstinadamente a respeitar e fazer respeitar a diferença geracional que intervém em primeiro lugar na compreensão da noção de tempo. Nenhum dos pais, e seja qual for o sexo da criança, deve se mostrar nu a ela. Já posso ouvir as objeções: mas nesse caso será que ela não vai ficar com um monte de perguntas na cabeça? Sim, vai, e isso é muito bom, e quanto mais perguntas melhor! Mas será que ela não vai concluir que a nudez é vergonhosa, e virar mais tarde uma pessoa "complexada" (outra palavra técnica que entrou na linguagem cotidiana!), que não vai querer mostrar-se nua? De qualquer forma, mais cedo ou mais tarde ela passará a não querer expor sua nudez; afinal, é preciso reconhecer que estamos cercados de pessoas vestidas: cobrir-se é a condição comum, e ver os pais nus, pelo fato de o corpo adulto deles ser impressionante, só faz com que a criança se sinta esmagada e se apegue a eles de modo insuportável!

Quinze anos de análise foram necessários àquele homem para trazer à tona a origem do mal-estar que envenenava sua existência: sua mãe o fazia tomar banho com ela e, orgulhando-se de sua psicologia, abria as coxas, mostrava-lhe seu sexo e dizia: "Foi daqui que você saiu, mas saiba que, mesmo que aconteça de você ter vontade de voltar pra cá, não vai voltar nunca mais, isso está proibido pra você!"

Outra mulher precisou de quase o mesmo tempo: seu pai, até os oito anos dela, fazia questão de dar-lhe banho: "Era um verdadeiro ritual, que começava com o fato de ele me fazer abrir as pernas e aproximar seu nariz para verificar se cheirava bem ou mal. Depois ele ensaboava longamente o meu sexo e, antes de enxaguar, entrava na banheira para não perder a água do enxague. Como eu não sabia o que fazer para escapar disso, disse-lhe um dia que o sabão ardia na minha pele. Ele não quis acreditar e, para provar que eu estava errada, descobriu a glande e ensaboou-a, dizendo-me que não ardia e, por isso, não devia arder em mim, porque sua glande era tão sensível quanto meu sexo."

O banho entre crianças

Ganha-se tempo ao dar banho nas crianças reunidas, sejam elas do mesmo sexo ou não. É também um prazer para elas e um momento particularmente apreciado graças aos jogos de água que inventam. Mas trata-se de uma comodidade e de um prazer aos quais, quando se quer ensinar-lhes o pudor, é preciso saber renunciar, e que não devem se prolongar depois dos quatro anos da criança mais velha. Também nesse caso, a questão é se isso não vai suscitar perguntas. Além do fato – repito – de essa reação ser muito boa, é preciso saber, também nesse caso, que a medida será integrada sem dificuldades se a decisão for comunicada sem hesitação, explicação ou outros constrangimentos.

O sexo

Vasto assunto! Quando Freud se pôs a falar sobre sexualidade infantil, provocou um verdadeiro clamor de protestos! Tudo que se relacionasse a sexo nessa época era tão reprimido que o simples fato de falar a respeito, ainda por cima a propósito de crianças, só poderia parecer intolerável. Hoje, porém, quando o sexo, elevado a emblema de liberdade, maturidade e abertura de espírito, é usado em todas as ocasiões, quando a mínima publicidade se serve dele, quando a pornografia não invadiu apenas as telas de computador, quando já não se pode ver um único filme sem que apareça uma cena de relação sexual, por vezes até homossexual, quando a exposição sobre o Inferno* da Biblioteca Nacional bateu recordes de visitação, a própria criança tornou-se um objeto sexual. Foi por isso que, em 2006, na mais franca legalidade e diante da indiferença tanto de Bruxelas quanto da Unicef, constituiu-se na Holanda o primeiro partido político pedófilo[11]. E não menciono esse fato para fazer alusão ao deplorável processo de Outreau. Pretendo apenas chamar a atenção para um estado de espírito que se generalizou e que, conquanto diametralmente oposto ao que reinava na época de Freud, nem por isso é mais simpático ou menos gerador de catástrofes!

---

* O chamado *Inferno* da Biblioteca Nacional da França é um acervo que reúne livros eróticos do século XVI aos nossos dias. (N. da T.)

11 *Le Figaro Magazine*, 24/7/2006, p. 24.

O que Freud descreveu existiu em todas as épocas. Mesmo quando bem pequenas, as crianças sempre olharam e mexeram no próprio sexo, assim como tentaram ver o sexo do outro e saber o que afinal acontecia entre papai e mamãe quando eles se fechavam no quarto. Essa curiosidade, eterna e universal, não tem estritamente nada a ver com o sentido que lhe dão os perversos, e muito menos com o uso que querem fazer disso. E, quando falo de perversos, não excluo alguns pais que temperam suas manobras sedutoras com esse ingrediente inqualificável!

A curiosidade da criança é sã, fundamentalmente sã. Ela demonstra a vivacidade e a maleabilidade de um processo de pensamento que está em construção e que busca compreender os fenômenos da vida que flui através dela. Para usar uma imagem, costumo me referir ao que acontece, exatamente em sentido inverso, entre o raio e o para-raios. Essa extraordinária descarga energética constituída pelo raio cai na ponta do para-raios, que a conduz ao solo, o qual a absorve e neutraliza. A vida, que borbulha na criança e lhe dá energia fenomenal, atravessa e afeta seu corpo de múltiplas maneiras e se concentra nos órgãos genitais, que já estão moldados para poder transmiti-la posteriormente. Sábia precaução, inscrita pela natureza, a fim de perpetuar a espécie, acrescentaria eu no mesmo espírito de um anatomista inglês, de cujo nome não me recordo, mas que dizia essencialmente que, se a natureza podia cometer erros em órgãos tão pouco importantes quanto o cérebro, o fígado, o coração ou os rins, ela não cometia praticamente erro algum do lado essencial, isto é, do lado do sexo!

As sensações sexuais, presentes já durante a vida intrauterina, intrigam a criança, que tem o imenso mérito de registrá-las e tentar compreender sua finalidade.

No entanto, o fato de ela se interessar por isso de modo agudo e assíduo não significa que possa fazer do órgão sexual um uso qualquer. No que lhe diz respeito, é com certa angústia e expectativa que aguardará sua maturação. É nesse aspecto que sexo e tempo estão intimamente ligados[12]. Isso é ilustrado por uma piada divertida: um pedagogo se encontra na presença de três crianças; uma delas brinca

12 A esse respeito dei uma conferência que intitulei: "Les abus sexuels sur enfants ou la mise à mal du sextant", cujo texto está em meu *site*, <www.aldonaouri.com>.

com um carrinho, outra com um avião, enquanto a terceira está imersa na contemplação de uma página arrancada da *Playboy*. Ele pergunta à primeira o que ela quer ser quando crescer. E ouve a resposta: "Piloto de corrida". A mesma pergunta feita à segunda lhe vale um: "Piloto de avião". Ele é obrigado a fazer a pergunta duas vezes à terceira, que, forçada a sair de sua contemplação, responde: "Grande. Só isso. Grande!"

É por meio desse interesse e pelo registro do que acontece na interação com seus pais que a criança constata progressivamente sua identidade sexual e sabe por si mesma e para si mesma que é um menino – que será depois um homem como papai – ou uma menina – que será depois uma mulher como mamãe. Uma identidade sexual que não existirá sem suscitar, desde essa idade, uma série de problemas complexos que a criança poderá passar a vida inteira tentando, por vezes em vão, resolver.

Eles vieram juntos trazendo Thierry, de três anos, irmão gêmeo de Blandine, justamente por estarem preocupados com a questão de sua identidade sexual. De fato, nada agrada tanto a Thierry, conforme a explicação deles na presença do menino, quanto brincar de boneca – ele tem umas doze, diferentes das de sua irmã e escolhidas por ele –, vestir os sapatos da mãe, os vestidos que ela deixa eventualmente sobre uma cadeira, surrupiar seu tubo de batom para se maquilar etc. A paciente retomada da história de cada um dos pais trouxe à baila o ódio que a mãe sentiu desde cedo, e que não se havia emendado, contra os dois irmãos entre os quais estava espremida; e do lado do pai, o desgosto por ter sido um menino com quatro irmãs mais novas. Depois que tudo isso foi meticulosamente considerado, convidei os pais a retornarem juntos sem Thierry.

Na consulta seguinte, a mãe entrou primeiro e declarou entusiasticamente que lhe haviam falado muito bem a meu respeito, mas que lhe haviam ocultado o fato de eu realizar verdadeiros milagres. Sentou-se então e me contou: "Assim que entramos no carro depois de sair do seu consultório, Thierry me disse: 'Mamãe, quero que você compre um caminhão pra mim.' Fiquei tão, mas tão surpresa, que lhe perguntei: 'De que cor?'" Revivendo integralmente o diálogo que ela me relatava, ela colocou em sua frase, pronunciada de modo áspero, uma nota de repro-

vação que teria impressionado até a mim. "Ele me respondeu: 'Rooooo-sa'" – e novamente, sem conseguir evitar a imitação, ela restituiu o tremor da voz e o tom literalmente assustado da resposta do menino!

As carícias sexuais

É a coisa mais banal que existe e nenhuma medida ou precaução pode evitá-la. É importante dizer atualmente que os pais estão obcecados com histórias de pedofilia e outros desvios sexuais.

O interesse da criança por seu próprio sexo, assim como pelo sexo do outro, seja ele igual ou diferente, é parte integrante de seu desenvolvimento. Entre crianças pequenas, isso acontece na hora do banho; entre as maiores, isso é disfarçado pelo jogo do médico. O fato de as coisas serem assim não significa, contudo, que isso deva ser estimulado ou organizado pelos pais, que tampouco devem se comportar como espectadores passivos. Quando lhes acontece de surpreender esse tipo de atividade, devem intervir para fazê-la cessar. Não por meio de uma bronca ou de um julgamento moral do tipo "que vergonha!" ou "isso é feio", mas simplesmente exigindo que ela pare de imediato. Um "pare com isso, vista-se e arrume outra brincadeira" coloca o limite, evita o questionamento, reforça a ideia de respeito da intimidade e contribui para o aprendizado do pudor. A criança compreende-o sem a mínima dificuldade e concebe como algo relacionado à ordem das coisas, já que não lhe é dado ver ou tocar o sexo dos pais, nem ver os pais fazendo tais carícias entre si.

A masturbação

Se, por um lado, a carícia sexual não deve preocupar nem impressionar, como costuma acontecer, por outro, a atividade masturbatória regular ou compulsiva na infância suscita questionamentos nos pais. Em vez de serem encorajados a ir até o fim do questionamento legítimo que manifestam, os pais foram frequentemente incitados a reagir de modo discreto e, antes de tudo, de modo que não provocassem sentimento de culpa. Com esse intuito, banalizou-se sua ocorrência com a explicação de que a criança assim explora seu corpo, que lhe pertence, afinal de contas. E deu-se a entender que a reação espontânea que eles poderiam ter seria nefasta para a inocência da criança e fatídica para o desenvolvimento futuro de sua sexualidade.

Desse modo se logra não apenas fazer com que eles se calem, mas também, pela sugestão de uma ameaça sutil, criar neles um sentimento de culpa, impedindo-os assim de ajudar a criança a se libertar do sintoma que ela manifesta dessa forma.

A masturbação compulsiva em crianças pequenas é uma atividade banal? Certamente que não. E não venham alegar argumentos de que a criança pequena, ao mexer em seu sexo, de repente descobre sensações agradáveis que seria assim levada a renovar à vontade. Não existe criança pequena que não mexa em seu sexo. E não existe criança pequena que, ao fazê-lo, não tenha sensações agradáveis. Já que não há exceção à regra, porque algumas delas se masturbam em todas as ocasiões e em qualquer lugar e outras não?

Tal fato não permite, portanto, inserir essa atividade na categoria do banal.

E o que dizer sobre a acenada ameaça quanto ao exercício posterior da sexualidade? Seu fundamento é a ilusão de que a sexualidade dependeria de uma espécie de norma, baseada na pulsão pura, e que ela poderia ficar comprometida pelo mínimo julgamento ou pela mínima repressão. Isso é pura inverdade. O cotidiano de cada um de nós demonstra, mesmo que a referência ao sexo esteja em toda parte, que a sexualidade é objeto de uma poderosíssima repressão, sem o que a vida social seria simplesmente impossível. Por acaso vemos nossos semelhantes obedecerem cegamente à sua pulsão sexual, pular uns em cima dos outros na rua ou no metrô e copular alegremente sem consideração pelo seu entorno? Os fatores que comprometem o exercício da sexualidade não se situam em absoluto nesse ponto. Dizem respeito ao *status* conferido ao outro na relação sexual. Nesse aspecto podemos dizer que, pelo fato de ensinar as modalidades da relação ao outro, uma educação bem conduzida prepara para uma sexualidade adulta bem resolvida.

É a esse ponto que costumam estar ligadas, de maneira confusa, as reações espontâneas dos pais. Depois de informados, e uma vez dissipado o espanto que o interesse da criança pelo sexo provoca neles, não ousam ir mais longe abertamente. Têm a impressão de que devem colocar em questão seus próprios comportamentos sexuais. De fato, perguntam-se com frequência se a criança não teria herdado o que acreditam ser seu próprio interesse exacerbado pelo sexo. Ficam tranquilizados em saber que esse interesse nunca é demasiado grande. Levam muito mais tempo, contudo, por não ousarem fazê-lo, para evocar sua própria atividade masturbatória. Mas basta conseguirem-no para que comecem a compreender vagamente o que leva a criança a tal comportamento. A atividade masturbatória, seja como for que se realiza, exclui o outro da relação sexual: de fato, ela pode ser uma atividade solitária tanto quanto uma atividade exercida com o outro da relação, ao qual, no entanto, é atribuída apenas uma condição de instrumento sem consistência própria. O sujeito que a pratica, quando a pratica, entrega-se a um ato incestuoso, visto que nenhum lugar nela é reservado para o diferente, o outro. Mas ele busca, ao mesmo tempo e sem o saber, renovar a percepção de seu próprio corpo, como se essa percepção lhe faltasse habitualmente.

Da mesma maneira, a criança pequena que se masturba busca proporcionar a si mesma sensações capazes de fortalecer sua percepção da existência de seu corpo. Os tiques de balanço (as crianças que se balançam sentadas ou que não conseguem dormir sem bater a cabeça na cabeceira da cama) são outro caminho que as crianças tomam para alcançar o mesmo fim. Essa maneira que elas têm de proporcionar sensações a si mesmas também é observável em crianças cegas ou que enxergam muito mal, e que as obtêm esfregando os olhos com muita força. Se a criança pequena sente uma tal necessidade de se masturbar e de sentir assim a realidade de seu corpo é porque não tem a impressão de estar separada como deveria do corpo da mãe. E, se essa é sua vivência, isso indica que a própria mãe não chegou, em sua psique, a aceitar o fato de a criança estar separada dela.

Compreende-se assim, espero, que, num tal cenário, os conselhos clássicos que consistem em convidar a criança a afastar-se dos olhares alheios para se masturbar não resolvem nada. A criança continuará a esperar que sua mãe aceite vê-la separada de si, algo que, graças a essa estranha atividade da criança, a mãe poderia continuar a recusar.

O necessário é que a criança ouça a firme e repetida proibição dessa atividade até que ela pare.

O melhor é que a proibição, que não deve ser acompanhada de nenhuma explicação, seja formulada pelo pai. Sua intervenção, dirigida diretamente à criança, situa-o a seu lado como quem garante a separação entre ela e a mãe, à qual ele comunica indiretamente que essa criança não é apenas dela!

A educação sexual

Talvez se espere encontrar, como esse título e nesta obra dedicada à educação, alguns conselhos sobre a maneira de conduzir corretamente a educação sexual das crianças.

Pois não haverá nenhum.

E isso pela simples razão de que o sexo não é algo que se ensina, é algo que se conquista.

E aquilo que entendemos habitualmente por educação sexual não deve jamais se inserir na verticalidade de uma relação pais-filhos ou adultos-crianças. Mesmo que dê margem a informações erradas – que serão corrigidas cedo ou tarde –, ela deve inserir-se apenas na horizontalidade da comunicação das crianças entre si.

Eu poderia parar por aqui, pois o que digo sobre essa pretensa educação diz respeito não apenas às crianças pequenas, mas também e sobretudo às maiores. Mas seria perder a oportunidade de dizer tudo que existe de nocivo em tal empresa. Deploro profundamente que os programas escolares tenham incluído uma educação sexual à qual inúmeros de meus pequenos pacientes me confiavam, felizmente, que em geral não davam atenção. As gerações anteriores prescindiram disso sem que fosse demonstrado que isso lhes fez falta ou que sua ausência provocasse mais problemas do que os existentes nos dias de hoje. Sua instauração faz parte da ilusão de que uma informação nessa área pode ter os mesmos efeitos que em outros registros. Ignora deliberadamente a complexidade dessa dimensão, na qual intervêm tantos parâmetros que aqueles que uma educação pretenderia regular são simplesmente desprezíveis. Uma adolescente de 9º ano do fundamental me contou o constrangimento e o mal-estar em que ficaram seus colegas e ela diante de uma professora enfermeira que veio lhes dar uma aula sobre a maneira de colocar um preservativo... com a boca. Isso era inspirado por um bom sentimento, já que fazia parte de um programa destinado à prevenção contra a aids.

No início do ano letivo de 2007, na França, a maioria dos médicos, dos farmacêuticos e dos *workshops* frequentados por adolescentes receberam brochuras[13], para serem distribuídas aos adolescentes de quinze a dezoito anos, cujo objetivo era dizer-lhes tudo sobre sexo. A maioria dos adolescentes que tiveram acesso às brochuras as detestaram e muitos de meus colegas compartilham minha indignação diante dessa iniciativa, elaborada com base no princípio da precaução – e destinada, em teoria, a lutar contra a aids e outras DST – e no princípio da contracepção, para tentar erradicar os 200 mil IV* que, na França, acompanham a cada ano os 800 mil nascimentos. Perseguir esse objetivo é querer ignorar tudo sobre a existência do inconsciente que, ditando a cada um seus atos, é impermeável à linguagem da razão. As campanhas realizadas com tantas publicidades e tantos cartazes para incitar a comunidade homossexual em particular a manter a atitude de vigilância em relação à aids não impede que uma parte dessa comunidade, embora perfeitamente informada, se recuse a usar o preservativo.

A curiosidade que as crianças cultivam em relação ao sexo é considerável. Ela afia sua inteligência e a acuidade de suas faculdades intelectuais. A psicanálise demonstra que a "pulsão epistemofílica", em outras palavras, o desejo que impele a saber o máximo possível, é regida essencialmente pelo desejo de saber sobre sexo. Satisfazer esse desejo e saturá-lo preenchendo o saber nessa área equivale nem mais nem menos a suspender a ação dessa pulsão e a desmobilizar o desejo de saber do indivíduo. Também não é segredo para ninguém que o mistério do sexo contribui para intensificar o desejo que se tem dele.

Recusar esse tipo de argumento é instrumentalizar o sexo e querer reduzi-lo ao funcionamento de seus órgãos efetuadores, recusando-se a compreender que ele resulta de uma multidão de forças situadas, todas elas, sem exceção, na mente.

Pode-se objetar que as crianças fazem perguntas. Com certeza. Que esperam respostas. Seguramente! Mas é possível responder-lhes de modo simples e voluntariamente vago ou figurado, sem enganá-las

---

13 *Questions d'ados*, documento elaborado com a participação de várias instituições: *Crips Île-de-France, Direction générale de la santé, Inpes, Codes 95, Institut de sexologie* e *École des parents et des éducateurs des Bouches-du-Rhône*, junho de 2007.

* *Interruption volontaire de grossesse* [Interrupção voluntária de gravidez]. (N. da T.)

nem entrar em detalhes inúteis. Dizer a uma criança de dois ou três anos que ela realmente esteve dentro do ventre de sua mãe não implica que seja necessário lhe dar uma aula detalhada sobre os órgãos genitais, o parto e o ato que foi a causa dele! A criança absorveria essas informações tão pouco quanto as que dizem respeito às leis da gravitação universal e ao lugar de Newton na história da física, caso ela perguntasse por que a bala ricocheteia. E se ver diante de uma montanha de explicações incompreensíveis é simplesmente angustiante!

As brigas entre os pais

Elas são frequentes e não poderiam deixar de sê-lo. Sempre foi assim, desde que os seres humanos passaram a viver como casais. Parece-me importante, nos dias de hoje, relembrar as brigas. É que fomos intoxicados, inconscientemente, pela maneira como a mídia e sobretudo o cinema apresentam a vida de um casal. Isso nos deu a entender que a vida a dois deveria ser formatada a partir da imagem cristalizada do beijo que coroa as belas histórias, sobre o pano de fundo de um céu de tons rubro-alaranjados, ao som de violinos destilando uma música açucarada. A vida a dois é um desafio, uma construção perpétua, incapaz de ultrapassar as dissensões das quais está repleta se um espaço não for dado para inúmeras concessões mútuas. Não se deve esquecer que formar um casal, sejam quais forem a força e a qualidade do amor recíproco, nunca é "ser um[14]". Permanece-se indefinidamente como "dois", radicalmente diferentes um do outro, com visões de mundo diferentes uma da outra e opiniões tão demarcadas quanto diferentes e inconciliáveis em relação a inúmeros assuntos.

Essas diferenças, e as brigas que elas por vezes provocam, não são nocivas. Revelam-se incomparavelmente úteis para cada um, pois, ao colocar em questão as respectivas convicções, levam a rever os dados da própria história por meio de uma triagem das opiniões e das ideias recebidas com ela. É preciso encarar isso como um convite que cada um faz ao outro: "Desenraíze-se de sua história", este lhe diz, e "venha então encontrar-me na minha". Uma vez que essa injunção é interativa,

---

14 Cf., como lembrete, a formulação de Woody Allen: "Passamos uma noite maravilhosa; agora somos um: eu!"

cada qual se desenraíza pouco a pouco sem o saber. Tanto é que, ao longo do tempo, acabam por se encontrar para enraizar-se em terriço próprio e se tornar, por sua vez, fundadores de uma nova história.

Seria melhor, em teoria, que as crianças não testemunhassem essas brigas. Mas esse desejo não passa disso, pois as brigas evidentemente não são previsíveis! Tanto é que, não raro, as crianças são testemunhas delas.

Isso é grave?

Em absoluto, se os pais zelarem para nunca faltar com o respeito que devem conservar um pelo outro. Em absoluto, se em momento algum atentarem contra as respectivas dignidades. Em absoluto, se eles se recusarem a recorrer aos insultos e aos julgamentos ("Cretina!", "Você não passa de um coitado!", "Você é burra feito uma porta!", "Canalha, pilantra!"). As crianças podem até tirar partido desses episódios, pois, sem o saber, têm uma experiência concreta da dialética: uma única situação pode, então, ser vista de duas ou mais maneiras...

Grave seria, além do atentado cometido contra a dignidade do outro, que o pai fosse completamente desqualificado ou ridicularizado. Não se pode esquecer que, durante muito tempo, a preocupação da criança é libertar-se do terror que lhe provoca a mãe, contra a qual tenta erguer sua onipotência. Uma vitória explícita demais da mãe contra o pai, que a criança sempre vê com os olhos dela, faria crescer ainda mais na criança o sentimento de que a mãe é poderosa, e, consequentemente, dificultaria a renúncia da criança ao exercício de sua própria onipotência, com o risco até de que ela tentasse reforçá-la.

A entrada na escola maternal

Essa é uma grande etapa na vida de uma criança. Não para ela, como costumamos acreditar. De fato, trata-se de uma etapa que apenas se insere na lista contínua das inúmeras outras que assinalam sua existência. É uma grande etapa para os pais, e em particular para a mãe. A criança tem dois anos, dois anos e meio, três, três anos e dois meses, não é muito, por mais bem-comportada que ela seja, para que a mãe possa imaginá-la passando horas e até um dia inteiro no meio de outras crianças de sua idade, mesmo sob vigilância e supervisão. É nesses termos, por mais que elas se recusem a admiti-lo, que o problema se coloca para as mães que educaram os filhos em casa. Aquelas cujos filhos foram criados em creches ou na casa de uma babá vivem essa etapa, por mais importante que ela seja, com bastante serenidade e, no fim das contas, como uma simples mudança de cenário. São os filhos que não serão vistos chorando.

É isso que diferencia as crianças no primeiro dia de aula. Há crianças que choram diante da perspectiva da separação ou assim que suas mães as deixam do outro lado do portão são confrontadas não com a angústia criada pela separação ou pela nova situação, mas pelo que adivinham da angústia de suas respectivas mães. Algumas dessas – e vi muitas durante minha prática profissional – empenham-se, no entanto, e até mais de uma vez, em preparar seu pequerrucho para o acontecimento na semana anterior: fazem o trajeto com a criança, param diante da porta da escola, descrevem o que conhecem de seu interior e a maneira como as coisas vão se organizar; pelo fato de terem realizado esses ensaios, não compreendem o resultado que obtêm.

Isso me lembra uma peça de Sacha Guitry: *Le Nez*, em um ato e duas cenas. Ao longo da primeira cena, a criança, Toto, brinca no meio do palco enquanto passam várias pessoas da casa, que a relembram das besteiras que ela costuma fazer e lhe prometem os piores castigos se, ao longo do jantar, ela falar de um modo ou de outro do nariz do general. Na segunda cena, vemos todas as pessoas sentadas à mesa e Toto diante do general, que está de costas. É então que irrompe a única fala da cena. É Toto que diz: "Mas por que então vocês tiveram tanto medo que eu falasse do nariz do general? Ele não tem nariz!"

Todo medo de submeter a criança a um trauma por ocasião desse início de ano letivo é, por si só, um trauma. É melhor, então, procurar convencer a si mesmo que essa criança terá de crescer mais cedo ou mais tarde. Se a criança chorar, apesar dos esforços feitos, isso significa que não se foi suficientemente longe na própria resignação. É melhor, nesse caso, ir embora sem olhar para trás. Todos os professores sabem, e não se surpreendem com isso, que a criança para de chorar tão logo a mãe desaparece de seu campo de visão.

A relação com os professores

É o início de um debate bastante vasto, que ultrapassa o problema da relação com os professores, e sobre o qual se deve imperativamente refletir a partir do que foi dito sobre a hierarquia. Não há, mesmo que pareça lamentável, uma sociedade em que não exista hierarquia, e nada pode funcionar sem ela. Seria como querer que todos os passageiros ocupassem um por vez o posto do piloto, pelo fato de que o avião leva todo o mundo para o mesmo lugar! Esse é o sentido da resposta dada pelo filósofo Paul Ricœur aos estudantes de 1968 que lhe perguntaram o que justificava a posição dele em relação à deles: "Eu li mais livros que vocês!"

Os professores estão lá para ensinar, e a criança, para ser ensinada. Essa hierarquia não deve de forma alguma ser questionada pelo fato de a criança não se sentir bem com determinado professor ou se queixar de como é tratada. E não pensem que não estou descobrindo a pólvora: perdi as contas do número de vezes em que fui requisitado pelos pais para emitir certificados em que solicitaria que a criança, pequena ou maior, mudasse de turma! E os motivos alegados eram sempre os mais diversos.

De modo geral, os professores têm um conhecimento bastante bom das crianças e não manifestam prevenção ou atitude especial em relação a nenhuma delas. Felizmente existem dispositivos que permitem aos pais comunicarem-se com eles: em vez de defender os filhos, os pais deveriam ouvir atentamente o que lhes é dito. Com frequência descobririam a persistência de comportamentos que resultam da onipotência, da qual a educação proporcionada por eles não os livrou totalmente. Por isso, a melhor atitude que eles poderiam ter seria, em todas as circunstâncias, defender o professor diante dos filhos. Sem isso, eles não apenas vão alterar sua própria posição de pais, como deixarão de preparar a criança para a realidade que ela encontrará mais tarde. De fato, quando, depois de adultos, os filhos entrarem no mundo do trabalho, terão de descobrir sem terem sido preparados para isso a necessidade e o rigor da hierarquia que preside a ele. Sendo assim, não devem hesitar em adotar desde cedo a atitude correta para a criança.

Pequenas preocupações

Os palavrões

Em outras palavras, o quebra-cabeça! Isso porque a preocupação não é que a criança fale ou possa falar palavrões, mas que ela os empregue em todas as circunstâncias, e particularmente diante de pessoas cujo julgamento é objeto de certo receio: não tanto os amigos e as pessoas íntimas, mas os avós e os parentes distantes. O receio é que, ao ouvi-las usando tais palavras, essas pessoas concluam que elas as aprenderam ou, pelo menos, as ouviram em seu entorno imediato. Isso significaria que os pais seriam, se não personagens grosseiros que não se serviriam de uma linguagem decente, ao menos pais permissivos, que deixam as crianças fazer e dizer qualquer coisa em vez de educá-las como convém.

A dificuldade que surge, em todos os casos, sem exceção, deve-se ao fato de que a criança pequena percebe rapidamente que essas palavras, que lhe valem por vezes uma certa reprovação, não deixam de conferir-lhe algum poder. São palavras mágicas, pois basta ela pronunciá-las para se transformar imediatamente em centro da cena e objeto de uma atenção acentuada. Por que não usá-las em todas as ocasiões? Um colega a ameaça, rápido um palavrão! Dão-lhe uma bronca, rápido um palavrão! É legal, é tranquilizador, está ao alcance imediato e é tão fácil de usar! Os adultos não os utilizam da mesma maneira, sem o saber? De fato, o que ganhamos ao gritar "filho da mãe!" no volante de um carro com vidros fechados a quem nos ultrapassou e cortou quando já está bem longe? Faz bem, acalma, faz baixar a adrenalina, porque substitui a agressão física. Isso explica, aliás, a fase "pipi-cacá" que todas as crianças do mundo atravessam. Servindo-se dessas palavras, atestam seu potencial agressivo, já que conseguiram, por meio do esforço, controlar seus esfíncteres e prescindir do prazer sutil de fazer suas necessidades na fralda.

Não devemos nos surpreender com o fato de as crianças ensinarem umas às outras. A partir do momento em que ficam em grupo, o florilégio sobre o assunto aumenta e se embeleza.

Se nos lançamos numa corrida de reprovação e nas punições que necessariamente decorrem dela, reforçamos a criança na ilusão daquela onipotência de que estamos empenhados em livrá-la. É melhor dar-lhe uma boa explicação, transformada numa espécie de jogo, que nem por isso terá um caráter permissivo qualquer. O adulto faz com ela um balanço dos palavrões que ela conhece e propõe-se ensinar-lhe outros; isso dá ensejo a boas gargalhadas; depois, explica-se que essas palavras não são muito bonitas, que algumas pessoas não gostam de ouvi-las e que, como não podemos saber antecipadamente quem são essas pessoas a quem elas poderiam chocar, é melhor para todos que ela só as empregue com pessoas muito próximas e conhecidas. O discurso acaba por ser, ao mesmo tempo, uma oportunidade a mais para ensinar a cortesia e o respeito pelo outro.

A violência

A violência não é nem a agressividade, nem a agressão, mesmo que constitua o motor de ambas. A palavra "violência" deriva do latim "*vis*" (força), que tem parentesco com o termo "*vir*" (o macho humano, cuja reputação é se distinguir de sua companheira por uma força maior).

A violência é, portanto, antes de mais nada, a expressão bruta e desordenada de uma força, a força da pulsão, que atravessa a criança e a submete sem que ela tenha o mínimo meio de controlá-la. Quando se põe a gritar, independentemente do pretexto, ela o faz da maneira como consegue fazê-lo e sendo totalmente impermeável ao lugar onde se encontra, à hora ou às pessoas que a cercam. Nas condições modernas de habitação, isso acaba provocando algumas dificuldades para os pobres pais que por vezes ela acorda de noite. Ela também será capaz, quando for um pouco mais velha, de derrubar um coleguinha ou de moê-lo de pancadas pelo motivo mais fútil. As babás que levam as crianças aos parquinhos e os professores de educação infantil teriam muitas histórias para contar sobre isso. Sem falar que a criança pode temperar sua pulsão com uma pitada de crueldade que nunca lhe aparece como tal!

Essa violência não é maléfica, como poderíamos crer. Ela teria a função de armar a criança para o restante de seus dias. É o germe de todos os mecanismos de que seus ancestrais humanoides se serviram, por milhões de anos, para sobreviver. Mas já não é um costume e deixou de ter a mínima utilidade, sobretudo em sua idade, no mundo em que ela vive. O fato de a criança expresssar essa violência não deve, portanto, surpreender. No entanto, mesmo que o procedimento pareça brutal, já que é preciso fazer em apenas alguns meses o percurso que a humanidade levou milhões de anos para realizar, importa ajudá-la o quanto antes a dominar essa violência, se não a livrar-se dela. Sem isso, veremos a criança agarrar-se ainda mais à ilusão de sua onipotência e querer deliberadamente ignorar a importância do outro.

Quando a criança é pequena, é necessário tranquilizá-la. Com efeito, a ajuda proporcionada pelos pais permite que ela economize sua energia e não reaja recorrendo a essa violência. Dessa forma, ela vai investi-los com sua confiança e tomar consciência do amor do qual se sente cercada. E, como a ajuda que eles lhe garantem e os gestos do qual a cercam se mostram eficientes e são sempre acompanhados de palavras, ela se apoiará nessas palavras, nos tons de voz, na inflexão do fraseado para reconhecê-los e sentir-se segura.

Se a criança aprende assim a não recorrer a sua violência ou mesmo a reprimi-la, nem por isso vai livrar-se dela – nunca se livrará dela, felizmente! Ela funcionará como uma força dissuasiva pronta para se manifestar em caso de ataque. Mas pode também parasitar desnecessariamente muitas trocas. Não há outra saída contra isso que atravessa a criança dessa maneira e sem que ela seja responsável, no sentido pleno da palavra, exceto a repressão: isto é, a bronca e, se necessário, a punição, sempre acompanhada de reprimenda.

A mentira

Em princípio não se pode falar de mentira em relação à criança, no sentido habitual do termo, antes que ela tenha chegado aos seis ou sete anos, a famosa "idade da razão", pela simples razão de que, antes dessa idade, ela não distingue entre o verdadeiro e o falso. É importante sabê-lo, pois às vezes isso provoca grandes problemas, em particular entre pais separados, quando a criança conta a um deles um acontecimento vivido na casa do outro. Daí também toda a dificuldade de seu depoimento em caso de conflito.

O que se pode constatar, no entanto, na criança pequena, é que ela pode fabular identificando-se com personagens de seu entorno ou com personagens imaginários, quando não os inventa. É um meio para ela explorar situações ou se valorizar para tentar lutar contra um medo ou uma angústia.

Eu me lembro da fase em que nosso filho mais velho, com pouco mais de três anos, reagindo talvez contra o sentimento de solidão provocado pelo nascimento de sua irmã e pela distribuição de nosso tempo disponível entre ela e ele, tinha inventado dois coleguinhas para si, aos quais havia dado nomes, e que às vezes levava com ele para a escola ou deixava em casa, e com os quais conversava frequentemente. Nós nos divertíamos ainda mais com sua presença pelo fato de ele por vezes nos proibir de sentar na cadeira a seu lado, para que não esmagássemos um ou outro, se não os dois.

Nesses casos, é importante respeitar sua atividade mental e não dissuadi-la de continuar sua exploração. Em vez de mostrar-lhe que a cadeira está vazia, aceitaríamos por exemplo não sentar nela e diríamos: "Você acredita mesmo que fulano e sicrano estão sentados aqui?" Isso vai no sentido da autonomização da criança, pois evita que ela pense depois que somos capazes de adivinhar todos os seus pensamentos.

A transgressão

Essa é uma palavra grandiloquente demais para uma idade tão pequena! De fato, será que as maquinações da criança poderiam se aparentar de um modo qualquer com as de Adão ao transgredir a ordem divina e morder a famosa maçã? Certamente que não, pois Adão, como bom adulto, havia supostamente e em princípio compreendido e integrado a palavra divina. Sendo assim, seu ato inseria-se no âmbito de uma decisão tomada de forma consciente e na consciência de suas consequências. É claro que a criança pequena não tem apenas a mesma relação com as palavras das ordens que lhe são dadas, como tampouco tem a consciência das consequências de sua conduta. Ela ainda está muito submetida à violência de suas pulsões para encontrar sozinha o meio de combatê-las. É aí que ela precisa da pressão educativa do pais. "O homem é o único animal que precisa ser educado", diz Kant. A repetição das mensagens que lhe são dadas em todo tipo de circunstância acabará tendo um impacto pedagógico. É graças às incitações e às correções dos erros que a criança vai adquirir a consciência de seus limites, da existência do outro, da maneira de se situar em seu ambiente. Tudo isso a ajudará a se desfazer da ilusão de sua onipotência e a se comunicar de forma mais fiável. Existem circunstâncias, porém, em que será impossível aos pais deixar-lhe a mínima margem de erro. A determinação com a qual vão imbuir suas palavras fará com que a criança sinta que algumas ordens não são passíveis de transgressão: quando lhe é proibido machucar seu irmãozinho ou sua irmãzinha, quando lhe é proibido ir para a cama dos pais ou entrar no banheiro quando os pais o estão usando, é imperativo que a criança compreenda que ela será punida com severidade caso transgrida essas ordens. E não se deve hesitar em aplicar de imediato a sanção prometida. Esse é o preço do aprendizado, por parte da criança, das proibições que, em princípio, ela sempre terá vontade de transgredir, e que provavelmente transgredirá muitas vezes para destruir a imagem da criança perfeita que os pais terão dela. A dialética entre essa vontade e suas consequências lhe dará, além disso, uma consciência ainda melhor do que ela é.

O ciúme

Nada é mais fácil de compreender do que o sentimento que se apodera de uma criança, seja ela a mais velha, a terceira ou a sétima, quando ela percebe que sua mãe está grávida, e ainda mais quando a vê voltar para casa com o irmãozinho ou a irmãzinha. Todos o assimilam a um sentimento de ciúmes ou de ressentimento, e rapidamente constroem teorias explicativas: "Ele está perdendo sua posição de filho único...", "Ela vai ter de compartilhar a mãe...", "Ele acha que outro bebê vai lhe tirar uma parte daquilo que ele já tem...", "Ela se sente enganada e se pergunta o que fez para decepcionar os pais, que já não se contentam unicamente com a sua presença..." etc. As estratégias mais diversas são então organizadas para atenuar os efeitos devastadores de uma provação que só o é por ser sempre analisada de modo adultocêntrico, e pelo fato de sempre lhe ser aplicado um tratamento concebido para adultos, aos quais se podem contar lorotas. Oferece-se à criança, para amansá-la e comprá-la, um grande e belo presente, o mais volumoso, o mais vistoso possível, dizendo-lhe ainda por cima que foi dado pelo bebê recém-chegado! Essa é seguramente a pior das atitudes. Isso porque a angústia que a criança sente se associa então ao ressentimento – seja qual for sua idade –, por constatar que a tomam por imbecil. Outras vezes seu silêncio é comprado associando-a à festa, falando-se dela em todas as circunstâncias, falando dela em primeiro lugar, explicando-lhe como será bom ter uma companhia para brincar etc. Acredita-se que se pode permitir que ela regrida, deixando-lhe mamar no seio ou tomar uma mamadeira. Tal preocupação com ela atenta contra seu bom desenvolvimento e apaga todo o trabalho que a frustração gerada pelo lugar conferido por sua mãe a seu pai terá realizado. Se uma mulher ou um homem se comportassem assim com o parceiro ou a parceira, isso suscitaria as piores dúvidas em relação aos sentimentos que consideram ter um pelo outro. De tanto querer obstinadamente evitar o pior, faz-se o pior!

Poderíamos nos perguntar por que os pais fazem tais besteiras. A razão repousa em suas respectivas histórias, simplesmente porque um ou outro, e ambos até, podem ter vivido no grupo de irmãos uma desigualdade de tratamento por parte dos pais. Com frequência esse é o caso das mães que tiveram uma ou mais irmãs, e que descobriram, às vezes à própria custa, que a mãe tinha um filha predileta[15] que invejava a(s) que não o era(m), mesmo sendo ela mesma invejada.

O que fazer então?

Nada disso, em todo caso.

É preciso contentar-se em informar sobre a situação e dizer as coisas como elas são, isto é, a mais pura verdade. Os pais quiseram uma criança, depois mais uma, e depois... Assim, na condição de pais, eles permanecem como os únicos responsáveis pelo desejo que tiveram, que foi levado até o fim e que é assumido por eles sem que procurem o consentimento da criança, que nada tem a ver com isso, que não deve ser protegida mas apenas informada, para que fique ciente dos fatos.

Será que assim serão evitados os sentimentos negativos? De forma alguma! Histórias como essa permeiam as mitologias e as lendas de todas as civilizações. Num texto próximo a nós, isso já data de Caim e Abel. Nada de mais natural, pois faz parte do quinhão de cada um.

Como combater, então, os sentimentos negativos, quando se percebe a existência deles? Pela repreensão, pela repressão e, se necessário, pela punição imediata, um modo de não deixar acumular-se um sentimento de culpa portador dos germes dos piores efeitos posteriores.

Essa posição pode parecer surpreendente e um pouco exagerada. Mas não é. Ela não visa a abafar os sentimentos, mas fazer com que a criança seja confrontada com a fonte deles. De fato, essa criança se desenvolve desde a mais tenra idade numa dimensão que, como já afirmei, transforma-a num metafísico. O que esse novo bebê vem lhe co-

15 Ver *Les Filles et leurs mères*, op. cit.

municar não é o que os adultos imaginam, mas é antes de tudo a realidade de seu lugar, o de um indivíduo definitivamente separado do corpo que o carregou e ao qual ele nunca mais terá acesso. A criança já não pode se enganar com belas palavras nem se deixar levar pela crença num retorno hipotético! Essa prova viva diante dela a partir de agora impede isso, e a criança só pode detestá-la, pois é obrigada por ela a despedir-se repetitivamente das ilusões que acreditou que poderia continuar cultivando.

Dessa maneira, ao se manterem firmes em suas posições, os pais sempre encontrarão palavras que convêm para fazer com que a criança atravesse sem dificuldade essa etapa que acaba sempre, graças a tal atitude, a se resolver e entrar nos eixos.

É provavelmente o que conseguiram fazer os pais desse adorável Leo, de quatro anos, que dizia, com um grande sorriso já enternecido, ao acariciar a cabeça de seu irmãozinho de seis meses: "Eu tenho ciúmes dele, tenho ciúmes, ciúmes, ciúmes! Mas ele é tão lindo, tão..." Alguns anos depois, os dois irmãos eram os melhores amigos do mundo.

A criança que bate, a criança que morde

Até que ela pare, ela é o "terror" das turmas de crianças maiores das creches e dos pátios de recreação das escolas de educação infantil. Ela não tem o mesmo perfil que a criança que morde. São diferentes. A criança que bate é sempre um pouco grande para sua idade, um tanto desajeitada e pouco à vontade em seu corpo, enquanto a criança que morde é menor e mais tímida, e por vezes chamada de dissimulada. Em geral a criança que bate não morde e a que morde não bate. O comportamento delas, no entanto, não tem nada a ver com o das crianças maiores. O que as aproxima é o erro que afeta suas atitudes: por natureza, são tão pouco agressivas quanto violentas. E não têm a mínima intenção, com seu gesto, muitas vezes gratuito, de fazer mal aos que, mesmo sendo suas vítimas, despertam nelas um interesse maior que as outras. A solução frequentemente adotada pelos adultos que testemunham os fatos, por mais pedagógica que pretenda ser, não produz o efeito esperado: bater numa criança que bate ou morder uma criança que morde jamais corrige o comportamento de uma ou de outra.

A criança que bate é uma tímida inibida que descobre subitamente seu interesse por outra, de cuja existência nem suspeitava, tamanho era seu encerramento exclusivo na relação com a mãe. Ela faz, uma primeira vez, um enorme esforço sobre si mesma para "entrar em contato" com quem foi sua vítima. Sua tentativa não apenas foi um fracasso, ela lhe valeu repulsa, reprovação e bronca. Sua inibição é assim agravada, tanto que sua tentativa seguinte será ainda mais violenta e provocará o círculo vicioso do qual será difícil para ela sair sozinha. Sua falta de jeito, transposta para a idade adulta, se desdobra com a personagem trágica de Lennie no romance de John Steinbeck[16], *Ratos e homens*. De início é importante reconhecer a pertinência de sua iniciativa e dizer-lhe que ela tem razão em querer se relacionar com os outros e fazer amigos, mesmo que não se saia bem. Depois, dissuadindo-a de bater, propõe-se à criança uma técnica de aproximação e contato mais apropriada, como a do carinho. Ver-se-á então a criança adotar essa atitude, que ela abandonará muito rapidamente, substituindo-a pelo uso da palavra e tornando-se a criança mais terna do grupo.

A mesma atitude dá os mesmos resultados com a criança que morde, buscando assim manifestar seu amor, porque, quando gosta de um alimento, come-o. Seu gestual não é tão descabido quanto parece. Ele pode ser encontrado com frequência na expressão íntima do amor entre adultos: não dizemos por vezes ao ser amado que gostaríamos de comê-lo e não esboçamos esse ato reprimido com mordidinhas que ele, aliás, aprecia muito?

Os conflitos em torno dos brinquedos

Eles não ocorrem apenas entre irmãos e irmãs, mas em todos os grupos de crianças. Por mais esgotantes que sejam, particularmente para o adulto que os presencia e é obrigado a constatar sua impotência para apaziguá-los, eles têm um importante papel na formação das crianças. Não existe quase nenhuma criança que se contente com o brinquedo que tem e não cobice o brinquedo da outra, mesmo que este tenha estado em suas mãos no instante anterior e que a outra criança só o tenha em mãos porque foi convencida a realizar uma troca. E a

---

16 John Steinbeck, *Des souris et des hommes*. Paris: Gallimard, 1978.

coisa fica ainda mais grave se o outro parece se contentar com o que tem. Os adultos, incluindo os pais, geralmente não conseguem entender nada da lógica desses comportamentos e estão longe de imaginar que também se comportaram assim quando tinham a mesma idade. É que eles se contentaram com as conclusões, que adotaram para si, tiradas desses debates que envolvem inúmeras temáticas: o outro e eu, a ameaça que o outro constitui para mim, a ruptura, a relação com o prazer, e particularmente com o prazer misterioso e insondável proporcionado pelo objeto. Encontramos uma divertida e eloquente ilustração disso numa passagem de *Huckleberry Finn*, de Mark Twain[17]. O pai lhe ordena que repinte a cerca do jardim. Ele se entrega à tarefa a contragosto, até que seus amigos vêm buscá-lo para ir pescar. Em vez de confessar que não pode, faz com que os amigos acreditem que o prazer obtido com sua tarefa é infinitamente superior ao que sentiria se fosse pescar. Resultado: cada um de seus amigos quer experimentar. Ele não apenas permite que o façam, um por vez, como negocia a autorização assim outorgada.

Para a criança, o brinquedo não é apenas um brinquedo. É um objeto sobre o qual ela pode exercer seu poder, que ela pode adornar de acordo com sua imaginação, no qual pode projetar suas fantasias. Ele não tem nem identidade nem características próprias. Só vai adquiri-las muito mais tarde: o emocionante cavalinho de balanço e o não menos comovente caminhão de bombeiros encontrados num sótão são etiquetados assim, mas a lembrança que guardamos deles está mais ligada à transbordante atividade imaginária que acompanhou seu uso do que ao uso em si. Sob esse aspecto, o objeto só é o que é inserido numa corrente. E cada um deles serviu, em determinado momento, para atenuar uma perda – da qual é difícil se recuperar – do primeiro objeto: o seio (no sentido amplo da palavra) da mãe.

Sendo assim, quando tenho a impressão de não encontrar meu objeto perdido no que tenho em mãos, vou ver se não posso encontrá-lo em outro. Aquele, por exemplo, que desperta o interesse do meu vizinho. Se não posso arrancá-lo dele facilmente, tentarei negociar uma troca. O que, de modo geral, ele aceita, porque está mais ou me-

---

17 Mark Twain, *Les Aventures de Huckeberry Finn*, in *Oeuvres*. Paris: Robert Laffont, "Bouquins", 2004.

nos na mesma situação que eu. Mas, tão logo ele tem o meu nas mãos, parece exultar, ao passo que eu ainda não encontrei nada no que ele me deu. E se eu, acreditando que o havia enrolado, tiver enrolado a mim mesmo?! É insuportável: ele vai ter de devolvê-lo. Ele me diz que é impossível, que dado não é roubado, que era só eu não ter oferecido! Mas ele é louco!

E bum! O conflito assim desencadeado vai se desdobrar em múltiplos episódios...

Absurdos, estúpidos, inúteis e cansativos para o adulto que os presencia, mas importantíssimos para a criança que, por meio de cada um deles, vai acrescentar um traço, um ponto, um matiz ao que se desenha, para si, por si mesma, de seu ambiente e do lugar que ocupa nele. Se ela permanecer convencida de sua onipotência, nós a veremos exercê-la, triunfante, até encontrar diante de si outra criança com as mesmas inclinações, que vai tirar algumas lascas de suas ilusões, sem sair ela mesma ilesa; as duas vítimas aprenderão, ao mesmo tempo, uma por meio da outra, o emprego das manobras e das alianças. Os sistemas políticos não inventaram nada e as crianças constituem, umas para as outras, excelentes reveladoras da realidade, e terapeutas não menos excelentes.

Não se deve, portanto, interferir na resolução dos conflitos infantis em torno dos brinquedos. Não se obterá sucesso. O único erro a ser evitado é comprar-lhes um jogo coletivo – que, por definição, ninguém pode jogar sozinho – e dizer que ele pertence a todos; esse brinquedo deve pertencer a uma das crianças, mesmo que, para isso, as outras precisem ter um similar; será sempre um aprendizado de interdependência e negociação.

Isso não significa que, por vezes, não se possa tomar uma decisão com autoridade sobre o que fica com quem, e impor, assim, o silêncio. Sempre é possível obter uma pausa. Breve. Isso porque logo o conflito vai recomeçar, ainda bem, uma vez mais! Pode-se sempre encontrar algum consolo na ideia de que essa idade é decididamente cruel.

As brigas entre irmãos e irmãs

Elas ocorrem por qualquer pretexto. Pretexto nunca vai faltar, é claro. Mesmo que a irmandade esteja reduzida a sua mais simples expressão, duas crianças – ou, caso seja maior, constituída por três, quatro ou mais crianças –, os conflitos quase sempre se dão entre meninos e meninas, e tanto estas como aqueles acabam mais cedo ou mais tarde por se distinguir do outro sexo e se mostrar solidários com o seu.

"Quando eu era pequena", diz essa jovem mulher que tinha um irmão, o primogênito, e uma irmã mais velha que ela, "minha primeira preocupação ao acordar era decidir com quem, meu irmão ou minha irmã, eu faria uma aliança naquele dia. Eu sempre fazia o que queria com ele e com ela. Mas, ao fim do dia, eu sempre terminava aliada de minha irmã. Isso às vezes deixava meu irmão louco, ele não entendia por que eu invertia brutalmente nossa aliança, se era com ele que a havia estabelecido. Quando percebia que ele tinha achado ruim e que as discussões depois do jantar se eternizavam, fazendo até com que levássemos bronca dos nossos pais, eu lhe dizia, num cochicho, que no dia seguinte voltaríamos a nos aliar e que eu não o abandonaria. E, como na noite seguinte eu fazia a mesma coisa, ele ficava furioso. Tanto é que, por alguns dias, eu refazia a aliança com minha irmã. E com ela nunca havia reviravolta. Coitado! Como ele sofreu na nossa mão!"

Aliança, hostilidade, atritos, experiência do outro, mesmo próximo, xeque-mate a um eventual sentimento de onipotência e redução dele, exploração da diferença entre os sexos, de sua natureza radical, do mistério que ela contém e de sua perturbadora atratividade. As meninas invejam nos meninos a posse do órgão que supostamente lhes proporciona a vantagem de se sentirem diferentes da mãe, e eles as invejam na mesma proporção, por suspeitarem que elas tiram partido de sua semelhança. Experiência do mal-entendido, da insatisfação, do exílio, da solidão e da perda do objeto. Experiências insubstituíveis, formadoras, que nenhuma explicação pode resolver, pois se desdobram no palco do inconsciente, longe de toda racionalidade.

Um dia as brigas vão acabar, depois de cumprirem sua função, e os pais, estupefatos, vão se perguntar como isso aconteceu, dada a violência que elas por vezes atingiam. Isso só prova que eles se esqueceram dessa etapa inevitável de seu próprio percurso!

Como as coisas transcorrem para os filhos únicos, já que eles não têm irmão nem irmã com quem viver essas experiências?

Da mesma maneira, com apenas algumas nuanças. Isso porque, no caso deles, a irmandade formadora será construída com os amigos e seus respectivos irmãos, que ficam felizes por incluir um membro que, além do mais, é dotado do privilégio de poder abandonar a partida quando quiser, o que lhe vale algumas iniciativas de sedução e faz com que seja por vezes solicitado como árbitro.

Essa questão é apenas uma entre muitas, sem fundamento, que a condição de filho único suscita. O único risco que essa criança corre, é ser o foco exclusivo das esperanças e da angústia dos pais. Um peso que se revela relativamente suportável em razão das vantagens que ele proporciona em contrapartida, se não fosse agravado por uma superproteção inútil e sempre prejudicial.

Extremos

A morte de uma pessoa próxima dos pais

Essa circunstância não é excepcional, e a criança pequena, seja qual for sua idade, pode ter de passar pela experiência, de perto ou de longe, da morte de uma pessoa próxima dos pais. Pode ser a morte de um amigo ou de um parente mais ou menos distante de um de seu pais. Pode ser a morte de um parente mais próximo (um dos avós, por exemplo, um tio, uma tia ou um primo).

São circunstâncias sobre as quais nunca temos controle, e os pais, que são a família direta da criança, ficam naturalmente imersos na tristeza do acontecimento que os atingiu assim em cheio. Em consequência, a criança já não tem como reconhecer a atmosfera habitual em que se estabelecia a comunicação. De início, vai manifestar sua surpresa diante dessa ruptura. Mas, se nada lhe for dito a respeito, poderá manifestar seu mal-estar por meio de diferentes transtornos – que os pais nem sempre pensarão em associar à situação –, capazes de se enquistar definitivamente.

Por isso, é importante dizer-lhe clara e simplesmente, sem se perder em detalhes inúteis, o que está acontecendo: "Fulano morreu..." Não se deve hesitar diante de tal formulação. A criança sabe, em algum lugar dentro dela, a que essas palavras remetem, o que significa a palavra "morte". Em geral, ela não faz perguntas. Mas se fizer é preciso responder da maneira mais simples possível e, quando viável, sem deformar a verdade. Com isso quero dizer que, se é simples falar sobre o tio-avô, que estava velho e doente, não é tão simples dizer-lhe que o amigo que ela conhecia bem se jogou embaixo do metrô ou morreu de overdose. Pode-se então falar de "acidente" – o que não é totalmente falso –, mesmo que isso signifique ter de lhe explicar um dia o que aconteceu de fato.

Nem sempre, é claro, se consegue permitir de imediato a metabolização definitiva do acontecimento por parte da criança. Ela sempre reagirá com sua própria afetividade: não sentirá da mesma maneira a morte de um amigo da família que ela praticamente nunca viu e a de um avô. O trabalho do luto, que ela também precisará realizar, não será, como se imagina, da mesma natureza. Em todo caso, ela terá sido proveitosamente esclarecida sobre a mudança da atmosfera, com a qual se viu subitamente confrontada, e essa informação primordial lhe permitirá situar, para sempre e de maneira estável, esse fato vivido ao longo de sua existência.

É claro que ela poderá fazer perguntas sobre o que acontece depois da morte. Os pais responderão como acharem conveniente, de acordo com suas próprias crenças. Alguns falarão do céu, de Deus, da vida eterna, enquanto outros não saberão o que dizer, por ainda não terem conseguido forjar uma opinião sobre o assunto. Para estes, assinalo que apreciei muito a resposta a essa pergunta que ouvi no filme *As horas*[18]. À sobrinha que lhe perguntava para onde iam as pessoas depois da morte, a personagem de Virgina Woolf respondeu: "Voltam para o lugar de onde vieram."

A morte de uma pessoa próxima da criança

Também pode acontecer, infelizmente, de a criança, pequena ou não tão pequena, ser confrontada com a morte de um parente direto (pai, mãe, irmão, irmã).

18 *The Hours*, filme de Stephen Daldry, 2002.

A mãe de Véronique, três anos, trouxe-a ao consultório porque elas haviam vivido juntas, duas semanas antes, um acontecimento trágico: o pai de Véronique fora eletrocutado diante delas, enquanto, de pé sobre uma cadeira, trocava a lâmpada da cozinha.

Ao receber essa informação, encorajei a mãe a me contar todos os fatos, dando-me os detalhes. Ela hesitou por um instante, lançando um olhar para a filha e, depois, para mim, como se perguntasse se não seria melhor, nesse caso, que estivéssemos sozinhos. Compreendeu pela minha expressão que não deveria hesitar. E foi o que fez, graças talvez à confiança que tinha em mim, mas também porque logo percebeu o quanto a narração dos fatos, ao tirá-la de sua solidão, lhe traria alívio. Assim, ela mencionou os gestos, os gritos, o pedido de socorro aos bombeiros e aos vizinhos. Depois, o horror recusado que se impôs, a vinda rápida dos avós, as lágrimas de todos os presentes, a intervenção da polícia, a dos agentes da funerária e, por fim, o funeral, no qual ela fez questão que Véronique estivesse. Enfim, a volta para casa e seu esforço para lutar contra as lágrimas e escondê-las, para não alterar o humor de Véronique, que havia escutado toda a narrativa de mãos dadas com a mãe. Eu disse a ambas que não deveriam esconder suas lágrimas nem segurá-las, que as lágrimas existem por causa do pai e do marido falecido, que elas expressam a justificada dor e lavam a tristeza.

Essa mãe lidou como pôde com a brutalidade do falecimento. Respondeu como pôde às perguntas da filha. Fez com que ela assistisse ao funeral, o que não é frequente, mas deveria sê-lo, pois permite que a criança tenha uma referência concreta do caráter definitivo do acontecimento. Isso permitirá que compreenda melhor a noção do desaparecimento definitivo: para Véronique, seu pai nunca mais voltará, pois ele está lá embaixo onde ela o viu ser colocado, esse lugar ao qual ela retornará de vez em quando, com sua mãe, e cuja importância é tão grande para que o luto se realize – luto esse extremamente difícil para as crianças cujos pais foram vítimas da Shoah! A mãe compreendeu que poderia associar sua filha a sua dor e compartilhar com ela um tipo de ajuda mútua muito útil tanto para uma quanto para a outra. Compreendeu também que deveria aceitar todas as perguntas da filha e responder a elas mantendo-se o mais perto possível da verdade.

As grandes linhas da atitude que recomendei nesse caso permanecem as mesmas seja qual for a pessoa falecida e a relação de parentesco com ela: mãe, irmão, irmã e outros parentes próximos. Se existe uma coisa com a qual não se pode trapacear, é a morte. A ideia dela já é normalmente obsedante demais para que imaginemos ser possível mascará-la ou permitir que se ignore sua ocorrência sem, dessa maneira, obrigar a criança a ser ainda mais trabalhada por ela.

3. NÓS E ELA

Ela chegou. E nada, nunca mais, será com antes. Por que se surpreender quando se sabe o número e a complexidade dos fatores que intervieram no projeto que tivemos dela, em sua concepção e até na condução da gravidez que levou a seu nascimento? Pudemos até constatar que certos comportamentos, certos sentimentos, certas decisões se impuseram a nós, por mais novas e surpreendentes que tenham parecido. Talvez tenha sido assim que fomos levados a suspeitar que mesmo a plena consciência e a assunção do acontecimento não garantiam o controle sobre ele. Que estava em jogo algo tão essencial quanto impossível de apreender, porque desconhecido. Isso é incontestável. Seria desonesto negá-lo, e mais ainda sustentar que isso não seria algo da maior importância.

Mas não se pode ter a pretensão de educar uma criança – isto é, de ajudá-la a combater a violência de suas pulsões – eximindo-se de combater as próprias pulsões, seja qual for a vantagem que elas tragam. Um pai poderia, afinal de contas, evitar dizer – e melhor ainda, pensar – a sua filha de cinco anos: "Você é a mulher da minha vida e vou quebrar a cara dos meninos que um dia andarem atrás de você." Uma mãe poderia evitar dizer a seu filho de cinco anos que arregala os olhos para o seio que ela oferece à irmãzinha dele: "Você gosta dos meus seios? Não para de olhar pra eles! Você também mamou neles quando era pequeno. Mas agora acabou. Vai precisar esperar a hora de ter uma mulher para ter de novo seios para chupar. Enquanto isso, se quiser, eu deixo você encostar nos meus."

Existem limites que não se podem ultrapassar e regras que devem ser imperativamente observadas, mesmo que a situação com a qual nos vemos confrontados provoque uma emoção estranha, transbordante ou angustiante.

Ao tratamento de algumas considerações dessa ordem, ou de ordem afim, é dedicada a sequência deste capítulo.

Sobre o baby-blues

Mais do que as primeiras semanas e os primeiríssimos meses, os primeiros dias posteriores ao nascimento é que são vividos por todas as mães de modo particular, sejam elas mães pela primeira vez ou pela enésima vez.

A razão é que o tempo real, o tempo do relógio, aquele que permite datar e situar os acontecimentos em sua implacável sucessão, esse tempo os influenciou muito pouco. Algumas coisas passaram rápido, enquanto outras pareceram se arrastar. De fato, foi um tempo novo que se instalou. Diferente, pleno e raramente perceptível como tal. As primeiríssimas horas que se seguiram ao parto podem, por exemplo, ter parecido muito longas, ou bem mais curtas do que foram na realidade. E a primeira noite pareceu durar um século. Tudo isso acabou por suscitar o sentimento de um amadurecimento brutal e de um envelhecimento surpreendentemente rápido.

Com frequência não se fala sobre esse fenômeno. É lamentável, porque ele não é nem banal nem insignificante. De fato, ele explica a ocorrência do *baby-blues*, uma forma paradoxal de desorientação, na maioria das vezes superada, mas que pode fazer com que algumas mães mergulhem numa depressão mais ou menos grave.

Por que as coisas aconteceram assim? Por que a percepção do tempo interior teve de substituir tão brutalmente a percepção compassada do tempo objetivo?

Porque o trabalho realizado não se efetuou unicamente na realidade. Ele não diz respeito a uma aventura que estaria inscrita apenas no corpo. Não se restringiu ao aprendizado e à execução de gestos novos e indispensáveis. Não se resumiu à familiarização com o corpo novo e ainda desconhecido desse bebê, que, no entanto, é próprio. Acompanhou-se, ao longo de toda a sua realização, de outro trabalho, subterrâneo e secreto: um trabalho intenso, fervilhante e insuspeitado do pensamento.

E não se tratou apenas da rememoração, da avaliação ou da integração da experiência dos momentos recentes. Tampouco se tratou de estimativas sobre a vida nova e sua indispensável organização. O que se produziu foi um trabalho de uma dimensão inteiramente distinta. Um trabalho sem palavras, sem conteúdo, sem objeto aparente, sem direção precisa. Um trabalho inesperado, imperceptível, e sobre o qual se pode contudo afirmar que deve ter se desenrolado, dados seus assombrosos resultados.

A percepção da vida, mesmo no que ela tem de mais banal e mais cotidiano, foi de fato inteiramente alterada.

A partir de então tudo será visto de um ângulo diferente.

É o resultado de uma verdadeira mutação, que, num abrir e fechar de olhos, logrou fabricar para o recém-nascido uma personagem à altura exata das exigências que ele manifesta, uma personagem na proporção exata das necessidades que ele expressa: uma mãe.

Essa mãe compreende, pelas modificações interiores das quais mal começa a tomar consciência, que acaba de ultrapassar uma etapa a mais, uma etapa de grande importância em sua trajetória existencial. Ela subitamente deixou de ser o que era até então, e que pensava nunca dever deixar de ser. Ela já não é somente a filha de sua mãe. Ela se tornou – ou voltou a ser, quando se trata de um novo nascimento numa irmandade já constituída – mãe por sua vez. Tenha desejado conscientemente ou não, a partir de agora ela é diferente. Mesmo que ela saiba que, na realidade, não mudou tanto, ainda assim é outra "ela", herdeira da anterior, que percebe o que lhe acontece de novo. É exatamente como se a antiga "ela" tivesse deixado de viver. Ela pode pensar nisso sem nenhuma tristeza, porque "ela", a nova, acaba de dar corpo a uma nova vida, pela qual sabe, a partir de agora, que é a responsável.

Essa mutação desorganiza, sem que ela o perceba totalmente, a relação fundamental que ela mantém – assim como cada um de nós – com a vida e a morte. E seja qual for a posição desse parto entre seus partos, ela tem, sem que possa apreender na hora sua importância, uma autêntica experiência de morte.

Não uma experiência de morte real, é claro, já que ela continua viva, mas uma experiência da morte dita "imaginária" – que, no fim das contas, sempre pertence ao registro da morte! Ela assiste à morte de uma imagem. Constata em si a morte de uma imagem de si que sempre tivera, até esse instante preciso do pôr no mundo, até esse instante preciso em que seus braços sentiram subitamente o peso daquilo que tornava seu ventre tão pesado.

Ela sanciona a morte dessa imagem. É por essa experiência, entre outras, que ela tem acesso a sua nova dimensão e pode aceitá-la com todas as suas implicações.

No entanto, no mesmo instante em que morre nela sua "imagem" própria, ela é confrontada com a realidade do corpo dessa criança, que no entanto ela "imaginou" de todas as maneiras ao longo de horas, dias, semanas e meses.

Aceitar essa realidade tal como ela se apresenta exige, por parte da mãe, uma tomada de consciência exata de seu lugar e de seu devir. Uma tomada de consciência que ela talvez não tenha tido tempo nem possibilidade de elaborar: para isso, teria sido necessário despender um tempo para compreender sem ambiguidade a natureza de sua relação com cada um de seus pais e ter uma ideia precisa de tudo que a vinculou suficientemente ao genitor de sua criança para que aceitasse ser fecundada por ele. Teria sido necessário, de alguma maneira, ou que ela se submetesse voluntária mas passivamente a certa ordem das coisas, ou que tivesse uma consciência relativamente clara do que suas escolhas existenciais implicavam. É fácil perceber que ambas as condições são raramente preenchidas. E se, apesar disso, ela assume como é possível a morte de sua imagem anterior, tem por vezes a tentação de querer compensá-la mantendo seu novo filho numa estrita conformidade com a imagem que havia feito dela. Esse movimento de recuo e essa hesitação vão parasitar seus gestos ou ser a base de sua falta de jeito ou de suas perguntas.

Durante meses e semanas, com uma infinita paciência e graças a múltiplas mediações, o bebê tentará impor-se a ela com sua dimensão real. Tentará, como possível, por seus gritos e por todas as suas manifestações, dizer-lhe sua existência real, tal como é. Se não o conseguir rapidamente, terá todo o tempo do mundo para multiplicar doenças e transtornos que o ajudarão a perpetrar, ele próprio, o assassinato posterior dessa imagem que não lhe convém. O mais comum, porém, é que ele não precise ir tão longe e consiga sem grande dificuldade fazer com que ela lhe dê ouvidos.

De fato, a realidade da mãe, que precisa aceitar a si mesma, reconhecer a si mesma e ser reconhecida em sua nova dimensão, deve mais ou menos cedo – melhor cedo do que tarde – ser acompanhada da consideração, por parte dessa mãe, da realidade de sua criança.

Pôde-se compreender que, para um bom anúncio dos acontecimentos seguintes, todo parto comporta, de algum modo, um nascimento duplo, que se apoia ele próprio numa dupla morte de imagem.

A onipotência da mãe

Será que a onipotência da mãe existe apenas na percepção da criança ou será que essa característica é real?

Esse debate pode ser facilmente resolvido: eu diria que a onipotência que a criança confere à mãe é "lamentavelmente necessária" a ela. A onipotência é um artigo de primeira necessidade para ajudar a criança a forjar, ao longo de seus primeiros meses, seu sistema de segurança: sabê-la tão forte e, ao mesmo tempo, tão disposta a servi-la e protegê-la dá à criança o sentimento de poder, sozinha, conquistar o mundo – as pesquisas biográficas realizadas com figuras marcantes da nossa humanidade assinalam com frequência que tiveram mães presentes, ternas e dedicadas. Assim, ao fim do primeiro ano de vida, parece lamentável, se não desesperador, para a criança perceber que é tão dependente da mãe e imaginar que esta seria capaz de privá-la de seu socorro e entregá-la, desse modo, à morte.

Tudo que diz respeito à alteridade se enraíza nessa etapa da vida de cada um. E mostrei o que se segue: como a criança manifesta aquilo que concebe de acordo com sua própria onipotência e como esta se desenvolverá em função das respostas que lhe serão oferecidas.

Com efeito, é nesse ponto que se pode formular a pergunta sobre a realidade da onipotência da mãe.

Poderíamos dizer de imediato que essa pergunta, quando formulada, é mal formulada, pois nos deixaríamos enredar pelas palavras e confundir por seus significados. Do lado da criança, onipotência da mãe = ela pode, a seu bel-prazer, propiciar a vida ou deixar de propiciar a vida (deixar morrer, matar). Isso, para uma mãe, é não somente uma acusação insuportável, mas uma verdadeira e ignóbil negação de tudo que ela é e que faz com que ela seja, ela que é capaz de dar a vida pelo filho! Sob esse aspecto, e se examinarmos o problema sob esse ângulo rigoroso, só poderíamos aplaudir sua revolta e nos associarmos a ela sem reservas em nome do lugar ocupado pela própria mãe na psique de cada um.

Percebemos, no entanto, ao seguir a trama das histórias que se constroem ou escutar as que são contadas face a face ou no divã, que o lugar ocupado pela mãe na psique dos sujeitos – sobretudo entre as mulheres[1] – é tão grande e determinante que é impossível não lhe atribuir uma "potência", para a qual talvez devêssemos encontrar outro qualificativo que não esse ofensivo "oni".

Precisaríamos, porém, examinar previamente o que confere à mãe a dita "potência".

A gestação é seu primeiro componente, já que proporciona à criança o alfabeto sensorial elementar que lhe permitirá estabelecer com a mãe uma comunicação confiável, de natureza única, e cuja importância é tão grande que refratará para ela, e para sempre, sua visão do mundo.

Essa comunicação fabricará, por si só, uma díade cuja ruptura só poderá intervir com o consentimento da mãe: de fato, como foi mostrado, é ela que pode ou não designar o pai da criança à criança e aproximá-lo dela; assim como pode, a seu bel-prazer e quando assim o decide, voltar atrás quanto a essa designação. É verdade que a sociedade e o direito conferem ao pai a possibilidade de tornar essa designação obrigatória para a mãe. Mas não é difícil compreender que a designação impingida não equivale de forma alguma à designação voluntária e espontânea, pois a mãe sempre poderá renegá-la, reforçando proporcionalmente a própria potência.

Exatamente por isso o destino posterior da criança depende em grande medida das atitudes da mãe. Ela pode, a seu gosto e simplesmente por meio do gestual, engatar a criança apenas a sua história ou introduzi-la à história do pai, fazendo-se a tradutora da linguagem dele. A mãe pode ou não submeter a criança a uma disciplina educativa. Pode conceber, apreciar e até desejar que essa criança um dia se distancie dela, a tal ponto que ela própria se distancie da criança e viva plenamente sua vida de mulher. Assim como pode decidir tomar a direção oposta e tecer em torno da criança um útero virtual extensível ao

---

1 Ver *Les Filles et leurs mères*, op. cit., e *Adultérios*, op. cit.

infinito, do qual nunca permitirá que ela saia, a fim de poder usufruir dele para sempre.

Suas decisões, pelas quais ela é a única responsável, são bem mais decorrentes de sua própria história do que de uma vontade deliberada, por mais convicta que ela esteja desta. Quando se submete às delícias da expressão da onipotência ilusória dos filhos, condenando-os a serem parasitados por ela pelo resto de seus dias, ela cede, sem o saber, à vertigem da expressão da onipotência infantil pela qual ela própria ainda é parasitada.

É realmente, se não uma "potência-toda", para não dizer uma onipotência, uma bela extensão de potência.

Poderíamos tentar sair do impasse semântico substituindo, por exemplo, o termo "potência" pelo termo "poder". Mas não é tão simples. Isso porque entre essas duas palavras, aparentemente sinônimas, se insinua um matiz sutil, porém relevante. A "potência" designaria um estado, isto é, uma capacidade e uma riqueza extensas, reconhecidas como tais e que prescindem de atualização para serem apreciadas. O "poder" repousa, é verdade, sobre a existência de uma "potência", mas ele faz referência maior a uma possível atualização dessa potência. Haveria na "potência" (unicamente substantivo) a ideia de algo que seria consistente e imóvel, e ao mesmo tempo passivo, e no "poder" (tanto substantivo como verbo) algo de efetivo. São matizes que teriam, de certa forma, um caráter sexuado: a "potência" seria o feminino que arma o "poder" masculino – ao mesmo tempo que a ele se opõe –, e o "poder" teria na "potência" sua origem, estando, por sua vez, submetido a ela.

Foi ao tratamento dessas duas instâncias, inconciliáveis e igualmente teimosas, que se dedicaram, sem grande sucesso até hoje, os processos civilizatórios. A questão que ressurge em nossos dias é a do destino da "potência" depois que se decidiu que o "poder" passaria a ser detestável.

A retomada das relações sexuais

Um de meus bons amigos, um obstetra hábil, inteligente e experiente, declarou-me um dia, há muitos anos: "Sabe, desde que nos conhece-

mos e passamos a trabalhar juntos, eu melhorei muito." A confidência me lisonjeou e deixou-me impaciente de saber em que ponto minha influência teria se exercido. "Quando faço a visita pós-parto, minhas pacientes sempre me perguntam quando podem retomar suas relações sexuais. Essa pergunta realmente não tem uma verdadeira resposta. Aliás, eu não a compreendia. Eu sempre acreditava que já havia explicado o suficiente o que aconteceria. Ficava espantado, mas me sentia na obrigação de responder. Então, com frequência respondia distraidamente ou "pela cara do freguês". Prescrevia tanto quinze dias de estrita abstinência quanto três meses! Desde que nos conhecemos, aprendi a dar a única resposta que me parece adequada. Agora, digo invariavelmente: "Quando a senhora quiser!"

Ele não compreendeu de imediato por que essa resposta, da qual se orgulhava, pois ela lhe trazia alívio, não era tão boa quanto ele imaginava.

Talvez tenha sido porque tentaram encontrar uma solução para os possíveis conflitos decorrentes dessa fase da vida a dois que muitas sociedades ao redor do mundo procuraram, nesse âmbito, fixar regras em geral independentes do consenso eventual dos parceiros.

O Antigo Testamento, por exemplo, prescreve uma abstinência de relações sexuais de 7 + 33 dias se o recém-nascido for menino, e de 14 + 66 dias se for menina, levando em conta apenas as noções de pureza e impureza relacionadas ao fluxo de sangue[2]. Algumas sociedades africanas recomendavam a abstinência durante todo o período do aleitamento, o que permitia, de maneira inteligente e eficaz, espaçar os nascimentos.

Mas o que dizem sobre a questão os tratados de ginecologia e obstetrícia, além de mencionar a necessidade da mãe de recuperar sua integridade física? Nada que seja rigorosamente justificado, o que deveria ser motivo de satisfação, pois se trata de um silêncio que respeita essa dimensão da intimidade perfeitamente propícia para o início de um debate entre os parceiros, colocados diante de uma nova etapa da vida a dois. Mas isso seria não contar com o uso que por vezes se faz da medicina e com a maneira como certas mulheres logram pegá-la na armadilha de sua pretensão de dar respostas para tudo.

---

2 Levítico 12,1-8.

Decerto a pergunta dirigida a meu colega não visava apenas a obter uma informação – sobre a qual ele já havia, de acordo com suas próprias palavras, fornecido o essencial –, mas tentava comunicar algo sobre um maravilhamento mesclado de temor. É um pouco como se, por trás dela, se desenhasse, para a mãelher[3] que a formulava, uma inebriante tomada de consciência de sua potência e de sua responsabilidade. A resposta que ele terminou por inventar teve ao menos o mérito de deixar à mulher a possibilidade de resolver no âmbito do casal o debate que deve necessariamente se abrir mais cedo ou mais tarde. Um debate que versará necessária e implicitamente sobre a posição e a importância do desejo e do prazer sexual de cada um dos parceiros.

Ora, essa posição e essa importância são profundamente diferentes para cada um dos sexos, e nada pode de modo algum colocá-los numa espécie qualquer de contato. Se o desejo de um homem é flagrante e se traduz por uma ereção que exige a penetração para chegar a um orgasmo, o desejo de uma mulher é bem mais sutil e de natureza muito distinta. Ele pode, é verdade, ser violento e imperioso, mas pode também ser sentido, não ser percebido, e despertar, ainda assim, sem atraso nem limite, sob o efeito da solicitação adequada. Se o corpo feminino não fosse dotado desse poder, não se compreenderia, por exemplo, que uma mulher aceitasse, um dia, a defloração. Sabemos, por outro lado, que, no início de sua atividade genital, as mulheres com frequência não têm orgasmo e podem por vezes levar algum tempo para alcançá-lo. Nesse período, contudo, elas não renunciam a sua atividade sexual e reconhecem que extraem dela uma satisfação que, embora não seja similar a que experimentarão depois, nem por isso deixa de existir[4]. É verdade que os debates realizados em praça pública pela mídia e reforçados por considerações sobre o prazer clitoridiano e o prazer vaginal nem sempre contribuíram para simplificar a compreensão desse assunto. Enquanto o desejo e o prazer se encontram, no homem, simples e linearmente ligados no tempo, eles ocupam na mulher registros por vezes muito distantes uns dos outros. Um homem – cujo limiar de excitação é relativamente baixo – precisa, repito, de uma ere-

---

3 *Femmère*, um conceito que desenvolvi em *L'Enfant bien portant*, op. cit., e em *Les Pères et les Mères*, op. cit.

4 Quanto a esse conjunto de questões, pode-se consultar *Adultérios*, op. cit.

ção para ejacular e obter um orgasmo. Uma mulher, em compensação, pode obter um autêntico prazer com um simples abraço, uma simples carícia ou mesmo um pensamento, assim como pode sentir uma violenta intensificação de seu desejo depois de uma penetração à qual ela se entregou apenas passivamente.

Infelizmente essas diferenças fisiológicas foram apagadas nas três últimas décadas por um certo discurso que, a pretexto de preconizar a igualdade entre os sexos, semeou uma grande confusão nesse âmbito e conseguiu causar sérios estragos em domínio tão delicado. Não é um insulto a uma mulher dizer-lhe, se necessário com insistência, o desejo que se tem por ela. Tampouco é insultá-la convencê-la a consentir numa relação sexual quando se sabe, ainda por cima, que ela é perfeitamente capaz de extrair disso algum prazer para si. Em contrapartida, é um desserviço que se presta a si e a ela esperar que seu desejo seja suficientemente forte para que ela própria peça a união sexual, uma união pela qual ela poderá não sentir a mínima vontade tão cedo, de tão preenchida que ela está em seu corpo pelo que a criança lhe proporciona[5]. É encorajá-la a superinvestir exclusivamente a dimensão da maternidade, que a encerrará como uma fortaleza a encerraria. É ratificar o lugar da criança assim colocada, de modo prejudicial para ela, no centro do dispositivo familiar.

A tensão que caracteriza a comunicação entre os pais de Vincent, um bebê de dois meses e meio, é claramente perceptível: as palavras do pai são secas e agressivas; a mãe parece resignada e decidida a não ouvi-las. Isso acontece em relação a cada ponto discutido. Acabo apelando para a franqueza e faço a pergunta: "Vocês retomaram sua vida de casal?" Foi como uma lancetada num abscesso. O pai aproveita a pergunta para acusar a esposa por sua recusa. Ela argumenta sua ausência de desejo e acrescenta que ele vai reaparecer, mais cedo ou mais tarde. Na consulta seguinte, quinze dias depois, o debate recomeça no mesmo ponto e o pai, tomando-me como testemunha, faz um discurso mais reivindicativo e ainda mais duro. A mãe se volta então para mim:

---

5 Isso é comprovado pela biologia, aliás, uma vez que a secreção de oxitocina (hormônio do bem-estar) é estimulada em ambos os sexos pelo ato sexual e, além disso, somente na mulher, pela visão de seu filho.

"O que me chateia é que, se eu voltar a fazer isso (ela alude à retomada de suas atividades sexuais), terei a impressão de traí-lo", me diz ela, indicando Vincent.

Por esse exemplo se compreende que a recusa das relações sexuais, mesmo por pretextos físicos, pode com frequência ser apenas uma maneira de mascarar motivos de outra ordem. Torna-se evidente que um apego desse tipo é tão nocivo para a criança de que é objeto quanto para cada um dos pais.

O que não raro se vê em nossos dias, infelizmente, é que, nesses períodos, os homens vão buscar consolo noutro lugar, estabelecem relações e vínculos que só complicam um quadro com o qual já não é fácil lidar. Quando "voltam para casa", ao fim de um período que lhes parece razoável, e querem retomar as relações com a companheira, a complicação aumenta. Mais de uma vez, num desses incompreensíveis impulsos de amor, acreditam que poderão se corrigir confessando o erro. Deparam então com o ciúme da parceira, que, muito provavelmente, vai utilizar esse argumento para radicalizar sua posição e encontrar os melhores motivos para apertar os laços com a criança. A mãelher se transmuta em mãe exclusiva. A tensão aumenta e a separação, iminente, faz com que a criança manifeste sintomas: a clínica pediátrica comprova a frequência com que as doenças da infância estão relacionadas com dificuldades desse tipo.

Que lição tirar disso?

Uma lição muito simples e próxima daquela do meu colega obstetra: as relações sexuais serão retomadas assim que a mulher tiver recuperado sua integridade física e puder tê-las sem dor, mesmo que não sinta desejo algum, a pedido de seu parceiro; o deleite dela reaparecerá mais rapidamente do que ela imagina. E os pais se empenharão juntos nessa tarefa essencial, que é o mais perfeito disjuntor em caso de conflito e que consiste em nunca parar de procriar os filhos que eles já têm.

A cama dos pais

É um lugar que as crianças adoram. Mas elas não são as únicas. Os próprios pais costumam gostar muito de descansar embaixo do cobertor com as crianças entre eles. Por vezes é um ritual da manhã de domingo, apenas para romper com a pressão do tempo característica dos outros dias, quando é preciso preparar-se rapidamente para a escola ou o trabalho. Para as crianças, é um modo de investir esse espaço singular que suscita tantas perguntas dentro delas. É também a ocasião para um contato íntimo com o calor e os odores sutis dos corpos depois da noite. Para os pais, é a ocasião para compartilhar carinho: as crianças estão presentes, só para eles, com eles, entre eles. Tratar-se-ia, portanto, de uma forma de comunhão na emoção, mesmo que a emoção de cada um não seja simplesmente sobreposta à do outro. Isso chega a se completar, por vezes, com o café da manhã em família – um pequeno sacrifício oferecido às imagens de propaganda que talvez tenham despertado esse desejo.

Por que não? Mesmo que essa prática chegue a provocar a censura de alguns psicanalistas, que preconizam – não sem razão – que o melhor é uma proibição pura e simples do acesso das crianças ao quarto dos pais.

Com a condição expressa de que, por um lado, ela não perdure após a metade do terceiro ano de vida e, por outro, que os pais estejam vestidos com pijamas ou roupas de dormir decentes quando essa prática se realiza. De fato, as crianças costumam encontrar nessas circunstâncias uma oportunidade perfeita para satisfazer sua curiosidade, a qual, intensificada pela intimidade do contato, pode levar a uma exploração que lhes é proibida. Se acontecer de elas quererem desabotoar o pijama da mãe ou do pai, ambos devem reagir com vigor para colocá-las em seu lugar, dando-lhes uma bronca e proibindo-lhes firmemente tais gestos.

O fato de pais e filhos ficarem juntos embaixo do cobertor não deve de forma alguma provocar a mínima atenuação da hierarquia, a mínima supressão do mistério que envolve a relação dos pais, nem a mínima confusão dos lugares de cada um. Se os pais não se sentem capazes de assegurar tal objetivo, é melhor se decidirem pelo encontro familiar na mesa do café da manhã, inclusive na manhã de domingo e nos feriados.

A nudez

Os franceses vivem em sociedades nas quais os corpos, em razão do clima frio, são cobertos com roupas. Os corpos nunca são vistos praticamente nus, como acontece nas regiões quentes, para evitar a contração de micoses. Mesmo entre os povos primitivos, algumas partes do corpo são ocultadas: os tecidos enrolados no quadril eram muito difundidos e o homem que por acaso perdesse sua proteção peniana ficaria terrivelmente constrangido. Por isso não se deve cair na armadilha dos discursos que estigmatizam o pudor, atribuindo-o a uma ideologia moralista e repressiva. O pudor, do qual já tratamos, sinaliza para o outro, seja ele quem for, aquilo que o indivíduo considera como a parte de seu corpo que ele usa exclusivamente a seu gosto e que reserva, de certa forma, para sua mais estrita intimidade. Uma mulher, para amamentar, pode sem constrangimento descobrir o seio que jamais descobriria em outra circunstância. Como se o ato de amamentar retirasse do órgão a característica erótica que o situava – e voltará a situá-lo, uma vez concluído o ato – na categoria dos órgãos destinados à intimidade. Isso tem lógica, pois, enquanto amamenta, a mãe não pode dispor de seu seio como bem quer, pois ele está destinado à criança.

O mesmo é válido para as partes habitualmente cobertas do corpo de cada um dos pais. Elas definem sua intimidade. Cada um deles se servirá delas a seu gosto, e somente com quem for admitido em sua intimidade. Consequentemente, as crianças não devem ter o mínimo acesso a elas.

Pode-se responder a essa argumentação que as mesmas crianças eventualmente veem os pais em trajes de banho e até nus, em *resorts* de nudismo. Essa reserva não é admissível em razão da lei do número: os pais em traje de banho ou nus num espaço de naturismo estarão na presença de outras pessoas tão pouco vestidas quanto eles e por isso não vão se singularizar. Isso pode ser verificado por qualquer um, a partir de sua própria experiência: ver a parte de cima das coxas de uma mulher vestida é perturbador para um homem, mas ele talvez a olhasse distraidamente se a visse de biquíni; da mesma maneira, ela própria ficaria incomodada em surpreender esse olhar, ao passo que seria indiferente a ele se estivesse de biquíni.

Por isso, os pais devem ter o cuidado de não ficar nus diante dos filhos, estejam onde estiverem, e mesmo no banheiro, cuja porta devem fechar com o trinco para não serem surpreendidos por eles.

Essa restrição é válida nos dois sentidos: assim que a criança for capaz de se lavar sozinha, é preciso fazer com que ela assuma esse compromisso. Dessa forma, a integridade de seu corpo é respeitada e ensina-se à criança a respeitar essa integridade, ao mesmo tempo que isso a ajuda a tomar consciência de seu direito à intimidade.

Dizer ou não dizer

Dizer o quê? Ou não dizer o quê?

Tudo e nada. Pois é disso que se trata. Já faz algumas décadas que, de fato, a transparência se impôs, servindo-se de um tom quase terrorista. Pelo fato de o oculto, porque inconfessável, ser suspeito de servir, em detrimento de todos os outros, sem exceção, apenas à pessoa que emprega esse estratagema, é preciso dizer tudo e ser capaz de dizer tudo. Tudo! Um "tudo" sem fronteiras. Essa seria a condição, exclusiva, para que um indivíduo fosse confiável.

Estranha reviravolta dos costumes! Ela mereceria um estudo muito mais aprofundado do que este meu esboço. Ainda mais porque, no campo sociopolítico, ela é objeto de um tratamento bastante curioso.

Assim, decidiu-se que, quando se ambiciona um posto de poder, deve-se ser inatacável em todos os aspectos. É preciso ser capaz de declarar tanto a própria fortuna quanto o próprio estado de saúde e a própria situação afetiva, para não dizer as preferências sexuais. Coisas que, a partir do momento em que são ditas, não expõem ninguém a nenhum julgamento de valor. Isso permitiu, por exemplo, que François Mitterrand – depois de haver receado durante anos a possível revelação de sua bigamia e da existência de uma filha sua com a amante oficial – tivesse as duas em seu enterro, na presença de sua esposa, sem que ninguém visse motivo para censuras em tal situação. Por que, afinal, o exemplo deveria provir do topo do Estado? Quem ocupa esse lugar não seria, numa democracia, igual a todos? O que não se compreende, a partir daí, é que os mesmos editores que absolveram François Mitterrand e que continuaram a perseguir Nicolas Sarkozy no momento de seu divórcio, sob a alegação de que não se sabia tudo, tenham se deleitado em criticar a maneira como ele se exibiu com sua última conquista, assim como teria feito o mais comum dos mortais envolvido numa nova aventura.

É espantoso, em contrapartida, que tenhamos ouvido tão poucos comentários – e que já nem se ouça falar a respeito – sobre um incêndio que, como por acaso, destruiu rapidamente todos os arquivos do Crédit Lyonnais justamente no momento em que a justiça estava perto de esclarecer a responsabilidade das diferentes pessoas implicadas na desordem desse banco. A rapidez com que os escândalos financeiros são apontados, e mais rapidamente ainda abafados, demonstra que a comunicação inteligente não está ao alcance de todas as bolsas. Haveria, assim, instâncias e lugares para os quais se deveria admitir que o "dizer tudo" não convém! O mundo financeiro, em primeiro lugar. É o alto, o mais alto escalão. Ele tem o direito de cultivar a discrição, o silêncio, o segredo que constitui o instrumento principal, se não a própria base de sua estratégia; mesmo que o "dizer tudo" que ele aplaude, quando não o impõe, faça desmoronar o que resta, no tecido social, do frágil edifício humano. Basta ver no que se transformou a medicina sob a pressão das companhias de seguros: o paciente deve antes e acima de tudo ser informado sobre seu estado, independentemente de sua capacidade ou incapacidade para receber a informação; e pouco importa como ele vive a provação, isso não é problema do médico, cuja consciência é silenciada e a quem se oferece o virtuoso disfarce do princípio de precaução.

Quando examinamos essas situações e conjunturas que estou colocando lado a lado, e relemos o que foi dito sobre a nudez, podemos compreender que o mundo financeiro ocupa uma posição parental, e todo o palco sociopolítico, uma posição de progenitura. Isso teria pouca importância se, ao preconizar o "dizer tudo" às crianças, não se destruísse ao mesmo tempo a hierarquia entre pais e filhos, como para aglomerar mais gente ainda no vasto palco, se não na vasta praia!

Deve-se, ao que parece, não apenas dizer às crianças nascidas por inseminação artificial com doador as condições de sua concepção, como também permitir que elas tenham acesso à identidade desse doador! Uma boa maneira de massacrar toda referência à paternidade reduzindo-a à sua lógica carniceira.

De acordo com a mesma lógica, seria preciso dizer tudo à criança sobre as condições de seu nascimento, do projeto que se teve dele, e até dos conflitos e incidentes que possam ter ocorrido nesse meio-tempo. Isso quando não se diz também que ela deve ser colocada a par dos eventuais desvios de conduta conjugal de um dos pais, e até de seus ascendentes mais longínquos.

A transparência!

E vejam, eu nem falei das pessoas que, depois da propaganda, feita por seus modelos, do discurso infeliz e cheio de boa vontade de Françoise Dolto, passam seu tempo enchendo os filhos com palavras vazias!

O mais triste nessa história é que a maioria das recomendações têm o apoio dos psicanalistas, que, defendendo a ideia de que o inconsciente sabe tudo – o famoso "*isso* sabe, em algum lugar" –, procedem de modo que o consciente tenha acesso a esse saber, a fim de evitar problemas eventuais ocasionados pela discrepância entre as informações. Aconteceu-me acompanhar durante muito tempo crianças adotadas ou concebidas por inseminação artificial com doador, às quais seus pais psicanalistas não haviam dito uma palavra sobre esses detalhes: nem por isso elas deixaram de se desenvolver notavelmente e sem problema algum.

O "dizer tudo" não é dotado de virtude específica alguma. Não passa de uma ideologia, destinada a prorrogar e a reforçar com outra roupagem a servidão dos pais a seus filhos. Foi preciso passar por essas explicações preliminares para que isso pudesse ser compreendido.

Então, o que dizer às crianças?

Aquilo que cada um, e ninguém mais, julgar útil e absolutamente necessário. Não para si, e sobretudo não para si, mas para a criança. E sem nenhum constrangimento e nenhuma vergonha em dizer ocasionalmente, se isso parecer apropriado: "Veremos mais tarde... eu lhe direi depois... quando você for maior... não é assunto seu... etc." Algumas vezes isso significará expor-se a críticas: na hora, por parte do entorno imediato; posteriormente, por parte da criança, que sempre poderá dizer que o fato de não ter sabido alguma coisa lhe fez mal. Não há nada grave nisso. Exceto para a própria imagem, e apenas quando se cultivou a ilusão de que era possível ser um pai perfeito ou uma mãe perfeita – e todos sabemos que isso não existe! E, pensando bem, mesmo disso podemos nos recuperar.

Os conflitos entre os pais

Um velho ditado das minhas origens ensina: "Se você encontrar dois que se entendem, esteja certo de que um suporta muito." As coisas são assim, e nunca diferentes, na vida dos pais.

A vida a dois, mesmo envolta no amor passional, expõe mais cedo ou mais tarde a divergências de visão, a dissensões e conflitos. São duas histórias totalmente diferentes e duas visões do mundo estranhas uma à outra que se enfrentam e que não podem, de modo algum, triunfar definitivamente uma sobre a outra. Para não provocar uma ruptura radical que desembocaria numa separação definitiva, elas são obrigadas a passar por negociação e concessões, que se estabelecem a partir de uma contabilidade meticulosa em que cada um se empenha em manter algum equilíbrio. Assim, quem cede uma vez só o faz na esperança de ser compensado na ocasião seguinte ou duplamente compensado na ocasião posterior a essa. Felizmente, nesse aspecto, os pontos em relação aos quais os parceiros se agarram são tão variados quanto radicalmente diferentes. São eles que permitem que os casais permaneçam juntos.

Mas será que é preciso fazer com que as crianças vivenciem esses conflitos? E de que maneira, aliás, elas os vivenciam?

É fácil, porque mais simples e mais saudável, aconselhar que os conflitos e as brigas entre os pais não se desenrolem na presença das crianças. Mas isso é mais fácil dizer do que fazer. É verdade que, se elas adquirem um tom grave, os pais podem, de comum acordo, decidir moderá-las temporariamente e retomá-las depois, entre eles.

Existem, contudo, precauções absolutamente indispensáveis a serem tomadas.

Os filhos, mesmo que estejam envolvidos nelas ou constituam seu pretexto ou assunto, não devem nunca e de forma alguma se meter. Tampouco devem servir de mensageiros a um ou outro dos pais que porventura tenha decidido não se dirigir diretamente ao parceiro ou à parceira. Não devem em caso algum ser confidentes dos pais, nem chamados a tomar partido.

Os pais não devem de forma alguma atentar contra as respectivas dignidades. Não se deve esquecer que os filhos carregam orgulhosamente em si as imagens de cada um deles. Não perdoariam o pai por aviltar a mãe. E como sempre veem o pai pelos olhos da mãe, o desrespeito a ele por parte dela afetaria nos filhos a imagem que eles têm do pai e que gostariam de preservar.

O que está em jogo, nesse aspecto, é o próprio futuro deles, isto é, a maneira como serão capazes de sustentar, mais tarde, suas próprias posições de pais.

De fato, é no respeito que ela manifesta pela importância do pai de seus filhos que a mãe permitirá ao filho, quando este se tornar pai por sua vez, sustentar diante da mãe de seus filhos uma fala que lhe garanta o mesmo respeito. Ela permitirá à filha, no dia em que esta se tornar mãe por sua vez, assumir diante do pai de seus filhos uma posição respeitosa, sem por isso sentir-se diminuída ou aviltada.

É pelo respeito à dignidade da mãe de seus filhos que um pai ensinará ao filho, transformado em pai por sua vez, a ter uma fala consistente, estruturadora e não destrutiva. Ensinará ao mesmo tempo à filha, que se transformou em mãe por sua vez, a acolher uma fala diferente da sua sem por isso sentir-se colocada em questão.

A separação dos pais

Esse acontecimento passou a intervir na educação de um número cada vez maior de crianças. De fato, se acrescentarmos ao número de crianças que vive com apenas um dos pais as que vivem em famílias recompostas, teremos hoje mais de 4 milhões de crianças[6] que já não vivem com ambos os genitores. Um número provavelmente destinado a crescer, pois a experiência demonstra que, quanto à preocupação de durabilidade de seus casais, os filhos reproduzem com muita frequência o modelo dos pais. Com efeito, os filhos de pais separados separam-se mais facilmente que os outros. O único freio que por vezes atua sobre a propensão deles é o destino dos filhos. Assim, não é raro que venham à consulta não para tratar de suas dificuldades – o que é sempre possível –, mas para saber em que idade da criança a ruptura do casal pode causar menos estragos e como as coisas devem ser anunciadas a ela.

---

6 Dados extraídos do relatório temático 2007, "Défenseure des enfants: adolescents en souffrance".

Seja qual for a precaução que se tome, e a idade, mesmo tardia, em que ela ocorra, a separação dos pais é sempre uma dolorosa provação para a criança. É um fato, mas já posso ouvir as censuras à minha fala, pois fomentaria um sentimento de culpa, e já posso ouvir, como resposta, que pais separados são melhor opção do que pais que passam seu tempo destruindo um ao outro e deixando respingar nos filhos os efeitos de sua discórdia. Assinalo, portanto, que não tenho a intenção de fomentar sentimentos de culpa em ninguém, e tampouco de preconizar uma norma qualquer. Dou apenas uma informação, que todos poderão verificar interrogando as pessoas que viveram semelhante aventura. Isso não significa que a criança, marcada pela dor da separação, está condenada a arrastar essa dor em sua forma original ao longo da existência. Ela se recupera, mais cedo ou mais tarde – assim como todos nós nos recuperamos da dor –, porque não tem outra escolha, e porque tem a capacidade de se adaptar a todas as situações que lhe são criadas.

O que dizer para explicar à criança o que ela vive e o que viverá? Em linhas gerais, o que se quiser, pois todos sabem, já que isso é dito em toda parte, que é preciso zelar para que ela se livre rapidamente do sentimento de culpa, dizendo-lhe que a separação não tem nada a ver com ela. Deve-se explicar também como a vida vai se organizar e como cada um dos pais continuará a assumir sua tarefa, porque sua mãe será sua mãe durante toda a sua vida, assim como seu pai será seu pai durante toda a sua vida. O essencial, porém, não reside nisso, mas em outro ponto, por vezes difícil, infelizmente, de observar: assim como acontece em caso de conflito (ver acima), nenhum dos pais deve atentar contra a dignidade do outro e muito menos no intuito de atrair a simpatia da criança, de seduzi-la com presentes ou promessas, de fazer dela um confidente ou de lhe pedir para tomar partido. Tal atitude lhe permitirá receber a educação de que necessita, porque ela exigirá, da parte de cada um dos pais, o apoio à decisão do outro, quando não for a uma repreensão ou a uma punição que ele tiver infligido.

Um detalhe adicional merece ser mencionado e utilizado, se necessário. A criança não compreende, de fato, que dois seres que ela viu tão próximos um do outro quanto o eram dela possam a partir de certo momento deixarem de sê-lo. Consequentemente, receia ser ela também abandonada por um ou por outro dos pais. Deve-se então explicar-lhe que os pais não são "parentes" um do outro, que não se conheciam antes de terem se encontrado pela primeira vez, que não existe entre eles nenhum laço de sangue como o que eles têm com ela. Também se pode facilitar sua compreensão, se necessário, retrocedendo com ela nas gerações anteriores.

Sobre as famílias recompostas

Seu número respeitável de 1,6 milhão está certamente destinado a crescer. Pode-se dizer que elas não se parecem entre si, nem na composição, na história, na duração de vida, nem em como forjam projetos ou organizam seu cotidiano. A única coisa que elas têm em comum é que criam filhos e supostamente devem assegurar-lhes uma educação. Sob esse aspecto, os diferentes assuntos e o conjunto das recomendações de que se tratou até aqui dizem respeito a elas tanto quanto às outras famílias. Os matizes que poderiam existir e que merecem ser mencionados são introduzidos pelo número de crianças e pela maneira como são integrados por essas crianças os parceiros do casal parental.

Évelyne tem três filhos de um primeiro casamento. Ela vive com Gérard e as duas filhas que uma decisão judicial confiou a ele. Juntos têm um filho. É uma família muito unida de seis filhos. Graças à maneira como Évelyne o investe, Gérard não tem a mínima dificuldade em desempenhar sua função paterna em relação a todas as crianças, sem distinção. Assim como Évelyne desempenha sua função materna: de fato, as filhas de Gérard encontraram nela o que elas não haviam encontrado em sua genitora, que a Justiça destituiu de seu papel parental.

Mathilde se separou de Victor quando os dois meninos que ela tivera com ele tinham dois e quatro anos. Ela logo se uniu a Régis, pai de duas garotinhas da mesma idade dos meninos e que vivem com a mãe. Ela logo teve um filho. Mas as coisas não se desenrolaram tão facilmente: seus próprios filhos protestam quando têm de ir para a casa do pai no fim de semana e as filhas de Régis se recusam até a dirigir-lhe a palavra.

Quando Geneviève conheceu Thomas, foi amor à primeira vista, tanto que eles tiveram, logo depois, um menino e uma menina, com um ano de intervalo entre eles. Três anos depois, ela encontrou Olivier, este pai de duas crianças, que lhe declarou ser ela a mulher de sua vida; ela então disse a si mesma que, pensando bem, havia caído na armadilha do famoso amor à primeira vista de seus vinte anos. Cada um deles se divorciou e organizou guardas alternadas, e isso permitiu que se reunissem semana sim, semana não. Seus filhos se entendem bem quando estão juntos. E eles teriam todos os motivos para acreditar na felicidade definitiva, se Olivier não tivesse conhecido Edwige algumas semanas antes de Geneviève dar à luz o filho deles e não tivesse convencido Edwige a viver com ele e a abandonar... Thomas, o primeiro amor à primeira vista de Geneviève! Para não traumatizar as crianças, combinou-se que elas não seriam muito distanciadas umas das outras. Na semana em que Olivier tem a guarda, ele vai todas as noites visitar os filhos, que continuam sob os cuidados de Geneviève. Esta lhe confia os seus durante o período em que ele pode sair de férias com eles. Assim, Edwige desempenhará o papel de mãe dos filhos de seu companheiro do momento, e dos filhos de Thomas, seu ex-companheiro! Tudo isso, é claro, em nome de um amor e de um maravilhamento transbordante, o que permite evitar quaisquer questionamentos sobre como as crianças constituirão suas referências – uma noção bem obsoleta, e que mereceria ser firmemente rebatida pelas virtudes do referencial múltiplo!

Esse caso não é dos mais complicados que encontrei. Se renuncio à exposição de alguns deles, é para não me lançar nas dificuldades que sua redação provocaria.

O que se vê em todos os casos, porém, é que as crianças sempre encontram quem desempenha o papel de pai aos olhos da mãe, seja ele o genitor delas ou não. Em contrapartida, as crianças nunca investem da mesma maneira a mãe de substituição, independentemente da atenção, da gentileza e da dedicação demonstradas por ela.

Os pais adotivos e seus filhos adotivos

Assim como os pais adotivos não diferem em nada dos outros pais, os filhos adotivos não diferem em nada das outras crianças.

O fato de eu dedicar a uns e outros uma seção especial não significa que tudo que eu já disse sobre pais e filhos deva ser matizado ou relativizado no caso deles. Faço questão apenas de prevenir os pais adotivos contra o que chamei "terrorismo da transparência". Como lhes foi dito que a criança adotiva sabia – sempre aquela história do "em algum lugar" – que era adotada e que não se devia esconder dela o fato, eles costumam passar seu tempo lembrando-a disso! Não devem se surpreender, agindo assim, de passar pelas piores dificuldades com essa criança. É normal. Isso porque, de tanto ser lembrada desse detalhe, a criança acaba por duvidar deles e não para de testá-los, pondo-os à prova e encostando-os na parede.

Devem de fato dizer à criança que ela foi adotada, mas uma única vez. Isso basta para inscrever a informação naquele "algum lugar". Talvez seja necessário, ainda uma vez e em função das circunstâncias que se apresentam, que o registro da informação seja um pouco refrescado posteriormente. Mas isso é tudo.

Por ocasião de meus encontros com o público, outra pergunta surgiu frequentemente, formulada pelas mães adotivas. Elas queriam saber, quando eu falava da gramática sensorial elementar com a qual a criança vem ao mundo e que faz com que ela se apegue tão intensamente à mãe, como as coisas se passam em seu caso. Eu lhes explicava então que as informações sensoriais das mulheres obedecem a características comuns: a voz de qualquer mulher é reconhecível como tal e difere radicalmente da voz de um homem; o mesmo vale para o odor e para tudo que é percebido pelos órgãos dos sentidos. É por isso que, em hospitais, creches e escolas de educação infantil, o cuidado das crianças pequenas é confiado a mulheres. É exatamente sobre essa base que se realiza sua adaptação, por meio da qual, sem grandes dificuldades, o que ela percebe substitui o engrama inscrito nela.

Constatei em minha prática outro fenômeno surpreendente: a frequência com que as crianças adotivas acabam por assemelhar-se à mãe!

Ela havia esperado tão ardentemente uma filha que o nascimento de seu segundo filho foi um sério golpe. Ela me relatou isso desde nosso primeiro encontro em razão dos transtornos que o menino de dois anos manifestava. O trabalho, bastante superficial, realizado por ela em torno dessa questão resolveu os problemas da criança, mas fez com que ela tomasse uma decisão que ela me comunicou: ela queria uma filha, e como não tinha certeza de que "conceberia" uma, ela que, como disse, só concebia meninos, decidiu adotar uma. Eu lhe disse que sua decisão me pareceu um pouco precipitada. Ela não voltou mais. Tampouco voltei a ver seus meninos, dos quais eu era o pediatra. Alguns meses depois, como para me desafiar, ela me enviou uma mensagem, comunicando que acabara de adotar uma menininha indiana. Continuava no mesmo endereço. Portanto, realmente decidira não recorrer mais a mim.

Dez anos depois, eu a revi no rosto, que no entanto era negro, de uma menininha que me lançou um adorável sorriso assim que abri a porta da minha sala de espera. A semelhança era espantosa.

Não há nada de surpreendente. Para estabelecer uma comunicação com a mãe, os bebês calcam sua expressão na dela. Isso mobiliza e retesa os mais de trinta músculos faciais, o que modela literalmente seu esqueleto facial como o polegar de um escultor o faria com um bloco de cera.

Os avós

Eles são cada vez mais numerosos. Chegaram a formar associações e clubes, com contribuição, eleições, revistas e congressos. Em razão do aumento da duração da vida, a maioria das crianças conhece, e até visita mais ou menos assiduamente, seus quatro avós. Estabelecem com eles relações particulares, que podem ser calorosas e ir do simples *baby-sitting* ocasional às viagens, férias e outros périplos, com ou sem os pais. Mas também pode haver um cenário diferente, em que os pais chegam a tomar a decisão de proibir os seus pais de ver os netos. E isso é algo que eles recusam energicamente, recorrendo à Justiça, que lhes reconhece alguns direitos. Vêm então os processos, ao longo dos quais as perícias por vezes revelam a roupa suja que se teve a imprudência de tentar lavar fora da família!

Também aqui, o que aparentemente deveria ser simples se revela muito menos simples. E por múltiplas razões.

Há muito tempo, tive a curiosidade de me interessar pela maneira como se nomeiam os vínculos familiares nas mais de quarenta línguas da população que frequentava meu consultório. Perguntava a meus interlocutores as palavras que, em sua língua de origem, designavam o pai, a mãe, os tios e tias maternos e os paternos e por aliança, avô e avó materno e paterno, pais e avós etc. Anotava tudo isso transcrevendo as palavras que me eram transmitidas e perguntando se haveria uma tradução literal de seu significado. Do lado dos avós, pude notar, na maioria das línguas, a frequência com que aparecia a noção de "antes", de "antigo", de "velho" – o que é dito em francês, por exemplo, com a extensão do adjetivo "grand"*, e que o espanhol diz com "*uelo*" e "*uela*", derivados diretos do latim *avuus*, que designa o "ancião". Quanto ao italiano, serve-se de "*nonno*" e "*nonna*", o que parece uma onomatopeia. O árabe, em contrapartida, emprega os termos particulares "*jadd*" e "*jadda*", que têm assonância perfeita com a palavra que designa o "poder". Fora essa exceção, que incluiria uma função relacionada à condição e à importância, os avós seriam, portanto, em geral, os "foram pais".

Confesso, já que sou avô, que acho essa nuança muito simpática. Fui pai. Fiz o que pude. E considero-me feliz por ter não apenas transmitido a vida, mas conseguido – não sei, mais do que ninguém, a razão disso – que meus filhos, por sua vez, tivessem vontade de transmiti-la. Mas a definição também me diz que meu passado se foi definitivamente e já não tem nenhum futuro. Confesso ficar encantado com isso, pois indica que meus filhos são independentes sob todos os aspectos e podem perfeitamente prescindir de mim. Entre a vida de cada um deles e a minha, existe agora uma barreira que respeitamos, tanto eles como eu. Tudo isso não exclui de modo algum, evidentemente, as trocas afetivas, o compartilhamento das alegrias, das preocupações, e a constante disponibilidade que sabemos ter uns para os outros em caso de necessidade.

Será que isso significa que o destino dos meus netos me é indiferente? Certamente que não. Mas, quanto menos eu meter minha colher, mais terei garantia de sua qualidade, que é e deve estar apenas sob a dependência dos pais.

Inúmeras questões de minha própria história de filho, de irmão, de marido, de pai, de parceiro e de amigo fizeram com que eu me encon-

---

* Em francês, avô se escreve "*grand-père*", e avó, "*grand-mère*". (N. da T.)

trasse na posição que desmonto assim e transformo em opção possível e frutífera.

Nem sempre é esse o caso. E se analisarmos, sem que eu me estenda muito, o perfil das outras situações possíveis, não é surpreendente que eu reencontre, trabalhadas pelo tempo, as manifestações da onipotência infantil, mesmo em avós. Aqueles que se incluem aí aferram-se aos filhos como a uma boia destinada a impedir que afundem na morte, objeto de suas obsessões desde a mais tenra idade. Recusam-se a ser "grandes", no sentido de "velhos". Consequentemente, agarram-se exclusivamente a sua condição de pais e só sentem legitimidade, em nome do amor que afirmam impulsioná-los, em como continuam a infantilizar os filhos e a impedi-los pura e simplesmente de se tornarem autônomos. Como a estratégia mais hábil de que dispõem é sua dedicação, tornam-se indispensáveis, a fim de outorgar a si mesmos o direito de intervir em todas as coisas, inclusive em como os filhos criam e educam os seus filhos.

É evidente que seria inútil tentar fazê-los ouvir a razão. Seu modo de agir está profundamente enraizado neles para ser acessível à lógica. E eles dispõem, além disso, de uma arma temível, quando acontece de seus filhos, sem chegarem ao ponto de se revoltar, tentarem por vezes pôr um limite a suas manobras: chantageiam com a idade, a inutilidade, a depressão, a sua morte que se aproxima a passos largos! Quantas vezes não ouvi a descrição desse quadro quase estereotipado da boca dos jovens pais que vinham pedir meu auxílio! Conheci alguns desses que conseguiram fazer com que um ou mais de seus filhos se divorciassem, e que os recuperaram, acompanhados de seus filhos, fazendo com que todos mudassem para o mesmo imóvel! Um nova juventude, de certa forma! O remate perfeito para o canibalismo parental!

Esta é uma maneira de concluir como outra qualquer: mostrando que os efeitos da educação não visam apenas à boa integração na escola e à realização de estudos bem-sucedidos. Ela está no cerne do que fabrica o ser.

Para concluir

Provavelmente após uma encefalite, uma menininha de dezenove meses é descoberta cega e surda por seus pais. Pela mesma razão, também ficará muda. Em outras palavras, do alfabeto sensorial do qual a gestação a havia dotado lhe restarão apenas as informações que ela poderá extrair do tato, do olfato e do paladar – uma bagagem tremendamente insuficiente para receber a mínima mensagem dos outros e reagir a ela. Tanto é que ela se desenvolverá obedecendo apenas a suas próprias pulsões, que a tornam pior que um animal, pois ela não dispõe, para regulá-las, de nenhuma forma de comunicação com seu meio. Embora continue a apreciar, a ponto de se sentir tranquilizada por eles, como os braços de sua mãe lhe proporcionam amor e ternura, ela não tem meio algum de receber da parte dela a mínima informação capaz de lhe ensinar o espaço, o tempo, o outro. Ela se alimenta como uma fera esfomeada, sob o olhar compadecido dos pais, que não lhe regateiam seu amor, mesmo desamparado.

Foi nesse estado, quando ela tinha sete anos, que a encontrou a jovem educadora que os pais contrataram, mais para colocá-la a serviço da criança do que para fazê-la evoluir de um modo qualquer – já que o estado no qual ela se encontrava fora considerado refratário a toda empresa terapêutica.

Um mês e dois dias depois, a criança se põe a falar com a língua de sinais; três anos depois, ela também domina o braile. Fará estudos brilhantes, tornar-se-á professora universitária e uma das mulheres mais célebres dos Estados Unidos, antes de morrer, em 1968, aos 88 anos de idade.

Essa história, verídica, se desenrolou no fim do século XIX, numa cidadezinha do Alabama. A própria criança, Helen Keller, a contou, num livro que foi traduzido em aproximadamente cinquenta línguas[1].

Depois de ter realizado, em 1959, a montagem de uma peça que William Gibson havia feito desse livro, e que ficou em cartaz por mais de trezentas representações na Broadway, Arthur Penn dirigiu em 1962 o filme *Miracle Worker*, comercializado na França sob o título *Miracle en Alabama*[2].

Esse filme precisa ser visto. Ele é apaixonante, da primeira à última cena. A extrema precisão do roteiro, da montagem, a atuação sutil dos atores e a qualidade da encenação fazem dele um caso clínico ao qual é impossível permanecer indiferente: com efeito, nele se vê o desenrolar – diante da solicitude incondicional e do imenso amor dos pais, diante da brutalidade das resistências da criança – das exigências frias e de aparência por vezes cruel da jovem educadora. Em nome do futuro da criança, a educadora advoga, com uma justeza de tom e de palavras espantosa para sua idade, contra a facilidade do compadecimento e do amor que só confirmam a deficiência da criança, e pela pertinência, por mais insuportável que ela pudesse parecer, da estratégia empregada por ela.

Por que escolhi terminar este livro com essa referência?

Porque minha profissão me ensinou a extensão do aprendizado que se pode extrair de casos extremos. Um caso como o de Helen Keller mostra em primeiro lugar, mais do que qualquer discurso, a violência das pulsões às quais uma criança está submetida. Em seguida, demonstra que qualidades como "solicitude", "proximidade", "compreensão", "explicações" – que, em nome do amor pelas crianças, acreditamos dever colocar no primeiro plano da educação que lhes damos – atrapalham mais do que ajudam. Demonstra, enfim, o quanto a complacência manifestada para com ela provém mais da preguiça do que da preocupação que se deve ter com seu futuro.

Ora, esse futuro não pode deixar de ser a obsessão dos pais, mesmo que vise, para começar, apenas a uma boa inserção na microssociedade representada pelo universo escolar e para a qual sua educação deverá tê-la preparado corretamente.

---

1 Helen Keller, *Sourde, muette et aveugle: histoire de ma vie*. Paris: Payot, 1954. Pode-se consultar também: Lorena H. Hickok, *Histoire de Helen Keller*. Paris: Pocket Jeunesse, 1998.

2 *Miracle Worker*, filme de Arthur Penn, 1962 [título no Brasil: *O milagre de Anne Sullivan*].

Para ir mais longe

Livros

ATLAN, Henri. *L'Utérus artificiel.* Paris: Seuil, 2005.

BENTOLILA, Alain. *Le Verbe contre la barbarie.* Paris: Odile Jacob, 2006.

CANETTI, Elias. *La Langue sauvée. Histoire d'une jeunesse.* Paris: Le Livre de Poche, 1984.

FREUD, Sigmund. "Au-delà du principe de plaisir" (1920). *Essais de Psychanalyse.* Paris: Payot, 2004.

HENNO, Jacques. *Les Enfants face aux écrans. Pornographie, la vraie violence?* Paris: SW-Télémaque, 2004.

HERBINET, Étienne; BUSNEL, Marie-Claire. *L'Aube des sens.* Paris: Stock, 1995. (Col. Les cahiers du nouveau-né nº 5).

HÉRITIER, Françoise; CYRULNIK, Boris; NAOURI, Aldo. *De l'inceste.* Paris: Odile Jacob, 2000. (Col. Poches Odile Jacob).

HICKOK, Lorena H. *Histoire de Helen Keller.* Paris: Pocket Jeunesse, 1998.

KELLER, Helen. *Sourde, muette et aveugle: histoire de ma vie.* Paris: Payot, 1954.

LEBRUN, Jean-Pierre. *La Perversion ordinaire.* Paris: Denoël, 2007.

LECLAIRE, Serge. *On tue un enfant.* Paris: Seuil, 1981. (Col. Points).

LEGENDRE, Pierre. *Le Crime du caporal Lortie.* Paris: Fayard, 1989.

LÉVI-STRAUSS, Claude. *Les Structures élémentaires de la parenté.* Paris: PUF, 1949.

MAUSS, Marcel. "Essai sur le don. Forme et raison de l'échange dans les sociétés archaïques". In Mauss, M. *Sociologie et Anthropologie.* Paris: PUF, 2007, pp. 145-279. (Col. Quadrige).

MONTAGNER, Hubert. *L'Arbre enfant. Une nouvelle approche du développement de l'enfant.* Paris: Odile Jacob, 2006.

NAOURI, Aldo. *Une place pour le père.* Paris: Seuil, 2002. (Col. Points).

__________. *Parier sur l'enfant.* Paris: Odile Jacob, 2001. (Col. Poches Odile Jacob).

__________. *L'Enfant bien portant.* Paris: Seuil, 2004.

__________. *Les Filles et leurs mères,* Paris: Odile Jacob, 1998; Col. Poches Odile Jacob, 2000.

__________. *Les Pères et les Mères.* Paris: Odile Jacob, 2004.

__________. *Adultères.* Paris: Odile Jacob, 2006.

STEINBECK, John. *Des souris et des hommes.* Paris: Gallimard, 1995. (Col. Folio).

THÉRY, Irène (org.). *Recomposer une famille, des rôles et des sentiments.* Paris: Textuel, 1995.

TWAIN, Mark. "Les Aventures de Huckleberry Finn". In *Oeuvres.* Paris: Robert Laffont, 2004. (Col. Bouquins).

Artigos, revistas e sites

FELDMAN, Ruth. "Parent-Infant synchrony: biological foundations and developmental outcomes", *Current Directions in Psychological Science,* 2007, 16 (6), pp. 340-5.

GILGENKRANTZ, Simone. "À la recherche des empreintes perdues: les épigénotypes anormaux", *Médecine/Sciences,* 2003, pp. 15-8.

JUNIEN, Claudine et al. "Épigénomique nutritionnelle du syndrome métabolique", *Médecine/Sciences,* 2005, pp. 396-404.

JUNIEN, Claudine. "L'empreinte génétique: de la guerre des sexes à la solidarité entre générations", *Médécine/Sciences,* 2000, 16, pp. 336-44.

Le Figaro Magazine, 24/6/2006, p. 24.

McGRATH, J.; SOLTER, D. "Completion of embryogenesis requires both the maternal and paternal genomes", *Cell,* 1984, 37, pp. 179-83.

MOORE, T.; HAIG, D. "Genomic imprinting in mammalian development: a parental tug-of-war", *Trends Genet.,* 1991, 7, pp. 45-9.

NAOURI, Aldo. "Les abus sexuels sur enfants ou la mise à mal du sextant", in <www.aldonaouri.com>.

"Question d'ados": documento elaborado com a participação do Cris Île-de-France, da Direction Générale de la Santé, do Innpes, do Codes 95, do Institut de Sexologie e da École des Parents des Éducateurs des Bouches-du-Rhône, jun. 2007.

SLIM, Rima et al. Nature Genetics, mar. 2006.

VERSINI, Dominique. Relatório temático 2007, "Défenseure des enfants: adolescents en souffrance".

Filmes

BROOKS, Mel, *The Producers* [*Primavera para Hitler*], 1968-71.

DALDRY, Stephen, *The Hours* [*As horas*], Estados Unidos, 2002.

HICKS, Scott, *Shine* [*Shine: Brilhante*], Austrália, 1996.

PENN, Arthur, *The Miracle Worker* [*O milagre de Anne Sullivan*], Estados Unidos, 1962.

Agradecimentos

Gostaria de agradecer a Odile Jacob a confiança que ela depositou em mim quando lhe falei sobre o projeto desta obra e a atenção que ela me dedicou ao longo de sua redação.

Gostaria de manifestar meu reconhecimento a cada um dos membros da equipe editorial que ela colocou à minha disposição, e particularmente a Jean-Luc Fidel, cuja cultura, erudição, refinamento e estilo transformam cada um de nossos encontros numa fonte de prazer.

Certamente nunca agradeceria o suficiente a meu primeiro leitor, meu filho Laurent, que teve o mérito de realizar a pesada tarefa que lhe confiei sem ceder à complacência.

Quanto a Jeanne, minha esposa e leitora indefectível, não é tanto para agradecer a ajuda habitual que ela me oferece que eu a evoco aqui – uma ajuda que acabou por aumentar ainda mais a cumplicidade entre nós –, mas para lhe dizer quantas vezes tive a oportunidade de constatar suas qualidades de educadora: são elas que fizeram de nossos filhos o que eles são.

IMPRESSÃO E ACABAMENTO
YANGRAF
GRÁFICA E EDITORA LTDA.
WWW.YANGRAF.COM.BR
(11) 2095-7722